刑事程序性证明理论系统研究

Studying on the Procedural Testifying in Criminal Proceeding

石浩旭◎著

九江学院学术著作出版基金资助出版

本书部分内容荣获陈光中先生优秀论文奖

知识产权出版社
全国百佳图书出版单位

责任编辑：雷春丽　　**责任校对**：韩秀天
封面设计：刘　伟　　**责任出版**：卢运霞

图书在版编目（CIP）数据

刑事程序性证明理论系统研究/石浩旭著.—北京：知识产权出版社，2013.11
ISBN 978-7-5130-2468-6
Ⅰ.①刑… Ⅱ.①石… Ⅲ.①刑事诉讼—诉讼程序—研究—中国 Ⅳ.①D925.218.04
中国版本图书馆 CIP 数据核字（2013）第 286238 号

刑事程序性证明理论系统研究
XINGSHI CHENGXUXING ZHENGMING LILUN XITONG YANJIU
石浩旭　著

出版发行：知识产权出版社有限责任公司
社　　址：北京市海淀区马甸南村 1 号　　**邮　　编**：100088
网　　址：http：//www.ipph.cn　　**邮　　箱**：bjb@cnipr.com
发行电话：010-82000860 转 8101/8102　　**传　　真**：010-82005070/82000893
责编电话：010-82000860 转 8107　　**责编邮箱**：leichunli@cnipr.com
印　　刷：保定市中画美凯印刷有限公司　　**经　　销**：各大网络书店、新华书店及相关销售网点
开　　本：787mm×1092mm　1/16　　**印　　张**：15.25
版　　次：2013 年 12 月第 1 版　　**印　　次**：2013 年 12 月第 1 次印刷
字　　数：246 千字　　**定　　价**：38.00 元

ISBN 978-7-5130-2468-6

前　言

刑事诉讼中的证明是一个艰难的回溯性的过程，案件事实需要证据予以证明，形式正义的标准将主体的证明活动纳入法治的轨道，正当程序规制司法证明的过程，但权力总是存在滥用的可能，违反程序收集证据的现象在各国都存在，这种证据可能具有真实性，但其正当性值得怀疑。程序价值的提升使程序获得了独立于实体的资源，程序本身的独立性使独立于实体事实的程序事实成为证明的对象，因而，以法律要件为基础的案件事实在证明的过程中可以分为实体性事实与程序性事实，与此相应，刑事诉讼中的证明可以分为实体性证明与程序性证明，程序性证明也依赖于法律的正当程序。现代社会各国刑事程序性证明制度正是立基于此。刑事程序性证明极易受到国家刑事司法中诉讼观念的影响，最容易淹没于实质真实观的理论中，程序价值及程序性证明极易被忽视。刑事程序性证明与实体性证明虽然有些相通的地方，但是两者有着不同的价值追求与制度逻辑，本书的一些观点正是基于对两者的区分而得出的。虽然国内、国外的学者用类型学的方法区分了两大法系在相关制度上的异同，但是通过程序追寻案件的真相即所谓的“法律真实”却是各国始终如一的追求。可以认为：实体性证明与程序性证明是探寻“法律真实”过程的两个必不可少的节点，但是两者殊途同归、路径相依。事实上，实体性证明与程序性证明均依赖于法律的正当程序，只有经过法律的正当程序，实体性结果才能够通过证明变成法律的真实。各国在追求“程序之内的正义”的同时，也对程序之外的违法取证行为设置了相应的程序制裁措施以制裁程序违法的行为，最终还是回归到“程序之内”予以解决，这恰好体现了程序法治的自治性。如果程序机制非正常地停留在某一阶段，则会毁坏程序本身的自治性，进而毁坏法律的正义性，正如古老的法谚“司法是正义的最后的守护神”，程序的正义依赖于程序自身的自我治疗机制来维护。两者在刑事司法中的地位还受制于国家设定的刑事司法的价值目标，现代社会各法治国家的司法制度均在努力寻求两者的最佳平衡，所有的程序设计均围绕这一问题展开。可以预见，刑事程序性证明制度在刑事诉讼中的地位会随着程序价值的提升而日益重要。

长期以来，我国刑事司法中均存在“重实体、轻程序”的倾向，使我们制度性地忽视了程序在阻却权力违法方面的功能及相关的制度建构，经济与政治体制转轨推动了人权意识的觉醒，刑事司法中的人权保障唯有通过程序才能获得，正是在这种背景下，有了重新理性地审视我国程序制度的机会，程序的价值迅速得到肯认和提升，与此对应，对程序性证明制度的认识也成为必要。厘清了刑事程序性证明与正当程序的关系，并将正当程序作为评价程序性证明效力的标准。正当程序与证明是对立统一的关系，有效证明与正当程序存在矛盾，需要对两者进行平衡。程序价值的实现依赖于系统而完备的正当程序规则。静态的规则需要动态的证明过程得以实施，刑事程序性证明是从动态的角度研究程序本身的运作过程，是正当程序的运动形态，体现为更为具体的技术性因素，例如：依赖于完备的程序性规则、三方构造的司法化结构、平衡程序性原被告双方力量的机制等，所有的这些机制与规则均以程序性权利与义务为基础。具体来说，程序性权利与义务包括程序性权利与义务的主体、程序性权利与义务的范围、侵犯程序性权利和违背程序性义务的制裁措施，只有这样才能形成一个封闭的法律逻辑结构。当程序性权利受到侵犯或者程序性义务被违反时，同样需要给予公民程序性救济的权利，否则程序性权利将形同虚设。正如我国有学者提出的，正当程序规则包括实体性规则与实施性规则，两者缺一不可，正当程序的实施性规则设定了违反程序将会受到的程序性制裁，实施性规则是程序按照法定的轨道运行的保障，这些因素决定了主体进行程序性证明的结果，主体可以通过刑事程序性证明获得程序甚至实体方面胜诉的结果。通过对程序性证明活动动态与静态的规制以实现维护人权与限制权力的目的，这也是现代社会各法治国家刑事诉讼的根本宗旨。刑事程序性证明从表面上看，只是维护程序性权利；事实上看，程序性证明有着超越于程序本身的价值：一方面，程序性证明通过程序主体维护程序性权利的活动，展现出作为个体的程序主体在刑事司法中主体尊严受尊重的程度，体现了国家司法制度本身的人道性；另一方面，在刑事程序性证明中，程序性裁判主体的能动司法同时维护了法律的形式正义与实质正义，回应了社会对正义的诉求。

本书运用经济学与社会学的分析方法研究了刑事程序性证明的发生机制。刑事程序性证明制度源于诉讼利益冲突，在我国刑事司法中，程序利益是一个需要重新审视的概念。事实上，实体利益与程序利益有着不同的特征，因而也有着不同的维护方式，程序利益是主体进行程序性辩护与程序性证明活动的根本动力。因为实体利益由立法决定，属于第一性利益，所以具有一定的客观性，程序利益则是在实体利益秩序被破坏之后，为使实体利益重新回到生活世界的秩序状态，而出现的一种第二性利益，属于矫正的正义，程序利益表现为：在追求实体利益的过程中，主体在程序资源上的投入，而这种投入受制于主体投入的主观动机，因而具有一定的主观性。当然，程序利益的实现也必须有法律根据，但是有些程序利益并不必然发生，而是依赖于程序主体的程序性主张。主体在选择一种程序行为时，均会对该种程序主张可能会产生的实体利益和程序利益进行评估，因为一旦提出程序性主张就需要进行程序资源的投入，也就需要耗费一定的诉讼成本，这是主体必须考虑的重要因素。

本书运用类型学与比较研究的方法将研究对象划分为不同的类别。其一，比较了刑事程序性证明与相关概念的异同，为准确界定程序性证明的概念提供了理论支持，程序性证明的本质是一种诉讼行为，即通过正当程序向专门的程序性裁判者论证以法律构成要件事实为基础的程序性请求和相反的请求所引发的程序性争议的诉讼行为；是一种程序形成行为，主体正是通过积极的程序主张形成程序上的法律关系，推动程序的运作，以维护程序公正。其二，在对国外的相关制度进行研究时，从三个不同的侧面进行研究。为了研究的方便，笔者从诉讼条件、强制措施与强制性措施、非法证据排除三个方面研究刑事程序性证明，并主要研究这些制度所体现出的程序性证明的结构特征。关于诉讼条件，各国的司法制度均将诉讼分为不同的阶段，并为不同的阶段设定了程序条件，任何一个阶段必须符合法定的条件，没有达到法定条件而实施的程序性行为是一种程序性违法行为，必须进行程序性裁判与程序性证明；关于强制措施与强制性措施，为了与我国现行立法相协调、保持语义的统一，将国外强制措施所指称的内容划分为强制措施与强制性措施，其中强制措施特指我国刑事诉讼法所规定的拘传、取保候审、监视居住、拘留和逮捕五种强制措施，强制性措施则指涉及其他国家相关制度中的对物的强制性措施与对隐私的强制性措施，在研究强制性措施时，重点研究搜查、扣押、监听等几种严重侵害财产权与隐私权的情形；关于非法证据排除规则，尽管不符合诉讼条件的程序行为、违法的强制措施与强制性措施所收集的证据也是非法证据排除规则排除的对象，鉴于非法证据的排除对于维护程序价值的重要性，因而对之也进行专门的研究。从上述几个方面重点比较了两大法系其他国家与程序性证明相关的制度，总结出其规律性的因素，分析了程序性证明在两大法系的差异及其原因，为我国相关的制度建构与完善提供了可以借鉴的资源。

本书还分析了程序性证明的构成要素：在刑事程序性证明制度系统中，证明主体、证明对象、证明手段、证明标准、证明责任是基本的构成要素。证明主体是诉讼行为的起点，解决主体之间的程序性争议是其主要目标；证明对象是主体权能作用的载体；证明手段为程序性证明提供一种科学的解决方案，提供一种可操作性的技巧；证明标准与证明责任的配置则是一种平衡证明力量的方案，将程序性证明限定于特定的时空范围内，这些要素相互关联，共同完成程序性证明制度的功能建构。研究了影响程序性证明的因素：程序性证明的结果受制于相关的诉讼机制与其自身的构成要素。诉讼目的是诉讼行为的起点也是终点，推动主体调控自己具体的诉讼行为，不同的目的观决定人们对程序性证明的态度，进而影响程序性证明的地位。从证明制度的构成要素方面研究了影响程序性证明的因素，刑事程序性证明成功与否直接受制于程序性证明中证据的质量与数量，而证据的质量与数量由程序性证明主体的证明能力决定；程序性证明对象划定了刑事程序性证明与程序性裁判的范围，框定了程序性证明行为的边界；程序性证明标准界定了承担证明责任的主体进行证明时需要达到的程度，是衡量主体进行程序性证明成功与否的尺度；程序性证明中主观证明责任的意义在于推动程序性裁判中的控辩双方积极的举证行为，客观证明责任的意义在于解决程序性事实真伪不明时的风险分配。

随后，本书从理论与实践两方面反观我国刑事程序性证明存在的问题并分析了其原因。从理论上看，程序性证明的理论研究与其重要性程度极不相称；在司法实践中，作为程序性证明核心的诉讼条件、强制措施与强制性措施及非法证据排除的相关规定并没有遵循正当程序的司法化逻辑，行政化的处理方案存在较大的弊端，造成这一问题的原因较为复杂，其中主要有对程序性证明的性质与地位的认识的偏差、法律规定的问题、诉讼机制的问题等方面的原因。

最后，本书提出了建构与完善我国刑事程序性证明制度的具体设想。其中主要包括诉讼价值与模式的选择、主体力量的平衡机制选择、司法立场的选择、程序性证明的构成要素选择等几个层面。程序法治化是我国刑事司法的必经路径，宪政式诉讼模式是我国未来程序性证明的模式选择，需要进一步调整主体程序性证明力量而促成程序性裁判中的“程序性原告与被告”的力量平衡，程序性证明的结果需要经过程序性裁判，我国现行司法制度对程序性问题采用内部授权的行政化处理方式，不能满足社会对司法公正的需求，行政化向司法化的转变是其中重要的技术性因素。应在程序性证明及裁判中引入能动主义的司法立场，这种立场是在我国现实国情下，司法应对社会正义诉求的最好方式。在程序性裁判中，需要程序性裁判者根据诉讼的基本目标与价值，进行综合衡量，将特定的诉讼行为与程序的整体利益进行动态的协调与权衡，最终实现控制犯罪与保障人权的价值目标，以期平衡诉讼中各主体的利益，从而确立程序行为的效力，实现司法公正。虽然我国不存在三权分立为背景的司法审查与违宪审查制度，但可以对其他国家的能动主义司法立场所采用的司法方法予以借鉴，可以通过剥离能动主义司法的背景制度而采能动主义司法之能动本义，在法律缺乏程序性证明的规定下，由法官秉承公平、正义之理念对程序性问题作出判决。

目　录

导 论

一、选题的背景

在国外，越来越多的学者将研究的重点从关注证据规则转变为关注证明过程，威格莫尔在其《司法证明原则》一书中认为“证明的科学”是先于证据规则的，也比证据规则更为重要，因而倡导建立司法证明的科学。英美法系国家的司法制度以程序正义为导向，关注诉讼的程序，程序性证明一向具有突出的地位，虽然传统的英美证据法学以可采性为中心研究证据规则，但这种观念正在改变，证明的科学日益受到重视；大陆法系国家的司法制度以实质真实为导向，相关的规定与制度则隐而不显，但从法定证据制度向自由心证的发展过程表明：其证据制度的重心始终在于证明过程。我国大多数学者将大陆法系证明理论中的严格证明与自由证明作为证据制度的一种分类，事实上，严格证明与自由证明是证明规则之一种，其中自由证明的适用范围包括刑事诉讼中的程序性证明，程序性证明与自由证明并不相同，严格证明与自由证明侧重于公正与效率的平衡，将自由证明适用于程序性证明的研究也侧重于其效率价值，程序性证明理论的提出及相关制度的完善与建构对于人权保障和程序价值具有重要的作用。

在我国学者研究证据制度的历程中，有学者认为：应从证据学到证据法学[①]，其实质在于通过程序规制证明过程；有学者认为：应从证据法学到证明学，证据法学理论从“规则”走向“证明”、从“以证据为中心”走向“以证明为中心”不是历史的偶然，而是代表了证据法学研究的基本方向，是

① 陈瑞华：“从‘证据学’走向‘证据法学’——兼论证据法的体系与功能”，载《法商研究》2006 年第 3 期。

人类对诉讼证明规律认识深化的结果。[①] 刑事证明日益受到我国学者的重视。事实上，证明以事实为根基，作为证明根据的证据是一种事实，作为证明对象的结果也是一种事实，但这些事实均需纳入法定的程序轨道。但是，在我国，虽然已有学者提出了刑事程序性证明的概念，但研究的力度仍显不够，与其重要性极不相称，少有关于程序性证明制度的系统论述，大部分学者甚至没有区分实体性证明与程序性证明。虽然在具体论述的证明对象中，可能包括程序性事实，在证据事实中也可能包括程序性证据事实，但程序性证明并不是不证自明的概念，程序性证明与实体性证明有着不同的制度逻辑。从某种意义上，程序性证明从证明中分化的程度反映了一国司法制度中的程序价值受重视的程度与程序法治发达的程度。混淆两者的结果只能造成理论与实践的困境，尽管其他国家的学者没有明确提出刑事程序性证明这一概念，但在其他国家处理程序性违法的过程中，两大法系在解决程序问题时，关于诉讼条件、强制措施与强制性措施、非法证据排除规则中的程序性裁判体现出了共同的特征，表现出了在程序裁判与程序性辩护方面的趋同的倾向。刑事程序性证明具有较为重要的理论意义与实践价值，特别是对于程序观念相对淡薄的我国来说，更有研究与适用的紧迫性。我国传统证据理论将“证据”问题作为证据法学研究的重心，将“证明”的内容边缘化了，在证明中，刑事程序性证明也被边缘化了。事实上，刑事诉讼中的证明并不能简单地等同于认识活动，刑事司法过程是主体利用证据进行证明的过程。从某种意义上，可以认为证据内容只是证明的一种手段，是一种静态的规定，而证明则是一个动态的、丰富的程序性过程；程序性证明不能简单地附属于实体性证明，程序运作的结果必然会造成对公民权利的侵犯。从某种意义上，正是程序本身使这种侵犯正当化，超越正当程序即为程序性违法，程序性证明的过程正是描述了这一正当化的过程。程序性证明理论是司法实践的需要，也是证明理论深入发展的必然结果，程序性证明理论也回应了人权保障的需要。程序性证明从行政化向司法化的转变是解决我国程序性问题的必经之路。

① 封利强：“从‘证据法学’走向‘证明法学’——证据法学研究的基本趋势”，载《西部法学评论》2008年第6期。

二、选题的意义

诉讼证明包括实体性证明和程序性证明，“重实体、轻程序”的法律传统使程序性证明被长期忽视，随着法治化进程的加快，在我国的刑事司法中，程序的价值日益提升，其直接的结果在于程序性权利受到重视，对于违反程序的行为也将进行程序性制裁，而程序性证明是程序性辩护和程序性制裁的基础。这一理论的提出与建构有利于丰富我国权利体系的内容，有利于建构完整的证明体系，纠正人为地割裂“证据论”与“证明论”的研究现状，将证明活动纳入诉讼法定程序的轨道，提升证据法的品格。

程序性证明理论的提出和建构有利于将程序性裁判制度向审前程序延伸，实现程序控权的目标，也有利于司法证明对象中的程序性事实的实质化，使程序性裁判对案件的实体处理产生实质性的影响，有利于从根本上解决长期以来我国刑事审前程序缺乏司法审查和司法控制而产生的一系列的程序性违法问题。在程序性证明的场域中，公民的程序性权利诉求得到回应，交涉互动的证明过程本身还可以增强程序可接受的程度。

三、研究的主要内容与方法

（一）研究的主要内容

具体来说，本书分为七个部分：

第一部分：刑事程序性证明的概述。从其理论背景入手引出刑事程序性证明，有裁判必有证明，程序性主张与程序性争议的存在产生了程序性裁判的必要，而程序性裁判必须建立在程序性证明的基础之上。本部分界定了刑事程序性证明的概念、特征、分类及其与相关概念的关系；从制度起因、法律基础、技术性基础等几个层面研究了支撑刑事程序性证明的制度基础；从理论与实践、国内与国外等几个方面研究我国刑事程序性证明的必要性，程序性证明理论的提出和建构有利于纠正长期以来混用两者所产生的理论困境，程序性证明过程纳入司法过程也是人权保障的需要。

第二部分：考察了国外相关理论和制度的现状。以期从中发现制度的发展趋势，为我国的相关制度的完善找寻可以借鉴的资源。在两大法系有关证据与证明的相关理论中，越来越多的学者将其研究的重点从关注证据规则转变为关注证明过程。事实上，静态的证据规则更易于为立法所规制，而动态的证明过程则依赖司法中正当程序的规制，“证明的科学”是先于证据规则的。在英美法系国家，“程序是实体之母”，程序性证明受到较强的重视，大陆法系国家以实质真实主义为导向，对于程序性证明采用自由证明的规则，采用相对宽松的证明方法，但大陆法系国家程序性无效制度和程序性证明同样遵循了司法的控辩裁三方构造规律，而且大陆法系从法定证据制度到自由心证的发展历程本身即为对证明过程的诠释。此部分采用类型学的方法，主要从其他国家诉讼条件、强制措施与强制性措施中的程序性证明及非法证据排除规则中的程序性证明进行研究，直指问题的核心。其中重点研究了其他国家公权运作中的程序性证明，特别是将需要公民承担积极义务时的程序行为作为研究程序性证明的重点，因为这些部分体现了程序性证明制度控权与维护人权的本质与核心。

第三部分：刑事程序性证明正当化的理论基础。作为一种诉讼行为，刑事程序性证明显然应该受到正当程序的规制，本部分主要研究了正当程序与刑事程序性证明的关系。

第四部分：刑事程序性证明的构成要素。本部分结合其他国家相关制度经验和基本的诉讼法理，提出程序性证明的一系列基本构成要素，其中主要有刑事程序性证明主体、刑事程序性证明对象、刑事程序性证明手段、刑事程序性证明的证明标准、刑事程序性证明的证明责任等技术性构成要素，这是支撑刑事程序性证明的制度基础。

第五部分：影响刑事程序性证明的因素。刑事程序性证明的限权性决定构建相关制度的难度。本部分考证了刑事程序性证明与诉讼模式的关系，从诉讼主体能力、诉讼目的、证明对象、证明标准、证明责任等一些方面研究影响刑事程序性证明的因素，以期识别刑事程序性证明发展过程中的规律性因素，为我国相关问题的解决提供可以借鉴的参考。

第六部分：我国刑事程序性证明的现状及问题分析。本部分考证了我国学者对于程序性证明的相关理论的研究，并对司法实践中存在的问题及其原因进行分析。由于长期以来受到“重实体、轻程序”观念的影响和主要从大陆法系自由证明的相关理论中吸取理论支持，程序性证明在我国的司法制度中没有受到应有的重视。由于缺乏刑事程序性证明基本标准和相关的规定，长期混用实体性证明的基本制度及其附属性地位，在理论与实践中产生了一些困境，这也是一些问题产生的深层次原因。

第七部分：我国刑事程序性证明制度的建构与完善。将人权保障作为刑事程序性证明的价值目标，刑事程序性证明行为必须符合程序正义的基本要求，程序性证明和裁决必须纳入三方的构造，从行政化向司法化转变是程序性证明制度法治化的必经之路，裁判者采用能动主义的司法立场，对程序利益进行综合衡量。对我国刑事程序性证明的主体、刑事程序性证明的对象、刑事程序性证明的证明标准、刑事程序性证明的证明责任进行设定。

（二）研究的主要方法

刑事程序性证明制度是一项较为系统的制度设置，我国的司法理论与实践中均存在较大的欠缺，为了建构一项既符合普遍的诉讼规律又适用于我国的司法实践的制度，本书综合了多种研究方法进行研究。其一，运用了文献研究法，对国内、国外相关制度与理论进行考证，查阅了大量的相关文献资料并进行比较分析，争取做到概览刑事程序性证明制度的全貌；其二，运用了比较研究的方法，比较了国内、国外相关的理论与制度，分析了其中的制度性规律，为我国的司法制度提供可以借鉴的资源；其三，运用了类型学的方法，为了研究的方便在对国内、国外的程序性证明的基本内容进行研究时，从诉讼条件、强制措施与强制性措施、非法证据排除规则等几个方面进行研究，虽然从不同的侧面看，这种分类并不完美，但这种分类直接指向权力运行的领域，是程序性证明制度价值的核心内容，因而采用了这种分类。在研究程序性证明与诉讼模式的关系时，借鉴了其他学者研究诉讼模式的结论，主要考证了刑事程序性证明在这些诉讼模式中的发生与发展过程，之所以选择这种对诉讼模式的分类标准，而没有完全采用通说所采用的分类法，主要是因为这种分类法重点关注了权力与权利的关系，关注了程序法治化的进路，较好地契合了本书研究的内容；其四，运用了经济分析的方法，在研究程序性证明的起因时，提出程序性争议源于程序利益的冲突，主体进行程序资源的投入取决于主体对程序收益的考量，在对影响程序性证明责任分配的因素及法官运用程序性证明进行裁判时所考虑因素等问题的研究中均涉及程序利益的衡量及经济分析的方法。

四、本书的创新点与不足

本书的创新点在于：其一，重新界定了刑事程序性证明的概念。刑事程序性证明是诉讼主体对以法律要件事实为基础的程序性主张依法律的正当程序向法官进行论证的诉讼行为，刑事程序性证明本质上是一种程序形成行为，是诉讼行为的一个联结因素。对刑事程序性证明的分类分别从程序性证明的主体、程序性证明主体选择的自由程度、程序性证明的内容、程序性证明所处的阶段几个角度进行分类。具体来说，可以分为国家机关与作为个人的当事人的程序性证明、法定的程序性证明与选择的程序性证明、完全的程序性证明与相对的程序性证明、事前的与事后的程序性证明。通过与对程序性证明本身的分类及与相关概念的比较，有利于厘清刑事程序性证明的本质特征。其二，重新认识刑事程序性证明的重要性地位。否定了对程序事实采用自由证明或者认为应当不证自明的观点，提出应将程序性证明与实体性证明置于同等重要的地位进行研究，将其作为现代社会法律真实的两个节点。其三，主张重新设定程序性证明的裁判结构与方式，对于刑事程序性证明的结果裁判，应当依据法律的正当程序进行，应当遵循司法的控、辩、裁三方的逻辑结构。在具体的裁判方法上，由于我国不存在司法审查、违宪审查等制度背景，应由法官综合考虑刑事政策、证据距离、社会公益等因素，剔除能动司法之制度背景因素，取能动之本义；法官应当对程序性问题秉承法之公正、效率精神，进行能动司法。其四，分析影响刑事程序性证明的因素。从诉讼机制方面研究了刑事程序性证明与诉讼模式的关系，将刑事程序性证明分别置于不同的模式中，研究了主体力量对比、诉讼目的对刑事程序性证明的影响；从构成要素方面研究了主体能力、证明对象、证明标准、证明责任对刑事程序性证明的影响。全面揭示了刑事程序性证明在整个刑事司法过程中的重要价值，对刑事程序性证明制度的研究能够推动相关理论与实践的发展与突破。

本书的不足之处在于：本书的主要目的在于弥补理论研究方面的不足，侧重于理论的分析，对具体的案例只是偶有涉及，没有对之进行深入细致的分析。虽然主张程序性证明的主体包括实施具体行为的国家机关与当事人，但重点侧重于对国家的警察、检察机关与被告人就诉讼行为的程序、强制措施与强制性措施及非法证据排除中的程序性主张及其证明的研究，对于其他方面，在以后的研究中有待加强。

第一章

刑事程序性证明概述

第一节 刑事程序性证明理论概说

人类最早的证明产生于人类对未知世界的探知活动，在与自然界交流的过程中，对自然界进行识别并对自己所识别的对象进行证明，风、雷、雨、电、日、月、星辰等都是我们解释的对象，不同地方、不同时期的人们依据自己特有的宇宙观、世界观对之进行诠释。人们一般将证明分为生活意义上的证明、自然科学中的证明与社会科学中的证明。司法证明也是证明之一种，属于社会科学证明的范畴。司法证明是人们为了解决社会冲突而设计的依据一定的程序证实犯罪的活动，但司法证明的独特之处在于其是对已经发生的案件事实的回溯性证明。从证明的对象上，可以将司法证明分为实体性证明与程序性证明，这种分类是证明理论研究深化发展的结果，作为司法证明之一种的程序性证明是现代法治国家主要为阻碍国家公权力的运作而设置的制度障碍，也是司法制度回应人权保障的具体的制度设置。

一、刑事程序性证明的概念

在界定刑事程序性证明的概念之前必须首先弄清证明的概念，《现代汉语词典》将证明界定为：用准确的材料推知另一事物真实性的活动，是一种求真的活动。[①]《简明法律辞典》则从证明与证据的关系入手对之进行界

① 封利强："从'证据法学'走向'证明法学'——证据法学研究的基本趋势"，载《西部法学评论》2008年第6期。

定，将证明作为查明案件事实的基础，其最终的目的是查明案件事实真相。[①]《牛津法律词典》则从动态的角度界定了证明，将依据证明所确认的事实作为采证的基础，并从宏观上设定了证据法相关的制度，包括举证责任、证据类型、证明方法、证明标准等相关问题，从动态上列举了证人运用证据对事实进行证明的过程，及陪审团的听证过程。[②]诉讼法学者在研究证明时，有学者认为：证明是指承担证明责任的主体使用证据证实案件事实的活动。[③]这种观点从民事诉讼法的角度进行研究，将主体的证明活动与证明责任相连接，在民事诉讼中，这种界定能够将原被告双方的证明活动都纳入证明的范围；但在刑事诉讼中，根据无罪推定的基本理念，由于承担证明责任的主体为国家追诉机关，如果将证明限定于证明责任主体的范围内则会排斥被追诉人、被害人等的证明权。有学者认为：证明是指诉讼主体在庭审中根据法律的正当程序向法庭论证系争事实与论证诉讼主张的活动。[④]这种观点关注了刑事审判中的证明活动，并且注意了程序对证明的重要作用，但将证明活动限定于审判程序中则不能适用于审前程序中的程序性证明和程序性裁判活动。还有学者认为：诉讼法中的证明是指依据法定的程序运用证据认定案件事实的诉讼行为[⑤]，这种观点关注了程序在证明中的作用，但也没明确提出程序性证明的概念。通过对比分析，笔者发现：证明以事实为根基，作为证明根据的证据是一种事实，作为证明对象的结果也是一种事实，但这些事实均需纳入法定的程序轨道。上述学者在关于证明的论述中，均没有区分实体性证明与程序性证明，虽然在具体论述的证明对象中，可能包括程序性事实，在证据事实中也可能包括程序性证据事实，但程序性证明并不是不证自明的概念，程序性证明与实体性证明有着不同的制度逻辑，从某种意义上，程序性证明从证明中分化的程度反映了一国司法制度中的程序价值受重视的程度与程序法治发达的程度。闵春雷教授在相关的研究中认为：程序性证明是在刑事诉讼中，控辩双方对于程序性争议和单方的程序性请求，运用证据向法官（或中立的第三方）进行的论证说服

① 《简明法律辞典》，上海辞书出版社 2005 年版，第 219 页。

② ［英］戴维·M. 沃克：《牛津法律词典》，李双元等译，法律出版社 2003 年版，第 913 页。

③ ［英］江伟主编：《证据法学》，法律出版社 1999 年版，第 49 页。

④ 卞建林主编：《证据法学》，中国政法大学出版社 2000 年版，第 264 页。

⑤ 孙维萍主编：《证据法学》，上海交通大学出版社 2009 年版，第 152 页。

活动。[①]这种观点的积极方面在于：区分了实体性证明与程序性证明，特别是关注了审前程序中的程序性证明，将程序性证明过程纳入三方诉讼结构。其不足之处在于：其一，将程序性证明的对象界定为程序性争议与程序性请求，而忽视了事实在程序性证明中的作用，所有的程序性行为皆因一定的案件事实而产生，由于程序的运作又产生了一定的程序性事实，所以事实应该是程序性请求与程序性争议的基础；其二，控辩双方的程序性请求与争议不能涵盖法官的程序性违法行为，而在我国的刑事司法中，法官的程序性违法不在少数，而且我国现行的刑事诉讼法有关二审程序发回重审的程序性理由主要针对一审审判程序中的程序性违法，所以应该把同为程序主体的法官的程序性违法也纳入其中。

结合前面对证明及诉讼中的证明概念及特点的论述，笔者认为：刑事程序性证明是指诉讼主体对自己提出的程序性主张（以法律要件事实为基础的程序性请求和因相反的主张所引发的程序性争议），运用证据依照法律的正当程序向程序性裁判者所作的论证的一种诉讼行为。

二、刑事程序性证明的特征

刑事程序性证明是证明理论深化发展的结果，是司法实践的需要，其本质是诉讼主体的一种诉讼行为，是一种程序形成行为，是正当程序规制证明过程的结果，源于程序性请求与程序性争议主张，以法律要件事实为基础，其目的在于阻却程序性违法，维护人权。其特征表现为以下几个方面。

（一）程序性证明的主体包括公安机关、检察机关、法院与诉讼当事人

程序性证明发生于国家机关与诉讼当事人之间，这些主体的程序性行为均存在被滥用的可能，国家公安、检察机关的追诉行为可能直接造成对公民人身权利与财产权利的限制与剥夺，法院的违法程序行为也会侵犯公民的公正审判权，因而也是程序性证明的主体，程序性证明将公权运作限制在合法、合理的限度内，也可以防止当事人滥用诉权。刑事程序性证明的目的在于对国家机关公权力的制约与公民人权的保障，程序性证明行为使程序行为的合法性得到了一次检验。程序性证明的主体不仅包括国家机关，更应包括作为个人的当事人，可以通过自己的积极的程序性主张维护

① 闵春雷："刑事诉讼中的程序性证明"，载《法学研究》2008年第5期。

自己的程序性权利，并不能由于刑事司法中主要的证明责任由国家的追诉机关承担而否认作为个人的当事人的证明主体地位。

（二）程序性证明的对象为以法律要件事实为基础的程序性请求与因相反的事实主张引发的程序性争议

程序性证明必须以事实为基础，而这里的事实并非指生活意义的事实，而是法律的要件事实，只有依据法律提出的程序性事实主张才具有法律意义，才能得到法律的保护。如果法律要件事实得到证明则可以获得程序性裁判的胜诉，国家机关有义务熟悉法律并准确地适用法律，但不能苛求作为个人的当事人能够熟悉法律以及运用法律识别程序意义的事实，由于两者所掌握的法律信息资源不平衡，只能通过证明标准、证明责任等程序性技术予以纠正。程序性事实是程序性证明的载体，程序性主张通过诉权的方式将此种静态的程序性事实向法官作动态的展现，并积极追求理想的诉讼结果，但这一过程必须以法律构成要件为基础。如果没有程序性主张将程序性事实引渡到程序裁判者面前，程序性事实则可能固化在判决的结果中；如果没有程序性事实作为基础，程序性主张将因处于要件事实之外，或者根本没有事实根据而归于无效，对于程序违法的行为，还将会有一定的程序性制裁。程序性主张具体表现为程序性请求与程序性争议，国家机关的程序性请求表现为对程序运作的条件的证明，只有作出这种证明才合乎“法无明文即禁止”的权力运行规则。公民个人独立的程序性请求则表现为一种程序性权利，程序性权力的运作对程序性权利的侵犯则表现为程序性争议，两者均需以要件事实为基础，否则即使提出此种主张也不能产生法律效力。

（三）正当程序是程序性证明的制度基础

在现代社会中，程序的价值在于通过正当程序实现权力的运作与权利的维护，程序性证明发生于国家机关与公民个人之间，追诉犯罪的压力使国家公权运作极易超越法律所划定的界限。为了实现国家的刑罚权而置人权于不顾，只有依据法律的正当程序才能使国家机关的追诉行为不至于沦为任意肆虐的工具，正当程序通过三方的架构尽力维护程序性裁判中原被告双方的力量平衡，程序性裁判者居中裁判的稳定态势，以实现法律公正之宏旨。在证明标准、证明责任上向有利于被诉人的倾斜正是为了实现从形式平等到实质平等的转换。程序性证明的裁判程序即程序性裁判也是正当程序的基本构成要素。

（四）刑事程序性证明是一种程序形成行为

诉讼行为理论是大陆法系国家刑事诉讼理论中较为重要的一个概念，在刑事诉讼中具有较为重要的价值。德国学者绍尔甚至认为诉讼行为是诉讼法的中心点。根据我国学者的研究，诉讼行为是指能够产生预期的诉讼效果，能够促使诉讼程序继续进行的意思表示。从内容上看，诉讼行为应当排除严重的程序违法，应涵盖轻微的程序瑕疵行为；从主体上看，诉讼行为的范围包括法院、控辩双方及其他诉讼参与人的行为；从诉讼阶段来看，诉讼行为包括诉前的侦查行为、审判行为等。刑事程序性证明是诉讼行为重要的联结因素，程序性证明的本质是一种程序形成行为，程序形成行为通过形成程序上的法律关系推动程序的运作以维护程序公正，诉讼行为的成立必须具备法定的条件，程序性证明的结果需要经过程序性裁判，而程序性裁判的依据即是对法定条件及生效要件的综合衡量，其中成立的条件包括主体因素、意思表示因素、形式因素。[①]生效要件则需要结合诉讼的目的与价值，将特定的诉讼行为与程序的整体利益进行动态协调与权衡，其中涉及诸多冲突的利益，实现控制犯罪与保障人权的价值目标，平衡被追诉人与被害人利益、国家与社会利益，从而确立无效的标准，对于违背刑事诉讼的原则、破坏基础性构成要素、违反公共利益的行为则应认定为无效。[②]

三、刑事程序性证明的分类

对刑事程序性证明进行分类能够更深入地理解程序性证明的本质特征，能更好地理解程序性证明在刑事司法中的独立价值及其与其他相关制度的异同，有利于理论研究的更进一步深化，方便对程序性证明进行更进一步的系统性论证。

（一）从程序性证明的主体来看，可以分为国家机关与当事人的程序性证明

程序性证明是一种诉讼行为，诉讼行为的主体包括国家的公安机关、司法机关及其他诉讼参与人，程序性证明的主体范围小于诉讼行为的主体

① 陈永生："大陆法系的刑事诉讼行为理论——兼论对我国的借鉴价值"，载《比较法研究》2001年第4期。

② 夏红："认定刑事诉讼行为无效标准初论——以利益动态平衡为出发点的考察"，载《河北法学》2009年第12期。

范围，结合刑事程序性证明的理论价值及背景，其主体应当包括国家机关及作为个人的当事人，程序性证明是程序性裁判的必然要求，因为裁判以证据与证明为基础，对程序性证明制度的研究正是期望通过对程序性证明过程的规制达到限制权力与权利滥用的目的。换言之，一方面，程序性证明建构了程序性裁判的基础；另一方面，程序性证明也约束了程序主体滥用程序权力与程序权利的行为。世界各国的程序性证明制度均侧重于对滥用权力的规制，以平衡刑事诉讼中的主体的控辩力量。将程序性证明的主体划分为国家机关与作为当事人的个人的程序性证明有助于划定不同主体行为的界限，建构程序性裁判的评判标准。

（二）从程序性证明主体选择的自由程度来看，可以分为法定的程序性证明与选择的程序性证明

国家机关的公权力行为多为法定的程序性证明，即法律明确规定国家机关进行程序行为时必须证明达到法定的程序性条件，否则即为程序性违法。关于诉讼条件的程序性证明、强制措施与强制性措施中的程序性证明均为法定的程序性证明，国家公权力机关在进行程序行为特别是涉及要求公民负担积极义务时必须经过严格的司法审查，由中立的法官进行程序性裁判。非法证据的排除一般必须经过当事人提出程序性动议，是一种事后的救济方式。从各国启动非法证据的外在方式上看，似乎非法证据排除中的程序性证明是一种可选择的程序性证明。事实上，有必要对其进行进一步的探讨，因为对于非法的口供而言，当事人口供的自愿性可以排除公权力机关收集口供的非法性；但对于非法的扣押、搜查等其他方法获得的实物证据，则不能以之作为评判的标准，尽管不同的国家对于非法获得的实物证据可采性有较大的差异，但合法的扣押、搜查是国家机关的义务，作为强制性措施之一种，也应当属于法定的程序性证明的范畴。当事人的程序性证明一般为选择的程序性证明，如回避的选择，对于属于当事人权利的内容，当事人可以选择进行主张，当事人可以行使程序选择权[①]，大陆法系国家程序无效制度充分关注了当事人的利益、尊重当事人的程序选择权，例如：法国刑事诉讼中的程序无效制度，将是否侵犯当事人的利益作为评

① 有关程序选择权的论述请参见姚莉、詹建红："刑事程序选择权论要——从犯罪嫌疑人、被告人的角度"，载《法学家》2007年第1期。

判行为效力的标准，而程序性行为最终的效力还取决于利害关系人的意愿，利害关系人可以提出动议申请国家机关违法的程序行为无效，也可以接受该行为的效力。[①]

（三）从程序性证明的内容上看，可以分为完全的程序性证明与相对的程序性证明

刑事程序性证明是相对于实体性证明而提出的一个概念，实体性证明的内容由法律所规定的属于犯罪构成要件的事实决定，即关涉定罪的事实及部分量刑事实构成，程序性证明则主要针对程序性事实的证明，但是在程序运作的过程中，有时两者并不能截然分开，如果程序性证明事项中蕴含着实体性条件的理由，则为程序性证明，诸如诉讼条件的证明，各国在程序启动、提起公诉、审判程序运行均需具备一定的事实条件，这些事实条件中既有纯粹程序法上的事实，如：特定行为只能为特定的主体实施，必须具备法定的形式要件等，也存在与实体法密切相关的事实判断，如：对存在犯罪事实的判断。事实上，这类程序性事实中涉及的对实体事实基础的确认只是一种手段，其最终目的在于推进诉讼进程。在强制措施与强制性措施中也存在着这样的事实，但对这些事实的证明附属于程序性事实，其目的在于程序性行为。除此之外，还存在一类独立的程序性证明，这类证明只涉及程序性事实而与实体事实关系不大，因而其是一种完全的程序性证明，诸如侵犯沉默权的证明、侵害律师帮助权的证明、管辖权的证明、回避的证明、期间的证明等均由独立的程序法事实所构成。

（四）从程序性证明所处的阶段来看，分为事前的程序性证明与事后的程序性证明

刑事程序性证明的本质是一种权力制约机制、权利保障机制，通过程序性裁判约束公权力的扩张与滥用，在现代社会中，各国均通过事前授权与事后的救济得以实现。关于事前的程序性证明，如：在诉讼条件的程序性证明中，国家机关启动程序、提起公诉、开启审判程序时，必须在事前进行程序性证明以证明程序运作符合法定的条件；在强制措施与强制性措施中，除了特定的紧急情况外，大多数国家规定了必须经过司法授权，由法官签发令状才能实行，如：英美法系强制措施中的令状制度、德国的法官保留原则、

① 陈永生："大陆法系的刑事诉讼行为理论——兼论对我国的借鉴价值"，载《比较法研究》2001年第4期。

日本强制处分时必须存在法院的令状，令状的获得必须进行程序性证明，令状的签发必须具备实质要件与形式要件，即可能性理由及特定性。[①] 关于事后的程序性证明，是指程序行为实施之后，在公民对怀疑有程序违法的行为提出程序性动议后，由专门的程序法官进行程序性裁判的事后救济方式，诸如对令状的救济措施、非法证据排除规则的适用中的程序性裁判均需要事后的程序性证明。

第二节　刑事程序性证明的制度基础

刑事程序性证明源于程序利益的冲突，但解决程序利益冲突的过程却使程序体现出制度的伦理性，解决程序利益冲突的依据是程序性权利与义务所划定的疆界，程序证明过程必须遵循正当程序所设定的三方架构，这种结构是程序性证明的技术性基础，程序性证明的直接结果是通过影响程序性裁决的过程而获得程序性裁判的胜诉，进而影响实体性判决结果。

一、刑事程序性证明的起因：程序利益冲突

根据马克思主义的基本原理：物质决定意识，所有人的行为都是由物质基础决定的。自从人类有了私有的观念后，社会生活中就产生了真正意义上的冲突，诉讼的产生正是为了解决人与人之间的利益的纷争，刑事诉讼中的利益冲突包括实体利益与程序利益两方面的冲突，实体利益是立法所规定的第一性利益，而程序利益则是实体利益秩序被破坏之后，为使实体利益重新回到生活世界的秩序状态而出现的一种第二性利益，属于矫正的正义，当然程序利益的实现也必须有程序法律的依据，但是程序利益并不必然发生，必须在程序争议发生之后，主体依法律的正当程序提出程序主张，程序利益才得以实现。正是因为有人用犯罪行为打破了第一性的分配利益的平衡，使现实的、确定的实体利益在案件发生后到判决最终确定前呈现为一种不确定的预期，这种预期如果想重新回归生活的现实，诉讼主体必

① 孙长永、高峰："刑事侦查中的司法令状制度探析"，载《广东社会科学》2006年第2期。

须以证据为中心展开一系列的诉讼活动，这种活动的展开是一种证明过程，法治国家的证明过程遵循诉讼逻辑。事实上，实体利益与程序利益有不同的特征，因而也有不同的维护方式，因为实体利益是由立法和过去发生的案件事实和证据决定的，因而具有一定的客观性，程序利益则是主体在证实实体利益合法化的过程中，在程序资源上的投入，而这种投入受制于主体投入的主观动机。正如波斯纳法官所认为的，“证据搜寻的收益与成本及搜寻的最优种类与数量依搜寻者的类型而各有不同”[①]。主体在进行程序主张时均是建立在对程序主张可能会产生的实体利益和程序利益的评估的基础之上。一旦提出程序性主张则需要进行程序性证明，需要进行程序资源的投入，也就是需要耗费一定的诉讼成本，这是主体必须考虑的重要因素，主体可以通过调控证明过程中的采证、举证、质证、认证过程的成本投入，在一定程度上调整自己的实体利益和程序利益，这是程序性证明的内在发生机理。

刑事程序性证明的认识论根源在于程序性事实的可知性、可证明性。龙宗智教授也认为：事实是理论建构的基础，事实是理论的出发点，同时也是理论的构成要素。事实可以分为本体论意义上的客观事实和认识论上的经验事实，在刑事诉讼的过程中第一性的客观事实需要用科学的语言来加以描述，转化为经验事实，这种反映或描述是第二性的，正是有这种要求和可能，程序性事实的证明也才成为可能。事实证明有一定程度的不确定性，不确定性的消除与证明资源的耗费成正比。[②]

二、刑事程序性证明的法律基础：程序性权利与义务

所有的法律制度均是以权利和义务为基础而组成的规则体系，刑事程序性证明只是程序性制裁与程序性违法的中介，而程序性违法的前提是存在程序性法律，程序性权利与程序性义务则是程序性法律的基本构成要素，“无救济则无权利”这一古老的罗马法谚语说明了包括诉讼在内的救济方式对权利的重要性，事实上，这句话在另一层意思上可以认为权利是救济的基础，一切权利的配置与救济源于社会生活中多元主体的利益纷争，为了解决此种

① [美]理查德·A.波斯纳：《证据法的经济分析》，徐昕等译，中国法制出版社2004年版，第51页。
② 龙宗智：“‘大证据学’的建构及其学理”，载《法学研究》2006年第5期。

社会冲突、维护社会秩序，为了避免在立法过程中权利和利益初次分配的不公，国家赋予当事人启动诉讼的自主权，实现利益的第二次分配，在疏导和分散式的诉讼程序中，社会的冲突和矛盾得以消解，而且由于公民对于诉讼过程的主动的参与权，更加方便了社会冲突在微观层面上的解决，公民因而加深了对国家司法和法律的可接受程度。到目前为止，诉讼是最有效的、最权威的救济方式。日本学者谷口安平教授更是提出“程序是实体之母”，古罗马人认为：诉权先于权利，权利与诉讼密不可分，没有诉权保障的权利是不可想象的。[①] 程序权利包括：程序权利的行使主体、程序权利的范围、侵犯程序权利的制裁措施，只有这样才能形成一个封闭的法律逻辑结构。当程序性权利受到侵犯或者程序性义务被违反时，同样需要给予公民程序性救济的权利，否则程序性权利将形同虚设。因而要求我们在设定法律时：一方面，在刑事程序法律中，必须为公民的程序性权利设置相应有效的救济途径，我国现行的程序性法律得不到遵守的根本原因在于法律规定本身缺乏制裁部分，这就很难使程序法成为一个自创生的系统；另一方面，当公民的程序性权利被侵犯时，必须通过诉讼的方式实现“矫正正义”，弥补因程序性违法而造成的公民程序利益的损失。阿蒂亚认为：整个法律的基础是个人，因而应当赋予个人执行法律的权利，当权利受到侵犯时，个人有权也有责任采取主动行动向法院起诉以维护自己的权利。[②] 这种观念也暗合了耶林所论证的“为权利而斗争”的理论进路，当然这里的权利理应包括程序性权利。毫无疑问，公民在通过诉讼维护自己程序性权利的过程中程序意识也在增长，程序的价值在整个法律体系中的地位也在提升，正如季卫东教授所言：“诉讼行为与权利意识之间存在着正相关的关系；诉讼率可以作为法和权利意识发达程度的衡量指标。”[③] 公民对程序性问题的诉讼也可以体现出一个国家国民的程序权利意识。

三、刑事程序性证明的技术性基础：正当程序的三方架构

现代法治国家均将民主、法治、人权等理念注入刑事司法中，其结果

① 周枏：《罗马法原论（下）》，商务印书馆 1994 年版，第 855-856 页。

② [英]P.S. 阿蒂亚：《法律与现代社会》，范悦等译，辽宁教育出版社 1998 年版，第 136-138 页。

③ 季卫东：《法治秩序的建构》，中国政法大学出版社 1999 年版，第 306--307 页。

是各国均禁止以刑讯逼供等非法方式收集证据，但对非法取证行为的认定问题不仅仅是一种价值的取舍与选择的过程，而且还是一个需要在程序建构上予以把握的技术性问题，因为只有理念而没有相应周密、完备且具有可操作性的程序建构，很难完成证明的正当化建构。由于刑事程序性争议主要发生于被追诉人与国家追诉机关之间，在某种意义上，程序性裁判的波及效应更强于实体性裁判，因为这种裁判反映了一国司法制度的纠错能力与法治化的程度。刑事程序性证明既发生在审判程序之中，也发生在审前程序之中，审判程序中的程序性证明以事后监督为主，审前程序中的程序性证明以同步监督为主，两者共同的目的是防止程序性权力与程序性权利的滥用而出现的程序性违法。程序性证明的技术性基础在于证明结构的三方构造，即发生程序性冲突的原被告双方要求中立的第三方解决相互之间的争执，中立的裁断者决定取证行为的效力结构。唯有如此，才能使法官的判决真正建立在控辩双方协商、交涉、辩论的基础上，而不是建立在裁判者单方面使用行政命令的基础上。[①] 从总体上看，两大法系在此问题上呈现互相吸收、互相融合的态势。在英美法系国家的审前程序中，通过对被追诉人的权利告知、律师帮助权的保障、强制取证方法的禁止、讯问条件的限定等手段平衡控辩双方的取证力量，程序性证明依当事人申请启动，预审法官只能进行程序性审查，当事人主义的英美法系国家正是严格按照这种方式将不具有可采性的证据排除于庭审之外。在职权主义的大陆法系国家，法官主导程序的进行，现代社会中大部分大陆法系国家将庭审法官与预审法官相分离，由预审法官承担监控侦查程序的职责，预审法官审查范围不受当事人申请的限制，法官庭前审查既可对程序性问题进行审查，也可对实体性问题进行审查，在刑事审判程序中，对于程序性问题的审查的三方结构则更为明显。可以看出，两大法系通过独立于追诉机关的“中立裁判者”的司法授权和审查机制，对追诉机关的强制性措施等程序性行为进行审查，并规制程序性证明，在程序性争议发生之后，则将诉权赋予当事人，并通过程序性裁判措施予以解决。有学者认为：法官介入审前程序的目的是实现“司法抑制”对追诉机关的追诉行为，抑制并防止其恣意性，两大法系的审前程序呈现司法型的特征，即呈现控辩裁三方构造的特征，

① 井涛：《法律适用的和谐与归一——论法官的自由裁量权》，中国方正出版社 2001 年版，第 209 页。

这也是一国司法文明程度的标志之一。[①] 而在我国的刑事司法中，对于程序性问题一向采用二方结构的行政治罪性程序，这种做法与其他国家对于程序性证明所体现出的三方构造相违背，也造成我国程序性证明与实体性证明被分割成适用行政程序与审判程序两个不相兼容程序的合体，使我国程序性的地位很难从技术上得到提升，也不利于人权保障价值的实现。

四、刑事程序性证明的结果：程序性裁判与实体性裁判

刑事程序性证明源于程序性违法和程序性冲突以及由此而产生的程序性主张，程序性证明的直接目标是获得有利于己方的程序性裁判，如果能够证明己方的程序性行为合乎法律的规定，则程序有效，由此而获得的证据也具有可采性，否则将受到程序性制裁，例如：对于警察、检察官甚至是法官的程序性违法行为，均被认定无效。在英美法系国家，对于侵犯了被告人的宪法性权利的行为，负责司法审查的法官就会作出排除非法证据、终止诉讼或者撤销原判等程序性制裁措施；在大陆法系国家，对于诸如预审法官错误地充当了审判法官、审判组织不合法、没有按照法定的程序进程的程序错误则被宣告无效，使那些受到程序性违法行为直接影响的证据、起诉、判决、羁押命令等失去法律效力，也不会产生预期的法律效果，该证据将不再具有可采性或证据能力。[②] 由于程序性判决的结果决定证据的效力，因而将会影响到实体性事实的证明，进而也影响了实体判决的结果。程序性证明是程序性主张与程序性裁判的中介，主体提出程序性主张的真正意图正是通过对程序性问题的质疑促成或者阻碍案件事实的证明过程。

程序性证明指向判决的结果，但程序性证明过程本身却体现刑事司法程序本身的善即程序的伦理价值。刑事程序性证明的建构正是通过配置控辩双方在程序证明中的证明责任、设定程序性证明的证明标准、设定具体举证、质证、认证等规则，达到限制国家机关和诉讼当事人滥用程序的诉讼行为。事实上，所有的实体性问题均是围绕程序展开，在此意义上，无法谈论程序性判决与实体性判决孰轻孰重的问题，两者有着同样的重要性。社会公众对社会公正的期望在刑事司法实践中体现得非常具体，诸如：诉讼

① 刘远熙："论侦查程序的诉讼化改造——比较法视野"，载《社会科学研究》2010 年第 2 期。

② 陈瑞华："程序性制裁制度的法理学分析"，载《中国法学》2005 年第 6 期。

人权得到重视、多方参与诉讼进程、意见能够得到重视、平等参与交涉的过程。程序性证明过程使公民增强了对司法的信心，增强了从程序性判决到实体性判决的可接受程度，正是在这一过程中各项争议得以消解。正如伯尔曼所认为的那样："法律超越了规则的范畴，它是在进行立法、裁判、执法和谈判的活动。通过对权利义务的分配解决纷争，创造活生生的合作的程序关系。"① 显然，在这里，权利义务包括实体性权利、义务和程序性权利、义务。纠纷的解决理应包括程序性争议。

第三节 刑事程序性证明与相关概念的比较

程序性证明与相关概念的比较有助于深入地研究刑事程序性证明的特征。刑事程序性证明与刑事实体性证明有着不同的制度基础与价值基础，有着相互独立的地位，不能混用；刑事程序性证明与司法查明存在主体差异、结构差异；而程序性证明与自由证明具有适用对象上的交叉性，但两者的性质、划分根据、价值取向上均存在较大的不同。

一、刑事程序性证明与刑事实体性证明

理论源于实践，在社会生活实践中，发现问题并在此基础上产生问题意识，提供一个有说服力的假说并通过实践与论证得到验证，这种理论才得以形成，但此时只是停留在理念层面，理论最终必须以社会生活为归属，必须以服务生活实践为目标。社会科学中存在一种倾向，为了获得持久的实用性，常常将具体问题进行抽象的概括，这样可以避免具体问题的考量，但是抽象高深的理论淡化对具体问题的分析结果，却存在使理论远离生活实际的风险。理论发展的结果是深化和细化理论的分类，使理论重新回归社会生活的现实，真正有价值的理论是在不断地应对和解决社会生活的疑难复杂问题的过程中获得持久的生命力，并得以发展。事实上，有生命力的理论也是一个自创生的系统。

① ［美］哈罗德·伯尔曼：《法律与宗教》，梁治平译，三联书店1991年版，第38页。

证明是一个抽象的综合体概念，诉讼证明是对生活世界证明理论的进一步细化的结果，诉讼证明为法官的判决提供一个合法性的过程和结果，可以减轻人们对国家公权判决的怀疑，也为国家追诉权的运作划定了行动的界线，为公众的行为提供了合理的可期待的预期。但是,在我国的刑事司法实践中，国家追诉权运作过度扩张的结果，使诉讼证明的时空范围被突破，一般证明运用于诉讼证明的结果使程序性权利被抛弃。理论来源于实践，但必须先于实践并和实践保有一定的距离，解决这一问题的理论方法，在于深化和细化对诉讼证明的研究。也唯有如此，才能直击病灶，找到有效的解决途径。对事物进行划分是所有概念发生的起点，是我们认识客观事物的一种基本方法。以往对证明进行的分类皆限于不同的领域，如科学证明、历史证明、司法证明等，对于在同一领域进行进一步分类的并不多见，我国对此问题的研究并不深入，在民主政治制度不发达的时代，弱化了对程序和人权保障的重视程度，随着市场经济和民主政治制度的高度发展，问题越来越明显，因为违法程序侵犯人权的现象时有发生。事实上，在刑事司法中，由于主体的复杂性、阶段的多样性、证明对象的差异性等诸多因素使诉讼证明的问题相当复杂，用同样的证明标准、证据制度和证据理论，很难解决所有的问题，因而可以以证明对象的性质作为区分标准，将诉讼证明进一步分为实体性证明和程序性证明，这是我国司法实践的需要，也是诉讼证明理论进一步深化发展的结果。两者的区别具体表现在以下几个方面。

其一，证明对象的不同。实体性证明和程序性证明是以证明对象的性质作为区分标准进行的分类，因而可以透过我国学者对证明对象的研究看出相应的研究脉络。通常认为关于证明对象有狭义说、广义说和折衷说，狭义说认为证明对象仅包括实体法事实；广义说认为证明对象不仅包括实体法事实还包括程序法事实、证据事实；折衷说则认为证明对象仅包括实体法事实和程序法事实不包括证据法事实。[①] 但遗憾的是，相关的学者并没有独立地提出程序性证明的概念，实体性证明和程序性证明有较大的区别。实体性证明的证明对象主要针对实体性事实与实体性证据事实，程序性证明的证明对象则针对程序性事实与程序性证据事实。

① 陈卫东主编：《刑事诉讼法教学参考书》，中国人民大学出版社 2004 年版，第 217 页。

其二，两者依据的事实基础不同。两者的区别源于其分类的标准，即实体事实和程序事实的异同和不同的价值取向，实体事实即案件事实是犯罪分子在犯罪过程中遗留下的，具有不可更改性，而程序事实则是国家公安、司法机关在追寻犯罪的过程中产生的，具有事后性、可变性，可以通过调整国家机关的司法行为而使程序事实合法化，减少制度运作的风险与成本，这也是程序性证明制度最为重要的事实特征。

其三，价值基础不同。实体性证明的目标在于查明案件事实，虽然两大法系在刑事诉讼中有不同的事实观，但不管哪个国家均不拒绝案件的真实，正如波斯纳法官所认为的“事实认定是法律适用的基础，事实认定采用证据裁判主义，因而证据法的地位不仅重要且具有独特性”①；程序性证明的目标在于限制国家追诉权与保障人权，这一目标源于现代社会设置程序的制度初衷。事实上，诉讼活动在一定的程度上不是认识活动，诉讼是以解决利益争端和纠纷为目的的法律实施活动。②而程序性事实和程序性证明在此问题上体现得更为直接，因为程序本身的设计初衷在于通过一种程式化的设计阻碍国家公权力的运作，一方面通过程序本身的善体现出其伦理正当性，另一方面则为公权力侵入私人空间寻找合法化根据，可以说程序本身就是价值取舍的结果，这就是世界各国程序之所以会千差万别的根本原因。国家通过立法设立程序，公民则通过选择以适用程序或者放弃程序性权利，如果不经允许而剥夺公民的程序性权利，则会造成程序性违法，需要进行程序性证明和程序性制裁，可见，国家进行程序立法时进行的是第一次价值选择，公民在进行程序选择时进行的是第二次价值选择。如果认识了实体性事实和程序性事实的区别及其在价值取向的异同，则能够很好地理解和解决学界关于证据与证明的认识论与价值论之争，可以简单地认为：实体性事实侧重于认识论，而程序性事实则侧重于价值论。

其四，诉讼主体的地位不同。在刑事实体性证明中，国家机关作为追诉方和裁判者，可能实施犯罪行为的主体则成为被追诉人；在刑事程序性证明中，这种身份发生了颠倒，可能实施违法程序行为的公安、司法机关被作为程序性被告，原案件中可能实施犯罪行为的嫌疑人则成为程序性原告。

① ［美］理查德·A. 波斯纳：《证据法的经济分析》，徐昕等译，中国法制出版社 2004 年，第 6 页。

② 陈瑞华：《刑事诉讼的前沿问题》，中国人民大学出版社 2000 年版，第 197 页。

当然在程序性证明中，还存在其他当事人作为程序性原告的情况。主体角色的颠倒使原有的制度设置出现不协调的地方。

其五，两者的目的不同。实体性证明以探知事物的真实性为目的，程序性证明则以阻碍国家公权的滥用和维护人权为最终目的。一般的证明是由已知探知未知，金岳霖先生将证明区分为证实和狭义的证明，证实是求然的过程，狭义的证明是求所以然的过程。[①]简而言之，证明是人类认识宇宙万物的规律的必经之路，人类正是通过不断地证明促进知识的进步，不断从事物的现象到事物的本质，无证明则无人类认识能力和人类文明的发展和进步。国家公权力的运作必须有一定界限，正是因为有了程序性规制才使国家公权力的运作不会为了获得客观真实而侵犯人权，程序性证明虽然不排斥程序性事实，但客观的程序事实并不是程序性证明的最终目的，国家追诉机关的公权力的运作不具备天然的正当性，必须证明其合理、合法性，程序性证明在实质上起着保障人权阻碍公权非法运作的效果，用金岳霖先生的话说即为求其所以然的过程。

二、刑事程序性证明与司法查明

我国已经有学者研究了证明与查明的关系，但专门研究刑事程序性证明与司法查明的关系者并不多见。事实上，两者在内涵和外延上具有较大的相似性，是两个极易引起混淆的概念，因而有区分的必要。在区分证明与查明的关系时，有学者从证明与查明的基本内涵上区分两者，并进一步与其提出的自向证明与他向证明进行对比分析，进而得出两者的异同。[②]有学者将证明与查明作为当事人主义与职权主义的根本差异，并从诉讼模式的角度对两者进行区分，认为在职权主义诉讼模式下，是国家的警察、检察机关甚至法院依职权“查明”案件事实，在对抗制诉讼模式下，采用双线的调查证据模式，要求当事人双方向事实认定者“证明”案件事实。[③]达马斯卡也从诉讼模式的角度进行过相似的论述，他认为：“在对抗式诉讼中，各个主角都有其确定的、独立的而且互不相容的职能：控方的目的是将被告人绳

① 金岳霖：《知识论》，商务印书馆 1996 年版，第 879 页。

② 何家弘：“论司法证明的目的和标准——兼论司法证明的基本概念和范畴”，载《法学研究》2001年第6期。

③ 李昌林：“证明、查明与拍板——真实发现途径与刑事诉讼模式的立法选择”，载《甘肃政法学院学报》2009 年 9 月。

之以法；被告方的目的是阻止控方的此种努力，非对抗式诉讼为了维护社会秩序和控制犯罪由官方主导的彻底的调查。”[①] 张建伟认为：对抗制诉讼模式和职权主义诉讼模式的关键区别在于，当事人主义诉讼模式通过控辩双方的作用与反作用，达到制约政府权力、揭示案件事实真相的目的，职权主义则依靠国家机关官员的主观能动性，依职权主动调查证据，以发现真实的案件事实。[②] 简而言之，这种观点主要认为：当事人主义国家认定案件事实的模式为证明，职权主义国家认定案件事实的模式为查明。事实上，这种观点将查明限定为国家机关依职权的查明，也就是将查明的主体限定在国家机关的范围内与查明本身的内涵不符。必须注意查明与司法查明的异同，从词源上看，查明就是调查证据以使案件事实明确。可以认为，查明是证明的一种手段，所有需要对案件事实进行证明的主体均会事先对案件事实进行查明，如果要证明实体法事实则事先要进行实体法的查明，如果要证明程序法事实则要进行程序法查明，查明的主体不宜限定于国家机关的范围内。当然，根据两大法系不同的历史传统，大陆法系国家呈现出重职权查明的特征，英美法系国家呈现出重控辩双方平等对抗的证明特征，但四者之间不具有直接的因果关系，或者说查明与证明并不是诉讼模式的根本区别，而是区别之外在表象，两大诉讼模式的异同是由复杂的原因造成的，古今中外的学者已经在此问题上作出了多种多样的论证，可谓仁者见仁、智者见智。

笔者认为：查明与司法查明是两个不同的概念，查明的主体显然要广于司法查明的主体范围，司法查明的主体也就是大陆法系国家机关依职权的查明，而查明的主体则应包括国家机关的调查行为和诉讼当事人的调查行为，如辩护律师进行的调查取证行为也可以认为是一种查明。一般意义上的查明和一般意义上的证明，有时可以通用，查明侧重于手段意义，证明侧重于结果意义。笔者认为，刑事程序性证明和司法查明的区别主要体现在以下几个方面。

其一，两者的主体不同。刑事程序性证明的主体包括警察、检察机关、法院与作为个人的当事人，这些主体在不同的情况下会成为程序性证明的主

① ［美］米尔吉安·R. 达马斯卡：《比较法视野中的证据制度》，吴宏耀、魏晓娜等译，中国人民公安大学出版社 2006 年版，第 155-157 页。

② 陈光中主编：《刑事诉讼法（第 2 版）》，北京大学出版社、高等教育出版社 2005 年版，第 37 页。

体。司法查明的主体主要为国家机关，“司法”将主体的范围限定于国家机关，大陆法系国家的法官有查明之职，英美法系国家的法官则必须被动中立审判。

其二，两者的结构不同，这也是两者最根本的区别。刑事程序性证明作为诉讼证明之一种，必须纳入司法化的视野，也就是说刑事程序性证明必须具备一种三方结构的组合才符合现代程序正义的理念，控辩双方提出证据，进行举证和说服，中立第三方对程序性问题进行裁断，其本质是三方主体间通过互动和交涉，达至解决纷争的方案。而司法查明则是一种单方的诉讼行为，尽管在司法查明的过程中，也有可能向对方进行调查取证，但此时参与的对方仅仅是一种调查证据的线索与手段，不会发生诉讼证明的法律效果。

在这两个概念中容易混淆的是国家追诉机关的程序性证明与司法查明的区别，因为这两者的主体是重合的，两者的关键区别还在于国家追诉机关的程序性证明是一种三方结构下的他向证明，而司法查明则是一种自己行为的自向证明。

三、刑事程序性证明与自由证明

我国学者一般将严格证明与自由证明作为一种证明方法和证据的具体分类，严格证明主要解决关于犯罪构成要件事实的证明，自由证明主要解决程序性问题。依照此种观点，很容易得出，程序性证明即是自由证明。事实上，两者分类的理论价值远远超出了上述的简单解说。刑事诉讼是一种回溯性的推理，为了证实过去发生的事实，人类不断寻找有利的方法，但此种努力只是在一定程度上缓解了矛盾，问题并没有也不可能一劳永逸地得到根本解决，这是由于人类认识的局限。在刑事证明的过程中，一方面要提升人类发现真实的能力，另一方面要限制人们的主观随意，严格证明与自由证明是人类为了解决这一悖论的一种尝试。确切地说，严格证明与自由证明是大陆法系的概念，该分类为了防止法官自由心证的滥用，对一些特定的事实，法官必须严格考虑证据能力、调查证据的程序才确定其合法性。[①] 从理论产生的时间上来看，严格证明要早于自由证明。直到 19 世纪，为了填补严格证明与释明的空白，才在司法实践中出现了相当于自由证明

① 林钰雄：《严格证明与刑事证据》，学林文化事业有限公司 2002 年版，第 8 页。

的方式，并且这种方式迅速被总结为与严格证明相对应的自由证明的概念。1926 年，这一概念在德国学者迪恩茨的《刑事诉讼中的三种证明》一书中首次明确提出[①]，随后，被传至日本和我国台湾地区并得到发展，成为一种较为成熟的证明理论，并且成为裁判者在司法实践中证明案件事实的有效途径。有学者将严格证明与自由证明作为一种"证明程序"或"证明原则"，这是从宏观上作的一种评价[②]，但介于两者的实践价值，将其作为一种证据规则更为合适。也有人将两者作为一种"证明方法"[③]。我国学者在研究此问题时一般将严格证明与自由证明作为一种对证明方法的分类，但如果仅将其作为一种证明方法则降低了其理论价值，而且因为证明方法的抽象性不易为人们所把握。严格证明与自由证明的确是对证明的分类，国内学者也多把严格证明与自由证明作为一种简单而抽象的证明理论的分类。事实上，通过前面对两者产生的历程的简单描述，不难看出，将严格证明与自由证明作为一种证据规则更为恰当，因为严格证明与自由证明仅作为证明分类之一种，只是触及其表象，没有触及证明规则本质。[④]

一般认为，严格证明主要针对实体法事实中的定罪事实，对于量刑事实理论上还没有达成共识[⑤]，自由证明针对程序法事实则是大家共同的观点。[⑥]笔者认为，严格证明与自由证明的范围是一个动态的概念，随着刑事司法价值取向的改变，不同的国家、同一国家不同的历史时期，两者范围的变化就是一个很好的明证。我国有学者将自由证明的证明对象认定为程序事实，这种观念有失偏颇，因为这种观点容易降低程序价值，在刑事诉讼中存在实体法事实不需适用严格证明的情形不难理解，而程序法事实不宜适用自由证明需适用严格证明的情形也存在，此点较少有人注意到。日本学者平野龙一先生关注到了此问题，从保障诉讼参加人尤其是当事人的

① ［日］松冈正章、郭布、罗润麒："严格证明与自由证明"，载《环球法律评论》1981 年第 5 期。

② 陈运财："刑事诉讼之举证责任与推定"，见黄东熊等：《刑事证据法则之新发展》，学林文化事业有限公司 2003 年版，第 463 页。

③ ［日］松尾浩也：《日本刑事诉讼法（下）》，丁相顺译，中国人民大学出版社 2005 年版，第 12 页。

④ 马贵翔先生也持相似的观点，参见马贵翔：《刑事证据规则研究》，复旦大学出版社 2009 年版，第 219 页。

⑤ 吴景芳："量刑与余罪"，见黄东熊等：《刑事证据法则之新发展》，学林文化事业有限公司 2003 年版，第 512-514 页。

⑥ 黄朝义："严格证明与自由证明"，见黄东熊等：《刑事证据法则之新发展》，学林文化事业有限公司 2003 年版，第 81-83 页。

参与权和争论权的角度提出了“适当证明”的概念，他将适当证明概念作为严格证明与自由证明的一个中间概念。[①] 在刑事司法中，还存在对实体法和程序法双重评价的事实，如对犯罪嫌疑人进行逮捕时，存在“逮捕必要性”与“逮捕理由”必须同时作出实体法和程序法双重评价的事实，对此是适用严格证明还是自由证明则是一个不易解决的难题，如果认为在这里逮捕理由仅仅是一种评定的手段，不具有终局裁判的效力，则可以适用自由证明；但是在充分认识程序价值与人权保障后则需要适用严格证明，当然必须抛开大陆法系将严格证明限定于审判阶段的先见，或者在审判阶段，当事人对逮捕的合法性程序问题提出质疑，需要法官对之作出裁决的情形，均可能出现上述情况。笔者认为，碰到此种情形，应该适用严格证明。鉴于学界对于自由证明对象的共同态度，因而有必要明确刑事程序性证明与自由证明的差异。

其一，两者的性质不同。刑事程序性证明是一种相对具体的证明方法，而自由证明则是一种证明规则。刑事程序性证明在三方的构造中对程序性事项展开证明；自由证明则相对于严格证明而言，主要是指较少的限制法官自由心证，通过赋予法官较大自由裁量权证明案件事实的证明规则。

其二，两者划分的根据不同。严格证明与自由证明是根据立法对证明形式与程序条件、证明标准是否严格作出的一种划分；刑事程序性证明是根据证明对象的性质所进行的划分，如果证明对象为实体事实则需要进行相应的实体性证明，如果证明对象为程序性事实则需要进行程序性证明。

其三，两者的价值取向不同。自由证明主要出于对司法效率的考虑，程序性证明则是对人权保障的追求。严格证明通过严格限制证据形态、证明程序、证明标准达到限制国家权力的目的而实现司法公正，如果所有的事实均严格按照此种标准实行将会有大量的证据被排除，会出现为追求公正却致大量案件得不到及时解决而拖延的不公正的结果，对于无关紧要的实体事实和部分程序事实通过自由证明，是对严格证明程序带来的制度困境的解救。程序性证明是针对我国司法实践中大量出现的程序性违法，为阻止国家追诉权的滥用，并保障人权而提出的概念。

其四，两者的对象不同。程序性证明只针对以程序性事实与程序性证

① 吴景芳：“量刑与余罪”，见黄东熊等：《刑事证据法则之新发展》，学林文化事业有限公司2003年版，第512-514页。

据事实为基础的程序性主张，自由证明既针对部分实体事实也针对部分程序性事实，显然，两者的外延具有交叉关系。

第四节　我国构建刑事程序性证明制度的必要性

程序性证明制度具有重大的理论与实践意义，程序性证明正是通过正当程序控制权力滥用，保障人权的价值目标，这一过程必须以对独立的程序价值的肯认和提升为背景，完善的程序性证明制度能够较好地配置各主体的职责与权限，较好地完成程序性证明过程，客观上有利于阻止程序性违法行为的发生，促成证明制度的科学发展，有利于实现我国刑事司法与国际刑事司法接轨的要求。

一、刑事程序性证明是人权保障的应有之意

“人权”概念起源于资产阶级革命中提出的“天赋人权”的政治口号，是资产阶级革命者针对封建特权与神权的独裁和专制而提出的，随着历史的发展，人权概念已经突破政治层面，人权概念的内涵日益丰富，以自由、平等、安全以及财产权利为表征的人权概念渗透到经济、文化和社会的各个层面，成为指导和评价一国制度文明的标尺。法治国家的法律直指人权，以人的自由、人的尊严和人的全面发展为依归，法律的具体实施必须依靠法律的强制力。为了使法律的强制力不至于以维护公益之名任意僭越而侵犯人权，各法治国家皆为法律的运作设置了空间，刑事法领域是这一矛盾最集中的体现。为了维护合法的法益，刑罚权的实施直接以公民的生命、自由、财产权利和民主政治权利为对象，因而刑事司法中人权的保护是衡量一国刑事法律乃至社会制度的晴雨表，也正是在此意义上世界各国均将刑事司法中的人权保障提升到宪法的高度，使得刑事诉讼法与宪法在保障人权上呈现出相互交叉的关系。有学者认为：“刑事诉讼是一种国家公权力运作的活动，其与国家政治活动紧密相连，刑事诉讼是检验宪法对国家专制权进行控制的有效的手段，刑事程序是调和国家权力和公民权利的润滑剂，通过这种活动，人权理念得以发展，这就是各国宪法与刑事诉讼法具

有天然的不可分割的联系的具体原因。”①

在英国，早在1354年爱德华三世时期就通过了《自由令》，该法令规定：“未经法律的正当程序进行答辩，对任何财产或身份的拥有者一律不得剥夺其土地或住所，不得逮捕或监禁，不得剥夺其继承权，或剥夺其生来之权利。”这是最早见诸制度的通过程序对权力进行限制的成文法令，自此以后，程序日益成为驯服权力保障人权的重要工具。随后，美国1783宪法制定者们在《美国宪法》中规定了国家体制、机构设置以及权力运行的规则等，但并没有系统地规定公民享有的基本权利，在美国国民人权保障运动的推动下，联邦议会通过宪法修正案将公民刑事诉讼程序性权利植入宪法，正如道格拉斯大法官所云：之所以美国宪法修正案大部分条款都是程序性条款，正是因为程序决定了法治和恣意的人治之间的区别。②后来，这种权利在美国开出刑事司法中的程序正义之花，结出人性尊严之果，并日益成为其他国家相继效法的对象。《美国宪法修正案》第5条规定：“非经正当法律程序，不得被剥夺生命、自由或财产。”在德国，《德意志联邦共和国宪法》是成文法的主要渊源，从理论和实践两个层面指导和矫正刑事司法的运作，有人称《德国刑事诉讼法》为“宪法适用法”(applied Constitutional law)③，该法规定：“个人自由非根据正式法律并依其所定程序，不得限制之；任何人因犯有应受处罚行为之嫌疑，暂时被拘禁者，至迟应于被捕之次日提交法官，法官应告以逮捕理由，加以讯问，并予以提出异议之机会。法官应实时填发逮捕状，叙明逮捕理由，或命令释放。”④在日本，《日本宪法》规定：“不经法律规定的手续，不得剥夺任何人的生命或自由，或科以其他刑罚；除作为现行犯逮捕者外，如无主管的司法机关签发并明白指出犯罪理由的拘捕证，对任何人均不得加以逮捕；以强迫、拷问或威胁所得的口供，或经过非法的长期拘留或拘禁后的口供，均不得作为证据。”⑤

① James O'rexlly：Human Right and Constitutional Law, Dublin：Round Hall Press, 1992, p.4.

② 季卫东：《法治秩序的建构》，中国政法大学出版社1997年版，第9页。

③ Christine Van Den Wangaert, “Criminal Procedure System in the European Community”, Butterworths, 1993, p.138.

④ 汪建成：“论刑事诉讼中人权保护的几个理论问题”，载《中外法学》1999年第2期。

⑤ [日]杉原泰雄：《宪法的历史——比较宪法学新论》，吕昶、渠涛译，社会科学文献出版社2000年版，第219页。

从以上几国的规定可以看出，各国刑事司法人权保障的共同规律在于，通过上升到宪法高度的正当程序对国家的刑罚权的实施进行限制以保障人权，正当程序的制度价值就是限制公权、保障人权，公权力运作的正当性不能自我证成。在司法之外，必须通过法的终级理念这一法的价值取向得以证成；在司法之内，则依靠正当程序得以证成，各主体的程序行为的合法性正是通过程序性证明得以实现，程序性违法使司法程序脱离了法治的轨道，但对于程序性违法的解决，必须是在程序之内而不是在程序之外才符合程序法治的理念，程序性证明是正当程序在操作层面的具体的表述，离开了程序性证明，正当程序将成为无源之水，刑事司法中的人权保障也将成为空谈。

二、刑事程序性证明是程序价值提升的必然结果

根据马克思主义基本哲学原理，辩证唯物主义认识论包含三个层面：一是可知论，二是实践是检验真理的唯一标准，三是追求客观真实。马克思主义认识论是人类认识世界的一种方法论，具有较强的解释力和广泛的适用性，对各种具体的方法有指导作用，离开认识论指导的各种具体的方法很容易失去方向，其效力也难以得到有效发挥。证明是人类探知未知世界的一种方法，只有坚信世界是可知的，才有进一步的信心去探寻未知世界，只有掌握了具体的实践的办法才能验证笔者所假定的理论的真实性，而这些过程必须通过各种各样的证明手段得以完成。很长一段时间以来，辩证唯物主义认识论被大部分学者作为证据制度赖以存在的基础，以此理论为指导的结果是刑事司法中的客观真实观和程序工具主义倾向，为了获得所谓的案件事实，而任意地歪曲程序，突破程序的规制获得证据的证明过程显然违反程序法。在我国传统的司法理论和实践中，法律程序的价值处于被忽视的地位，程序工具论占有很长一段时间的主导地位，以此为指导，法律程序仅仅被作为实现实体法的工具，程序的价值通过实体的结果的正确与否来评价，而实体结果的客观真实主义则成为任意解构程序的直接原因，其结果是程序虚无主义。伴随着法哲学领域从最初的法律无价值论到价值研究的全面展开，20 世纪 80 年代到 90 年代初，我国学者也开始关注程序的价值问题。1992 年，李心鉴博士出版了《刑事诉讼构造论》一书，最早在我国研究了刑事诉讼价值和刑事诉讼构造之间的关系，明确提出现

代刑事诉讼法学由价值论和构造论构成。刑事诉讼价值论以控制犯罪与保障人权的关系及其在刑事诉讼中的冲突和选择成为研究的对象；刑事诉讼价值观决定审前构造。① 虽然其提出的价值观与笔者研究的程序价值的内涵有差异，但其在我国对刑事诉讼构造的开创性研究及对价值论和构造论的相关论述也给后来的研究程序价值的学者以启迪。1993 年，季卫东先生在《比较法研究》杂志上发表论文《程序比较论》，系统分析了现代程序的概念和特征、结构和功能，提出应将程序作为实现有节度的自由、有组织的民主、有保障的人权、有制约的权威、有进取的保守这样一种社会状态的基石，通过建构正当程序以约束主体的行为，以实现程序保障下的交涉合理性。②1997 年，陈瑞华先生在其《刑事审判原理论》一书中，以类型化的方式首度分析了关于刑事审判程序价值理论的绝对工具主义、相对工具主义、程序本位主义、经济效益主义四种学说，提出对刑事诉讼价值研究方法上应从哲学认识论转向哲学伦理学，他将刑事诉讼的价值分为内在价值、功利价值、经济效益价值三个层面，并从哲学伦理学的角度对刑事程序的独立的内在价值作出诠释，刑事程序的价值在于脱离实体结果而体现出的程序本身所具有的内在优秀品质，即所具有的伦理价值或者道德上的"善"，包括程序参与原则、中立原则与程序对等原则、程序理性原则、程序自治原则、程序及时和终结原则等。③2000 年，锁正杰博士在其《刑事程序的法哲学原理》中较为系统地研究了刑事程序的价值问题，将刑事程序价值定位为伦理价值，并研究了刑事程序价值与程序正义、人权保障的对应关系，提出了以人权保障为核心的程序正义理论，提出将一般法律价值如自由、平等、安全以及人权保障等问题紧密联系起来，将其注入原则与规则中，以实现刑事程序价值。④

长期以来，"重实体、轻程序"的观念阻碍了对刑事程序价值的认识和相关的制度建构，在理论界和实务界逐渐提升的对程序价值的认识为程序法学的研究提供了新的知识增长点和发展空间，为中国的程序法治建设提供了丰厚的理论基础。认识程序价值的直接结果是提升程序在整个刑事法

① 李心鉴：《刑事诉讼构造论》，中国政法大学出版社 1992 年版，第 1 页。

② 季卫东："程序比较论"，载《比较法研究》1993 年第 1 期。

③ 陈瑞华：《刑事审判原理论（第二版）》，北京大学出版社 2003 年版，第 40-70 页。

④ 锁正杰：《刑事程序的法哲学原理》，中国人民公安大学出版社 2002 年版，第 185 页。

治中的地位和作用，将国家司法机关的追诉权力纳入程序的轨道，国家追诉机关必须向当事人和社会公众证明程序的正当性，通过程序以实现正义和保障人权。由于受传统程序观的影响及程序法制的不完备，我国仍然存在大量的程序性违法现象，却没有有效的程序性制裁措施，刑事程序性违法破坏了司法的公正性和纯洁性，使程序的固有价值与程序的工具价值均落空，这是我国刑事司法中急需完善的地方，以非法的方式制约犯罪的做法不具备合理性和正当性。法的价值的实现最终必须通过具体的程序规则实现，对于违反正当程序的行为必须给予程序性的制裁，以制约各类程序性违法，这本身也是正当程序的应有之意，因为程序本身是一种自创生系统，具有自我完结性。根据基本的法律理论，任何一条法律规范应包括假定、处理和制裁三个要素，刑事诉讼法律规范也应该具备此种逻辑结构才有效力，否则就会使法律规定失效，使程序正义落空。程序性裁判必须以程序性违法为基础，而程序性违法依赖于准确成功的程序性证明。有学者很早就在研究程序性证据规则时看出证据引出规则对于实现实体公正、程序公正和诉讼效率等程序价值都有现实意义。①

三、刑事程序性证明有利于明确诉讼证明的职责和权限

刑事程序性证明与实体性证明有不同的制度逻辑，而长期以来，我国传统的刑事司法中，证据和证明规则以规制实体性证据和证明为中心，要么采用实体性证据与证明规则解决程序性问题，要么直接采用行政决定的方式解决程序性问题，程序本身没有纳入正当程序的轨道，其结果是国家公权机关可以自由扩展其职权行使的范围而不受制裁。公民滥用诉权拖延诉讼、干扰诉讼的现象也存在，而这一点与现代法治社会中所倡导的程序正义与人权保障的理念格格不入。程序性证明的证明主体、证明责任、证明对象、证明标准、证明程序等构成要素均与实体性证明存有不同的地方，因为我国缺乏相关的规定，理论方面也认识不足，因而司法实践中程序性问题较为突出。以举证责任为例，从理论上看，两大法系在证明责任的分

① 姚莉教授认为："证据引出规则"是在刑事审判过程中，要求控辩双方通过一定的方式使一项证据材料能够被允许作为证据在法庭上出示的规则，其实质是在控辩双方向裁判者展示自己的证据材料之前，对其准备在法庭上展示的证据材料进行前置性审查，以排除不具有证据能力的证据材料，其中自然包括对于程序性证据的引出。参见姚莉、李力："刑事审判中的证据引出规则"，载《法学研究》2001 年第 4 期。

配上，根源于古罗马法的“谁主张，谁举证”的基本原则，两大法系现行司法制度均采用举证责任分层理论。大陆法系理论中分为形式上的举证责任或者主观的举证责任，实质上的举证责任或者客观的举证责任；英美法系国家则将举证责任分为提供证据的责任和说服责任。在证明上，大陆法系国家还根据证明的根据及程序的不同将证明分为严格证明与自由证明，这些理论上的分类虽然和实体性证明与程序性证明有不同的地方，但可以为实体性证明和程序性证明的分类提供理论资源，两大法系的分类中均有程序性证据与证明的影子。我国对于证明没有深入细致的划分，只有少数的学者提出程序性证明。程序性证明理论的提出以及对其研究的深化会推动不同于传统证据理念的程序性证明制度的出现，以此为基础的证明理念会重置程序性证明的主体、证明责任、证明对象、证明标准，证明程序使诉讼证明的职责和权限分工更加明确合理。

四、刑事程序性证明有利于阻止程序性违法行为

根据我国学者的研究，程序性违法主要是指参与刑事诉讼的警察、检察官和法官违反法律所规定的诉讼程序的行为。[①] 可见，程序性违法主要指在刑事诉讼过程中，国家的公安机关、司法机关违反法律的正当程序，侵犯公民合法权益的一种行为。在我国司法实践中主要体现为：不破不立、先破后立、不依法采用或变更强制措施、超期羁押、非法刑讯逼供、非法搜查、非法扣押公民财产、非法窃听、违反回避制度、违反公开审判的原则等。

程序性违法行为用非法的方式阻止犯罪行为，其正当性值得怀疑。在司法实践中，刑事程序性违法在我国造成了大量的冤假错案，赵作海案[②]即为很好的例子。从理论上看，程序性违法与正当程序的理念相悖反，不利于司法公正的实现，因为司法公正包括实质正义和程序正义，离开程序正义的司法公正是跛足的正义，是不完善的正义，法律正当程序所倡导的程序民主、程序人道、程序理性、程序参与性、程序公开性、程序中立性、

① 陈瑞华：《问题与主义之间——刑事诉讼基本问题研究》，中国人民大学出版社 2003 年版，第 97 页。

② 该案发生于河南省，在案件中赵作海涉嫌杀人，被刑讯逼供并做了 9 次有罪供述而被判故意杀人罪死缓，后因被害人出现该案得以纠正。

程序及时性等司法理念将不复存在，程序法是动态的宪法，程序是规制权力和保障权利的载体，程序法的不健全所产生的程序性违法使权力控制法律的运作极易产生权力的腐败和侵犯人权的现象，由公安机关、司法机关实施的程序性违法归根结底也是对法制的破坏，正如培根所云："一次不公正的审判，其为祸尤甚。因为犯罪虽是冒犯了法律，好比污染了水流，而不公正的审判则毁坏了法律，则污染了水源。"[①] 从本质上看，程序性违法行为侵犯了公民的基本权利即宪法性权利，现代各主要法治国家均将程序性权利上升到宪法的高度，但我国宪法的弱法地位也使程序性权利的宪法保护落空，缺乏公民的基本权利做支撑，程序规则可能都带有明显的"技术性"和"手续性"，而不具有较为深厚的价值基础。[②] 随着社会的变迁，民主法治进程的加快，必然会促进公民权利意识觉醒，必然会推动刑事司法中的包括程序性权利在内的人权保障。

在程序性违法行为和程序性裁判中存在一个联结因素，即对程序性违法行为的证明，而程序性证明作为一种程序性活动则会受到程序规则的限制，程序性证明必须在特定的诉讼期间、特定的地点完成，否则证明活动不具备证据的效力，法官不能将此作为判案的依据，对程序性证明的限制是人权保障的需要。当然程序性违法行为产生之后通过程序性裁判和程序性制裁可以控制程序性违法，但这仍然是一种事后救济，在公安机关、司法机关行为之时的合乎正当程序的程序性证明则更为有效，是一种事前防卫。对于程序性行为的合法性证明仍然需要专门的法官以证据为基础，结合多元的价值取向作出裁断，英美法系国家通过程序性裁判、大陆法系通过诉讼行为无效制度宣告违反程序规则的取证行为无效，非法获得的证据无效。在程序性裁判中，被告人成了程序意义上的原告，警察、检察官、法官则成了违反程序法的被告。通过专门的程序性的举证、质证、认证过程，独立的法官以程序性问题作出裁判，在此过程中，程序价值得以彰显，人的尊严被尊重，人权得到保障，程序性证明的存在将国家机关工作人员在追诉犯罪的过程中的追诉行为纳入程序正义的轨道，使其时时检审自己行为的程序合法性，出于对程序性违法受制裁的担忧，也会使国家追诉机关

① 《培根论说文集》，商务印书馆 1983 年版，第 193 页。

② 陈瑞华：《程序性制裁理论》，中国法制出版社 2005 年版，第 278 页。

滥用追诉权的行为得到制止。

五、刑事程序性证明是证据法学科学发展的必然要求

诉讼围绕证据展开，证据制度是诉讼制度的核心。社会分工的出现，加剧各学科领域分化发展，诉讼法学的深化发展的结果必然推动相应的证据法学的发展，诉讼程序的演进与程序正义的实现也有赖于证据之理念。[①]一门学科的成熟程度取决于其相对独立的学科属性、明确的研究对象与研究范围，直至形成科学的理论体系。从本质上看，理论的产生与成熟根源于社会生活的实际需要。

在我国，重实体、轻程序的观念有几千年的传统，程序与人权保障是我国刑事诉讼中面临的一个重大的急需在理论和实践中予以完善的问题。近几年，程序的价值虽然引起学者的普遍重视，但制度层面的建构和突破离社会发展所需，以及能够承载人权保障所需的程度还有较大的差距，理论必须适度超越实践才能发挥对实践的指导作用。证据法学发达的西方普通法系国家，证据制度的焦点为证明和可采性问题，因为正当程序是普通法系国家根深蒂固的观念，证据镶嵌于正当程序之中或者说刑事诉讼中的证明过程包含于正当程序中，所以普通法系国家并没有专门提出程序性证明这一概念的必要，因为程序运作的合法性证明、程序违法、程序制裁是法律的正当程序的应有之意，被视为理所当然的事情；在大陆法系国家，国家机关依职权追诉犯罪行为，为了保障司法的权威性，国家机关的行为较少受到程序的限制，但是诉讼行为无效制度也可以使违反程序的追诉行为受到制裁，事实上，大陆法系国家也存在对程序性的证明；而在我国的刑事司法中，因为没有完备的正当程序所规定的程序性制裁或者程序失效制度，程序性问题在我国是一个较大的问题，通过一些程序违法导致的冤假错案的示范效应，在社会生活中被无限地放大，理论界和实践界均在探寻解决问题之途。从制度层面来看，其原因在于：长期以来，我国刑事诉讼所规定的证明均是围绕实体性证明展开，程序的意义和价值自然也是围绕实体性问题展开，极易使程序性问题被实体性问题所遮蔽，因而也没有认识到程序性证明的价值。事实上，程序性事实和实体性事实有较大的不同，程序性争议

① 卞建林、姚莉：“关于建立和完善我国证据规则的思考”，载《法商研究》1999年第5期。

与程序性主张的存在使问题更加复杂，大到证明的价值取向，小到证明对象、证明责任、证明标准等基本范畴均与实体性证明有较大的差异，程序性证明在我国有其独立的理论价值，程序性证明是诉讼证明在我国深化发展的必然结果，是缺乏正当程序传统的我国在引入当事人主义之后的机制冲突与刑事司法人权保障压力之下的解决问题的关键。毫无疑问，对于刑事程序性证明的研究和建构使司法证明理论的研究更加深入和完善，程序性证明制度的构建将使证据和证明法学规制公权、保障人权的制度功能得到进一步彰显，并能相应地提升证据法学的学科品质。

六、刑事程序性证明是我国刑事司法和国际接轨的必然要求

世界经济的全球化加速发展推动了社会生活各个层面的变革，作为上层建筑的法律无疑是其中受影响最大者，全球化拉动的社会变革极易产生相似甚至相同的社会问题，使适用相同的方法解决共同面临的社会问题成为可能，经过一些发达法治国家上百年来证明的先进的文明成果也值得法治后发国家予以借鉴和吸收，因而由历史传统造成的鸿沟也在日益缩小。当今世界的司法制度大体上可以分为当事人主义、职权主义和混合式模式三大类，两大法系在相应的司法制度上也呈现出融合的态势。我国 1979 年的刑事诉讼法秉承了大陆法系的传统，基于传统司法的流弊，1996 年修正的刑事诉讼法吸收了当事人主义程序中的一些基本理念与制度，程序公正和被告人的权利保护成为刑事司法关注的焦点，这点也与两大法系融合的趋势与日益提升的人权保障的观念相吻合。但司法改革不可能是一蹴而就的，1996 年的改革采取了一种渐进的策略，可以认为，当时改革的理论意义重于实践意义，其象征意义大于实际意义，引进当事人主义的一些相关制度缺乏相关的配套制度，与程序正义相关的程序性裁判、程序性证明、程序性制裁即是其中的一个重要方面。

我国在吸收其他国家的先进制度时不能言必称西方，而应该结合我国的现实国情，有针对性地辩证选择与吸取，改进我国的刑事司法制度。但是，对于先进的文明成果，也没有理由一味拒绝。正当程序是英美法系国家持久而弥新的优良传统，大陆法系国家进行的宪政和司法制度的改革也呈现出跟进的态势，正当程序原则包含了公正性和合理性的标准，是人们所公认的程序正义观念。可以说，程序正义是两大法系共同关注的焦点。现代

的民主政治制度与程序有着天然的相互依存的关系，正如季卫东先生所认为的，程序的完备程度可以视为法治现代化的一个根本性的指标，程序与现代资本主义的兴起、民主以及权威的正统性都有密切关系。[①]具体来说，在正当程序的实施上，尽管由于历史文化、地理人文差异，导致两大法系在价值取向上存在较大的差异，在程序性证明的过程中，英美法系更注重程序，大陆法系更注重真实。在法律明文规定的无须司法官员作出自由裁量的地方，则存在功能相似的制度，典型的如：两大法系存在的非法证据排除规则，大陆法系的证据无效制度等，而这些制度均必须通过程序性证明制度得以实行。

刑事诉讼各种诉讼机制的产生与发展与国家的经济发展状况和政治上层建筑相辅相成。“重人治、轻法治”，“重实体、轻程序”是阻碍我国法治进程的重要原因，也与现代民主社会中的司法理念不相符合。正当程序在法治现代化的进程中是必不可少的，完备的正当程序包含了以程序性证明为支撑的程序性制裁，“无救济，无权利”，“没有规矩，不成方圆”。随着我国经济体制改革的深入和民主法治进程的加快，市场经济所孕育的平等竞争和程序意识均在重塑着国人的观念，有必要提升程序在政治经济中的地位并进行相关的制度建构。经济机制的转轨必然推动作为上层建筑的法律制度的转轨。刑事程序性证明是程序法治的必经之途，涉外刑事案件的增多也推动了我国在刑事司法中的变革的需求，尽管各国之间不存在完全相同的制度，但诉讼制度所蕴含的基本法理相同，在国与国之间的刑事司法协助过程中，制度的衔接是对话与交流的平台。

① 季卫东：“程序比较论”，载《比较法研究》1993年第1期。

第二章

域外刑事程序性证明的比较法考察

刑事诉讼的价值在于通过一定的程序证明过去发生的案件事实的真伪以及以此为基础的纠纷的解决，对犯罪事实的证明是一个回溯性的过程，而程序的运作过程会成为程序法上的事实，国家机关公权运作的合法性依据，在很大程度上取决于程序法事实的形成过程。根据日本学者田口守一的观点，程序意义上的事实包括诉讼条件的事实、作为诉讼行为要件的事实、证明证据能力和证明力的事实和其他诉讼法上的事实。[①] 刑事程序性证明制度的价值基础在于通过对程序的合法性证明以控制程序性权力与权利的滥用，其重点在于对公权力的控制。

为了研究的方便，笔者从诉讼条件、强制措施与强制性措施、非法证据排除三个方面研究刑事程序性证明。从总体上看，两大法系的司法制度均可以分为侦查阶段、起诉阶段、审判阶段及救济程序，而程序性违法较易出现在审前阶段，对程序性违法的裁判与证明则有可能延伸至审判阶段。任何一个阶段都必须符合法定的条件，没有达到法定条件的程序性行为也是一种程序性违法行为，也必须进行程序性裁判与程序性证明。诉讼条件，有学者称之为诉讼要件，是指在刑事诉讼中，国家公权力机关启动并推动刑事诉讼，实施刑事诉讼行为必须具备的条件，具体包括程序启动要件、侦查要件、起诉要件和审判要件。[②] 需要说明的是，尽管现代社会各国控审分离、不告不理的基本原则要求法官必须遵守起诉所划定的疆界，起诉的条

① ［日］田口守一：《刑事诉讼法》，刘迪、张凌、穆津译，法律出版社 2000 年版，第 220 页。

② 林山田：《刑事诉讼法》，兴丰印刷厂有限责任公司 1981 年版，第 148 页。

件与审判的条件有一定的重合，但各国为了避免不必要的审判，均设置了一定的审前程序以避免不必要的审判程序发生，以节约司法资源。预审程序既是对审前违法程序的一种过滤机制，也是一种监督程序，客观上促成了符合条件的案件进入审判程序。刑事强制措施是国家实施刑罚权的重要保障，但强制措施有可能侵犯公民的合法权益，这种特征决定其使用只能限定于一定的范围之内才具有正当性，对强制措施与强制性措施的控制依赖于程序性控制，国家机关在适用强制措施时对其条件的程序性证明及法官对于强制措施与强制性措施的司法审查与程序性裁判是其合法性与正当性的保障。关于强制措施与强制性措施的关系，法律并没有作出明确的界分，理论界存在不同的观点，包容说者从内部逻辑关系入手提出强制性措施包容我国刑事诉讼法中的强制措施①；同一说则从基本属性入手论证两者的相同点②；并列说者从法律规定的表现形式、适用目的、适用对象、适用阶段研究了两者的异同并得出结论③。主流的观点则认为，应将强制措施置于国家强制力与公民权利角力的场域中，以宪法规定的基本权为标准，结合设立强制措施的依据、功能、目标进行研究才有意义，并将强制措施分为对人的强制措施、对物的强制措施、对隐私的强制措施。④这种研究的进路值得借鉴，但是我国现行刑事诉讼法中的强制措施仅能指涉其中的第一类及对人身自由的强制措施，对物的强制措施则单独规定在侦查程序中，对隐私的强制措施则语焉不详。为了与我国现行立法相协调、保持语义的统一，笔者将国外强制措施所指称的内容划分为强制措施与强制性措施，其中强制措施特指我国《刑事诉讼法》中第1编第6章规定的拘传、取保候审、监视居住、拘留和逮捕五种强制措施，强制性措施则指国家其他相关制度中对物的强制性措施与对隐私的强制性措施。对隐私的强制性措施主要有搜查（身体搜查、入室搜查、搜查和扣押书信、日记等）、讯问与询问、技术侦查（监视和监听、网络监视、空中摄像、身体采样和鉴定等）。为了研究的方便，对国家其他相关制度进行考证时也以这种划分为标准进行识别。

① 严端：《中华人民共和国刑事诉讼法浅释》，广西人民出版社1980年版，第69页。

② 中央政法干校刑事诉讼法教研室：《中华人民共和国刑事诉讼法讲义》，群众出版社1981年版，第295页。

③ 李忠诚：《刑事强制措施制度研究》，中国人民公安大学出版社1995年版，第8页。

④ 陈光中主编：《刑事诉讼实施问题研究》，中国法制出版社2000年版，第79页；樊崇义：《刑事诉讼法实施问题与对策研究》，中国人民公安大学出版社2001年版，第135页。

在研究强制性措施时，笔者将重点研究搜查、扣押、监听等几种严重侵害财产权与隐私权的情形；尽管违法的强制措施与强制性措施所收集的证据也是非法证据排除规则排除的对象，但由于非法证据排除的范围超过了违法的强制措施与强制性措施的范围，鉴于非法证据的排除对于维护程序价值的重要性，对之也进行专门的研究。必须说明的是：尽管日本现行刑事诉讼法体现出混合式的特征，但在程序性证明的问题上更多地体现了大陆法系国家的特征，为了研究的方便也将其归入大陆法系国家。

第一节 大陆法系国家的刑事程序性证明

大陆法系国家秉承了职权主义传统，比较重视国家机关在刑事司法中追诉犯罪的主动性，但是作为一种有可能侵犯公民人身权、财产权的刑事司法行为，关于诉讼条件，法律均规定了严格的条件以限制国家机关的行为。国家追诉机关的职权性使程序性证明隐而不显，只要达到诉讼条件，国家机关就可以进行相应的诉讼行为；但是一旦相对方对此提出异议，则需要程序性法官介入并进行程序性裁判。对于强制措施，由于受到实质真实观的影响，强制措施具有保全证据的目的，相较于英美法系国家以保证出庭为目的的强制措施来说，可能适用更为普遍；对于强制性措施，采取强制性措施时，规定了严格的限制条件，均需要中立的程序性法官签发令状，适用比例性原则，追诉机关必须向法官证明强制措施与强制性措施的合目的性、必要性与适当性，再由程序性法官作出是否适用的决定。在非法证据排除过程中，对于非法的口供和证明力，大部分国家采用强制排除的原则，而对于通过非法强制性措施所获得的实物证据的证明力，则赋予法官裁量排除的权力，但当事人必须进行程序性证明，遵循司法化的三方结构，由被追诉方提出程序申请与动议，证明责任主要由可能实施违法行为的国家机关承担。

一、诉讼条件中的程序性证明

（一）启动条件中的程序性证明

在法国，刑事诉讼遵循了大陆法系的传统模式，刑事案件的启动可以分为检察机关提出与民事当事人提出两种方式。第一种启动方案为检察机关提起，对于检察机关提起的案件，因为法国刑事诉讼法将警察机关作为行政机关，所以其所进行的搜集证据的活动不能算做刑事司法活动，刑事诉讼自检察机关向法院提出指控时正式开始，警察的侦查行为也随着法院预审法官的介入而具备了刑事诉讼的意义。从理论上讲，提起公诉与程序启动同步。法国的刑事侦查分为初步调查与正式侦查，虽然法国刑事诉讼法将警察的调查程序从性质上排除于正式的侦查之外，事实上，在现行犯罪案件中，即使没有检察机关的起诉，警察对于除了违警罪和只有罚金刑的轻罪案件外的其他的轻罪、重罪案件均有权进行现场勘查、收集证据，甚至有权采取强制措施，因而对于现行犯，警察在预审法官介入之前也具有实质意义上的侦查权；对于非现行犯，警察除了无权作出拘留决定外也有权查证、勘验收集证据，查获犯罪行为。由于法国实行检警一体化的模式，对于此阶段的警察调查权的控制主要通过检察机关进行，司法警察应当在自己进行调查时同步向检察机关报告案情，一旦检察机关介入则检察机关主导调查程序的进行，调查由检察机关依职权进行，由于检警追诉职能的一致性，缺乏第三方的监督，但法国刑事诉讼法不承认此时调查行为的刑事司法性质，只有在检控方正式起诉之后才为侦查程序的正式开始，预审法官作为中立的裁判者有权对侦查行为的合法性进行裁判。理论上，相应的程序性证明也开始，对于检察官依职权提起公诉案件，出于对控制犯罪与诉讼效率的考虑，程序性裁判者一般不介入。[①] 由于程序性裁判者不介入，程序性证明隐而不显，只要不要求公民承担积极的义务，一般无须程序性证明与裁判。程序性证明从表面上看，体现为自向证明的特征，检察官在启动程序时会考虑追诉的合法性与适当性，合法性即从实体与程序两个层面，根据已经收集的证据进行衡量，但是当相对方当事人对于程序启动提出抗辩时，则必须由程序性法官对是否具备启动程序的条件进行程序性裁判。第二种启动刑事司法的方案为被害人提出，在刑事附带民事诉讼中，作为受害人的民事当事人提起民事诉讼而启动公诉程序时，民事当事人必须向预审法官证明其主张符合法定的条件。

① ［法］卡斯东·斯特法尼等：《法国刑事诉讼法精义》，罗结珍译，中国政法大学出版社 1998 年版，第 339 页。

在德国，一改大陆法系传统的程序启动模式，将犯罪开始时的所有调查活动都纳入程序，诉讼预审制度的蜕变也使法官对侦查的实质性推进变为被动式应对，程序的启动以侦查活动的开始为标志。《德国刑事诉讼法》第158条规定，有犯罪行为嫌疑时，警察应当接受对犯罪行为的告发、告诉，并启动侦查程序。该法第160条规定，通过告发或者其他途径，检察院一旦了解到有犯罪行为嫌疑，应当对事实情况进行审查，以决定是否提起公诉。可以看出，德国的程序启动与侦查程序合二为一了，警察或检察官只要发现犯罪嫌疑的存在，经过初步审查，即可启动侦查程序，因为程序启动于传统意义上的调查阶段，因而在此阶段，没有要求达到较高的证明标准，只需要有证据表明有犯罪嫌疑即可，证明责任由警察、检察官承担。

在日本，刑事诉讼启动与德国有较大的相似性，《日本刑事诉讼法》第189条、第191条规定了刑事诉讼的启动条件，即警察在认为存有犯罪时即应侦查犯罪与证据。在司法实务中，一般由案发地治安警察或巡警进行初步侦查，侦查机关可以通过现场辨认、讯问、验尸等技术性手段或者通过出版物记事等方式展开职务调查，也可以通过受害人报案、第三人举报等方式展开调查，一旦能够确认发生了犯罪则开始正式的侦查程序，随后再由专门的警察部门或者检察机关主导进行后续侦查。侦查开始于侦查机关主观方面认为存在犯罪嫌疑时，但侦查机关达成这一认识必须经过调查程序。在强制侦查程序中，由审判官签发令状才能进行侦查行为，刑事程序性证明体现得更为明显。

可以看出，大陆法系国家的程序启动中，一般由国家机关依职权进行，程序性证明隐含于程序性条件中，只有当要求公民承担积极义务或者采取强制措施时，才会有中立的程序性法官介入进行程序性裁判。

（二）公诉条件中的程序性证明

在法国，刑事司法制度根据案件的性质设置了三种不同的提起公诉的方式：检察官、受害人、上诉法院审查起诉庭。原则上，提起公诉的主体为检察机关，检察机关对于一般的案件提起公诉，其中，对于违警罪案件与少数轻罪案件，可以直接向违警罪法院与轻罪法院提起公诉；对于大部分轻罪案件与重罪案件，则会提请预审法官进行初步预审后，由预审法官决定对于其中的轻罪与违警罪案件由检察官直接向违警罪法院与轻罪法院提起公诉，对于其中的重罪案件交由上诉法院审查起诉庭决定提起公诉；但对于受害人作为民事当事人向刑事法院提起民事赔偿诉讼的，也可以不经过检察机关而直接发动诉讼。[①]《法国刑事诉讼法典》第121条规定："刑事审查庭审议对被审查人的控告是否有足够的证据。"[②]该法第177条第1款则规定了预审法官对于证据不充分，通过裁定书宣告程序无必要继续进行的处理方式[③]，可以反证公诉的证明标准为有足够的证据。上述主体审查起诉时主要审查是否具备起诉的法定条件，包括实体层面与程序层面，证据是否充分，主要从合法性与适当性方面进行衡量。程序方面的条件包括管辖权、消灭公诉的事由、追诉条件等，除此之外检察官还必须对公诉的适当性进行衡量，以权衡提起公诉的积极效果。

在德国，审查起诉程序与提起公诉程序并不是独立的程序而是侦查活动的延续，侦查终结往往也意味着审查起诉过程的完结，但是提起公诉是检察官的专属权力，《德国刑事诉讼法》第152条规定了起诉法定原则，如果存在足够的事实根据，检察官员有对所有的可予以追究的犯罪行为作出行动的义务。德国学者斯密特教授认为，检察机关可根据足够的不利于被告人的证据对其提起公诉。[④]可见，足够的证据或者足够的事实根据是德国提起公诉的条件，程序性证明也体现在对公诉条件的证明中，当事人对公诉条件存在争议时，由第三方即程序性法官进行程序性裁判。

在日本，日本学者对于诉讼条件的研究有较为丰富的理论，松尾浩也教授认为应当采用提起公诉的条件[⑤]，将诉讼条件等同于提起公诉的条件而没有对之进行更进一步的细分，没有采用诉讼的条件这一概念。田口守一教授则认为，诉讼条件应包括公诉权、应诉权、审判权的行使条件，即在诉讼程序的所有阶段都必须具备诉讼条件，否则可以采用程序性裁判中止诉讼。[⑥]田口守一教授更进一步地将诉讼条件区分为不同阶段的不同的主体进行诉讼的条件，在研究公诉条件与诉讼条件的关系时，主张应当限定在公诉案件的范围内。在司法实践中，检察机关在提起公诉时着重考虑诉讼

① 陈瑞华：《刑事诉讼的前沿问题》，中国人民大学出版社2000年版，第261页。

② 《法国刑事诉讼法典》，余叔通、谢朝华译，中国政法大学出版社1997年版，第86-89页。

③ 《法国刑事诉讼法典》，罗结珍译，中国法制出版社2006年版，第175-176页。

④ 杨诚、单民主编：《中外刑事公诉制度》，法律出版社2000年版，第196页。

⑤ [日]松尾浩也：《日本刑事诉讼法》，丁相顺译，金光旭校，中国人民大学出版社2005年版，第162页。

⑥ [日]田口守一：《刑事诉讼法》，刘迪、张凌、穆津译，法律出版社2000年版，第118页。

条件的有无、犯罪成立与否、犯罪嫌疑的有无、免除刑罚的事由、有无追诉的必要。[①] 其中，诉讼条件的有无、有无追诉的必要，是对程序性条件的考量，其他几个因素是从实体角度的考量；上述均需检察机关行使自由裁量权，以确定是否达到诉讼条件所需的证明标准。关于公诉条件的证明标准，法律没有作出明确的规定，在日本的法学理论界存在不同的观点，可以分为：实体审判请求权说与修正的实体性审判请求权说。实体审判请求权说认为，无须犯罪嫌疑，具体来说，只要发生可能的实体性审判即可提出审判请求，此观点将这种请求与犯罪嫌疑相分离而与实体判决相结合，忽视了程序条件在案件中的作用；修正的实体性审判请求权说认为，以预先认为可以获得实体有罪判决请求权、客观的犯罪嫌疑、犯罪的确实嫌疑、高度的嫌疑，作为检察机关公诉的标准，可见，修正说在关注判决结果的同时兼顾了程序性条件。土本武司教授更加倾向于从程序性证明标准的条件的角度即“有罪的确信”对公诉予以规定，而不是仅仅通过裁判请求权设定诉权，主张当证据确凿且获得有罪判决的可能性极大时，才能够进行起诉[②]。

（三）审判条件中的程序性证明

在法国，司法制度较为明显地体现出了职权主义的特征，预审法官对于特定的案件直接享有侦查权，初级预审一般称为正式侦查。但是，预审法官同时具有司法权与侦查权，这种制度设置极易使处于高度集权的预审法官失去作为司法官员必须具有的中立性，这种制度在欧洲大陆的德国等其他一些国家备受诟病，并逐渐被废止，虽然这种制度在法国国内也受到批评，但其基本的制度框架并没有根本性的变革。法国的刑事司法没有公诉与正式的审判程序之间的中间程序，对于违警罪案件与少数轻罪案件，检察官可以依职权直接向违警罪法院与轻罪法院提起公诉，并适用直接传讯程序，在此种情况下，公诉的条件与审判的条件重合；对于大部分轻罪案件与重罪案件，则会提请预审法官进行初步预审，对于其中的重罪案件则需经过上诉法院审查起诉庭的二级预审，预审法官依职权可以进行一切他认为有助于查明案件真相的侦查行为，从案件的立案管辖权、停止管辖、

① 日本法务省刑事局编：《日本检察讲义》，杨磊、张仁等译，中国检察出版社1990年版，第9页。

② 日本法务省刑事局编：《日本检察讲义》，杨磊、张仁等译，中国检察出版社1990年版，第9页。转引自谢小剑：“提起公诉证据标准之内在机理”，载《比较法研究》2007年3期。

不予起诉、起诉、听取陈述、搜查、扣押、司法监听、签发执行文书、实行司法监督、先行拘押等方面进行审查，如若有罪证据充分、程序全面合法有效，则可以向审判法庭提出起诉，因为法国的预审程序与侦查程序同步进行并由其决定提起公诉或者移送上诉法院检察长提请上诉法院审查庭审查决定，在公诉与正式的审判程序间也没有中间程序，在侦查过程中的程序违法行为由预审法官一并解决后作出决定，对于其中起诉的案件则必须是符合审判条件的案件。①

在德国，一般案件在正式的法庭审理之前有一个中间程序，中间程序由专职法官组成，主要对侦查的合法性与必要性进行裁定，其实质即为根据案件的情况所作的程序性裁判。中间程序的法官可以要求被告在一定的期间提出调查的申请或作出异议的声明，可以为被告指定一名义务的辩护律师；可以依职权自行或者委托检察官补充侦查；如果有充分的犯罪嫌疑，有义务作出开启审判程序的裁定；基于法律与事实问题的考虑，也可以终止诉讼；对于被告人缺席或者暂时无法接受审理的情况还可以作出中止审理的决定。②可见，德国的中间程序由专门的程序性法官参与，形成一个三方的结构，在中间程序中对被告人的要求并不是要求被告承担追诉犯罪的义务，是为了保障被告人的程序性参与权与程序性诉权。当然，法官积极作为体现出大陆法系国家程序性法官依职权查明案件事实的特征。为了保证进入审判程序的案件符合审判的条件，做到准确、及时地审判，预审法官直接介入对程序性问题的处理，程序性证明即体现在这一过程中。

在日本，案件提起公诉后即进入审判准备阶段，为了防止法官预断，法官的审判活动不能介入案件的实体部分，所以此阶段法官主要解决程序性问题，具体来说包括通过一定的强制措施确保被告人到庭，如：传唤、拘传、羁押。羁押是一种较为严重的侵犯被追诉人人身自由的强制措施，对于被逮捕的人不经羁押就提起公诉时必须由羁押法官决定，撤销羁押与停止执行羁押及对被告人的保释均由法官进行程序性裁判后决定。第一次审判前的准备程序中，当事人必须明确诉因、处罚条款与案件的争点、整理证据并进行证据开示，法院则送达起诉书告知当事人诸如辩护权等相关内

① 卞建林主编：《外国刑事诉讼法》，中国政法大学出版社 2001 年版，第 106 页。

② 王以真主编：《外国刑事诉讼法学》，北京大学出版社 2001 年版，第 240 页。

容。[①] 为了保证进行审判程序的案件符合审判条件，预审法官直接介入程序性问题的处理，程序性证明体现在这一过程中。

二、强制措施与强制性措施中的程序性证明

在法国，实质上的刑事诉讼程序开始于初步调查，但正式侦查程序则随着预审法官的介入而开始，在侦查过程中的强制措施包括拘传、拘留、逮捕、司法管制、先行羁押。拘传，由法官、检察官决定而由警察执行，拘传措施的采取必须是重罪案件的犯罪嫌疑人；拘留，警官对有重大嫌疑者有权决定临时限制其人身自由，但必须不迟延地报告给检察官，由检察官对拘留进行监督；逮捕，除现行犯可以由警察直接实行外，必须由法官签发逮捕令，警官必须证明适用逮捕的对象为在逃犯和居留境外的可能判处轻罪监禁刑及以上刑罚的犯罪嫌疑人、被告人；司法管制，相当于我国的监视居住，由预审法官或审判法官决定，对于采取司法管制者，警察必须证明可能被判处监禁刑以上刑罚，对于不服司法管制者，可以向上诉法院的预审庭提出上诉，但必须证明国家机关的司法管制不合法或者丧失了存在的理由；先行羁押，羁押法官对于重罪或3年及3年以上监禁轻罪的受审查人，如果检控方能够证明存在保全证据与证据线索、保护受审查人、防止严重犯罪对公共秩序造成混乱的理由时可以决定实施，但是法官必须对羁押的合法性进行连续的审查，同时不服羁押的检察官和犯罪嫌疑人均可上诉于上诉法院的预审法庭，对于不服者还可以继续上诉至最高法院。可见，检察官除对拘留可以行使监督权外，其他的强制措施均由预审法官作出处理，对强制措施还设定了完善的救济程序，在这些行为中均由程序性证明制度予以规制。对于强制性措施，典型的如搜查与监听，法国刑事诉讼法没有明确规定搜查适用的条件，但判例表明，对于只有怀疑而采取之搜查行为所获得的证据不得采证，即使事后证明搜查本身的合法性也不能消除已经被污染的搜查行为。如果要采取搜查强制措施，除了被搜查者同意以外，必须证明有合理的根据。[②] 对于可能判处2年或2年以上监禁的刑罚的犯罪行为，预审法官为了侦查的必要可以进行通讯截留，侦查机关无权直接适用，

① [日]田口守一：《刑事诉讼法》，刘迪、张凌、穆津译，法律出版社2000年版，第196页。

② 孙长永：《侦查程序与人权——比较法考察》，中国方正出版社2000年版，第78页。

严格控制下的窃听行为才具有证据的可采性。[①]

在德国，刑事诉讼法明确设定了强制措施的范围，在实施强制措施时，一方面需要由实施机关通过对诉讼条件的查证进行规制，另一方面还必须接受法院的司法审查；在司法审查的过程中，追诉机关必须就强制措施的合法性进行证明。人身权利的强制措施包括：（1）待审羁押，检察官必须向法官申请羁押令，由警察或者检察官执行，并向对案件有管辖权的法官解交；法官必须不迟延地对被告人进行讯问，并告知其相应的权利；检察机关必须证明符合待审羁押的条件，诸如：对被告人逃避追诉、毁灭伪造证据、干扰证人作证等情形。检察机关对待审羁押的证明即为程序性证明，被羁押者可以在保证及时到庭的情况下申请保释，但保释也必须经过法官的司法审查并作决定。（2）暂时逮捕，如果现行犯和在逃犯符合签发逮捕令条件或者告诉才处理案件还没有提起告诉时，可以决定暂时逮捕；如果有继续羁押之必要则应随即（不得迟于次日）将之解送于最近区法院，由中立的法官讯问后决定释放或者羁押，警察或者检察官必须证明符合上述羁押的条件。（3）暂时执业禁止，必须由法官审查后作出决定。（4）拘传，也必须不迟延地解送法官进行讯问。法官对于程序性问题有决定权。被追诉者在被羁押的过程中有权申请待审复查，如果超过三个月，对于没有申请待审复查也没有提起抗告的，法院应当依职权进行复查。在复查与抗告的过程中，应当保证被追诉者听证权、陈述权、律师帮助权，法官经直接的言词审理而作出裁判。在对程序性问题的裁判中，法官必须证明符合法定的适用强制措施的条件，否则必须解除强制措施。[②]对于强制性措施，德国刑事司法将对财产权的保护同样置于宪法规定的基本权利之中，对财产的搜查与扣押即使是出于对公益的维护，其本质也是对公民财产权的侵害，因而采取强制措施之前，德国刑事司法采取了书面的司法令状原则，严格控制搜查与扣押的范围，必须说明在搜查的地方发现物品的理由。[③]对于人身的搜查，德国刑事诉讼法规定采取搜查强制性措施时，警察必须向法官证明依经验猜测可以通过该种搜查获得证据，虽然这种猜测并不需要具体的事实作为

① 陈朴生：《比较刑事证据法各论》，汉林出版社 1984 年版，第 291 页。

② [德]克罗思·罗科信：《刑事诉讼法》，吴丽琪译，法律出版社 2003 年版，第 273 页。

③ 孙长永：《侦查程序与人权——比较法考察》，中国方正出版社 2000 年版，第 108 页。

证据，但结合大陆法系国家的比例原则以及严格的审批权限（一般只允许由法院书面决定，在延误就有危险的情况下检察院有权决定），能够阻止搜查权的滥用。对于监听，《德国刑事诉讼法》规定，在采取监听措施之前必须证明有事实足以怀疑存在特定犯罪的犯罪行为存在。监听主要适用于被指控人，除了情势急迫可以由检察官许可外，应由法官或预审法官决定或批准采用，法官保留对程序性问题的最终裁判权。[①] 可见，德国的法官对于强制措施与强制性措施可以依申请行使程序裁判权，也可以依职权主动进行调查，对被追诉者的权利予以保障。此过程中的程序性证明体现出对抗式的特征，这一做法体现了两大法系相融合的特征。

在日本，刑事司法经历了从职权主义向当事人主义的变迁，刑事强制措施也从由法律的静态控制转为司法审查与令状制度为表征的动态控制，日本的强制措施主要有拘传、保释、逮捕、羁押。对于拘传，法院有权对于无住所、不接受传唤的被告人适用，与我国的拘传不同，日本的拘传由法院为了保证诉讼的顺利实施而决定适用，因而只要存在无住所、不接受传唤的情形法院即可适用；对于保释，日本的保释分为依申请的保释和依职权准许的保释，依申请的保释采取排除的方式规定，只要不是在排除范围之内，法官均可依辩方及其近亲属的申请准许保释，此外法官还可以依职权准许保释，提出保释申请者应当证明其符合保释的基本条件；对于逮捕，日本的逮捕程序主要由法官控制，采取事前审查的方式，通常逮捕必须由法官事先签发逮捕证，才能得以实施，追诉方必须向法官证明犯罪存在合理的理由，对于特定犯罪的紧急场合可以实施紧急逮捕，即直接由检察官或者警员实施逮捕，但事后必须立即要求法官补签逮捕证，由法官进行事后授权，同时必须证明符合紧急逮捕的实质与形式条件；对于羁押，对现行犯任何人均可实施羁押，是一种典型的无证逮捕，日本的审前羁押与逮捕相分离，羁押由法官决定，法官在决定羁押时会审查是否符合羁押的实质要件与程序要件，与之相应，检察官必须向法官证明该要件的存在，实质要件包括充足的理由怀疑犯罪的存在或者存在住所不定、逃跑等情况而有逮捕的必要，形式条件则是指适用对象必须是已经适用逮捕者并且经过法

① ［德］克劳思·罗科信：《刑事诉讼法》，吴丽琪译，法律出版社2003年版，第344页。

官的羁押讯问，申请逮捕的机关必须向法官证明上述条件的存在。[①]日本法禁止法官审前的实质性审查，由于是一种未决羁押，因而此时所谓的实质要件的审查可以认为是一种程序性实质要件的审查，即推动程序的实质要件成立的可能，对最后的实体判决没有约束力。从总体上看，此时法官所作的实质要件的审查均是程序性要件的审查，在审查的过程中，需要进行程序性证明。对于强制性措施，《日本刑事诉讼法》第 219 条规定了对物品的查封与对场所、身体或物品的搜查制度，由法官签发查封证、搜查令状，由检察事务官或司法警察执行。准抗告程序则规定了不服搜查、扣押时的救济程序[②]，申请查封证、搜查令者必须向法官证明存在具体的嫌疑事实并有查封、搜查的必要始得进行。[③]日本的监听法律规定，原则上只能适用于毒品犯罪等四种犯罪，没有经过通讯一方当事人同意的电子通讯，对于以可处死刑、无期徒刑或最低刑为 1 年以上的惩役或监禁的其他罪也可以加以监听。实施监听时，需要证明有充分理由，足以怀疑实施了犯罪，且采取其他方法查明案件事实存在显著困难的，由法官签发监听令状始得进行。[④]

三、非法证据排除中的程序性证明

在德国，证据禁止理论是大陆法系国家非法证据排除规则的典型代表，是德国基本法所追求的法治国家原则所蕴含的对公民的隐私权等个人权益进行保护在刑事诉讼法中的具体体现，是利益权衡的结果，是事实让位于多元价值的结果。正如证据禁止理论的提出者 Beling 教授所认为的，证据禁止的理念基础在于某些外在的利益超越了证据发现真相的利益，经过利益的权衡，发现真相的利益应当让位于其他利益。[⑤]德国的证据禁止理论包括证据提出禁止与证据采用禁止两个范畴[⑥]，也有学者将其分为证据调查禁

① [日]田口守一:《刑事诉讼法》，刘迪、张凌、穆津译，法律出版社 2000 年版，第 48 页。

② [日]田口守一:《刑事诉讼法》，刘迪、张凌、穆津译，法律出版社 2000 年版，第 66 页。

③ [日]松尾浩也:《日本刑事诉讼法(上卷)》，丁相顺译，中国人民大学出版社 2005 年版，第 74 页。

④ 孙长永:《侦查程序与人权——比较法考察》，中国方正出版社 2000 年版，第 4 页。

⑤ Kuk cho :Procedural Weakness of German Criminal Justice and its Unique Exclusionary Rules Based on the Right of Personality, Temple International and Comparative Law Journal, spring, 2001, p.1.

⑥ 王以真主编:《外国刑事诉讼法学》，北京大学出版社 2001 年版，第 232 页。

止、证据审查禁止、证据收集禁止、证据程序禁止。[①] 具体来说其范围为：其一，证据方法的禁止，诸如公务员、法官等特定主体未经批准不得陈述职务秘密，对有拒证权的主体不得询问，侵犯言论秘密的录音、录像、私生活的日记、被告人辩护笔记等不得采用；其二，调查方法的禁止，根据《德国刑事诉讼法》第 136a 条的规定，对于一切有害于被告人意志自由和确认自由的诸如有形的虐待、无形的精神折磨损害其记忆力与理解力的方法，所获得之被告人陈述，即使被告人同意也不得使用，对于法律明确规定的禁止与美国法中的强制排除相类似，对于法律没有明确规定的禁止，则由法官根据具体的案情裁量排除；其三，对于证据采用的禁止，理论界与实务界存在较大争议，联邦最高法院以前的观点是需要存在构成上诉理由的违法才能产生证据禁止的后果，现行的观点是应当综合考虑有关程序规范的目的、功能以及对被告人法律地位的损害。有的学者则认为：应当考虑立法目的，因为对刑事诉讼法规范的违反均会对被告人不利，因而应全部排除；也有人认为：应区分对法院裁判有影响的违法与没有影响的违法而适用证据禁止，前者适用，后者不适用。[②] 对于因禁止证据而获得之其他证据“波及效”相当于美国法中的“毒树之果”的可采性，这一问题德国也没有达成较为一致的观点，大多数人认为，为了维护证据禁止制度的运作，应当禁止使用，但例外情况下法院也承认其效力。可以看出，法律事先设定了取证行为的法律条件，违法收集证据的行为将被禁止，对于违法证据的证明力的评价标准，德国法经历了从侧重于实质性审查到侧重于程序性审查，再到两者结合的审查方案，综合考量其对判决结果、社会公益的影响程度作为排除的标准，这一点类似于英国非法证据排除规则中的有关做法。根据职权主义的基本原理，德国的证据禁止理论中的程序性证明，原则上无须当事人向法院提出。事实上，法官有义务依职权调查所有与案件有关的事实与证据，证据禁止制度是为了防止法官的心证受到污染，而禁止使用某些有可能影响法官心证的证据。当然，被告人可以在庭前预备阶段与审判时的证据调查阶段提出证据禁止动议，《德国刑事诉讼法》第 136a 条规定的对言词证据的收集使用禁止制度适用于刑事诉讼

① 何家弘主编：《外国证据法》，法律出版社 2000 年版，第 443 页。
② 何家弘主编：《外国证据法》，法律出版社 2003 年版，第 443 页。

的各个阶段及非刑事法中的收集适用证据。[①] 在德国的证据禁止理论中，被告人对于己方提出的证据禁止动议承担提出证据的责任，但这种责任并不是客观的证明责任，法官有义务依职权调查取证，这是其客观义务的表现，而实施违法取证行为的国家机关则承担证明责任。

在日本，非法证据排除规则融合了两大法系的相关规定，在对违法取证方式的排除上吸收了英美法系当事人主义的做法，在对违法取证结果的排除上则采用了职权主义的做法，排除规则采用了非法的自白排除法则与非法的实物证据排除法则分开规定的做法。早期日本刑事诉讼法侧重于证据对案件真实的发现，因而对于非法收集的实物证据并不排除，这种观点直到 1978 年才得到了改变，最高法院审理大阪冰毒一案确立了真相必须让位于个人基本人权保障与正当程序的原则，尽管没有采用强制排除的做法，但这一判例表现出了最高法院不同于以往的非法证据排除的另一种价值取向，由法官自由裁量是否存在，对于宪法与刑事诉讼法令状主义的重大违法，对于将来违法侦查程序有重大意义者应当排除其证明价值。[②] 对于非法的自白，日本宪法与刑事诉讼法及判例均有较为明确的规定，根据法院判例对于夜间调查的自白、没有取下手铐进行调查的自白、出于承诺的自白、出于诡计的自白、拘禁在监狱中的自白笔录的证据能力必须综合考虑获得自白的程序的违法与不适当性，同时还需考虑该违法与不适当程序与自白之间存在因果关系。[③]《日本刑事诉讼法》第 309 条规定“检察官、被告人或者辩护人，可以对证据的调查声明异议”，检察官可以依据职权对证据调查程序提出异议，同样被告人也可以以违法取证行为提出异议，如果证据物的收集程序违法，首先应由被告人提出初步证据后，举证责任由控诉方承担。可见，在日本的非法证据排除规则的程序性证明中，没有对证据形式、证据能力作出严格的规定，主要由法官根据具体的案例进行综合衡量，对程序法事实日本采用了自由证明的证明方式，被告人必须提出初步的动议，证明责任由控方承担。

① 兰跃军：“论言词证据之禁止——以《德国刑事诉讼法》为中心的分析”，载《现代法学》2009 年第 1 期。

② 杨宇冠：《非法证据排除规则研究》，中国人民公安大学出版社 2002 年版，第 188 页。

③ 何家弘主编：《外国证据法》，法律出版社 2003 年版，第 503 页。

第二节　英美法系国家的刑事程序性证明

奉行当事人主义的英美法系国家比较强调控辩双方当事人在司法中的平等地位，弱化国家机关在司法中的权力，法律设定了一定诉讼条件作为国家机关推进诉讼进程的标准，但程序的启动与逮捕措施相重合，程序性法官自始就介入了司法程序并进行程序性裁判，起诉裁量主义使英美法系国家的检察机关有较大的自由裁量的权力，是一种动态的适用标准，检察官必须证明起诉的合目的性。对于强制措施与强制性措施，英美法系国家将强制措施的目的设定为保证庭审时到案，将逮捕与羁押相分离，逮捕存在法定的条件即“合理根据”，强调羁押适用的必要性，保释是一种常设性的替代措施，但是除了特殊的情况外，几乎所有的强制措施与强制性措施均必须经过中立的法官进行事前的司法审查与事后的通过非法证据排除规则的救济；对于非法证据排除，英美法系国家非法证据排除的主要目的是抑制警察违法，虽然各国具体的排除方案有差异，但通过程序性证明与程序性裁判解决非法证据的问题是各国共同的方案，而且也体现出一些共性因素，如对于口供与实物证据分别适用不同的排除原则等。

一、诉讼条件中的程序性证明

（一）启动条件中的程序性证明

英美法系国家的诉讼启动较为随意，没有设置专门的启动程序，将特定的侦查行为直接作为程序启动的标志，但侦查程序也只是作为控诉程序的准备阶段，所有的一切诉讼行为均以审判为中心。在检警关系上，呈现检警分立的模式，警察与检察官各自独立地行使职权，司法警察独立地行使侦查权自行决定侦查活动，检察官不负责具体的侦查行为。在英国，刑事诉讼开始于告发，任何公民均可以任何形式告发，刑事程序的启动以逮捕为标志。1964 年的《英国法官规则》第 1 条规定，司法警察为确定犯罪是否发生或作案人是谁，并认为可获得有用信息时，即可以开展侦查活动，申请逮捕证的告发必须以书面形式告发。[①]事实上，20 世纪 60 年代以来英国逮捕的性质发生了重大的变化，由一种强制出庭的手段逐渐变为一种询问犯罪的侦查手段，成为侦查程序开始的标志。[②]逮捕时必须有合理的根据证明已经实施了犯罪，否则不得启动诉讼程序。在美国，侦查由司法警察与检察机关进行，按照管辖的分工，分别进行司法警察负责一般案件的侦查，政府官员的犯罪由检察机关负责侦查，侦查基于犯罪的消息而随机发动，犯罪的消息主要来源于一般公民的报案、巡逻警察在巡逻过程中的发现。对于现行犯，警察有权实施无证逮捕；对于非现行犯，可以对目击进行询问，怀疑有犯罪嫌疑者，可以进行拍身搜查；如果有合理的理由相信存在犯罪行为，则可以进行逮捕。英美法系国家对于具体的侦查行为的规定并不多，但对于涉及公民的人身权、财产权、隐私权的强制性侦查规定在法律中均设定了事前的司法审查机制，由程序性法官对警察机关与检察机关程序启动行为的合条件性进行程序性证明，法官作出裁判。

（二）公诉条件中的程序性证明

现代法治国家强调审判中心主义的理念，在此种观念的指导下，审前程序只是审判程序的预备性阶段，只具有程序性意义，刑事纠纷依赖于法官最终的判决，系统的公诉条件及其配套措施的设计共同维系着公诉权的合法性与有效性。证据条件是诉讼条件的一个必要条件与核心要素，对是否具备公诉条件的考查事实上也必须围绕证据展开。公诉条件包括实体性条件与程序性条件，程序性条件依赖于程序性证据的证明。

英美法系国家采用了检警分立的模式。在英国，检察官对于侦查终结的案件进行审查并决定是否提起公诉，检察官审查起诉主要从两个方面进行：证据检验与公共利益检验。根据 1994 年《英国皇家检察官准则》第 5 条的规定，进行证据检验时，检察官必须综合考虑证据的可靠性、证据的能力、证人的背景及被告人的身份，以确定现有的证据能够确信对每一个被告人的每一项指控都存在“有罪判决的现实期待性”。[③]按照控审分离的原则，审判法官无权干预检察机关的起诉行为，对于公诉条件的合法性、

① 谢佑平、万毅：《刑事侦查制度原理》，中国人民公安大学出版社 2003 年版，第 298 页。

② 吴宏耀、宋英辉：《刑事审判前程序研究》，中国政法大学出版社 2002 年版，第 121 页。

③ 中国政法大学刑事法律研究中心组织编译：《英国刑事诉讼法（选编）》，中国政法大学出版社 2001 年版，第 543 页。

合理性，由检察机关自由裁量，必须明确的是“有罪判决的现实期待性”并无最终的决定效力，而只是一种程序意义上的定罪可能性，检察官的这种考虑是基于将案子提交到一个客观的、中立的和理性的裁判机关后可能出现的结果的一种合理性预期，有罪判决比无罪开释的可能性更大[①]；进行公共利益的检验时，检察官必须考虑社会公众包括被害人的追诉愿望，能够满足这个条件则可以提起公诉。

在美国，并没有统一的刑事诉讼法，联邦与各州适用不同的法律系统。关于公诉条件的程序性证明，美国联邦与各州均有不同的做法；在不实行大陪审团的州，有的州所有案件由检察官向法院起诉，但大多数州检察官起诉前必须经过司法官的预审程序；在实行大陪审团的州，轻罪由检察官直接起诉，但重罪则必须由大陪审团进行审查起诉[②]，起诉后，必须经过传讯阶段，如果被告人作有罪答辩则案件可以直接进入量刑程序，联邦与地方各州的公诉条件并不统一。作为提起公诉的核心的证据标准也适用不同的规定，美国联邦刑事诉讼规则中规定了九个等级的证明标准，其中第五等为合理根据，适用的范围包括提起大陪审团起诉书和检察官起诉书等情况。各州的法律则形态各异，有的州适用“优势证据”，这一点与民事诉讼中的证明标准等同，有的州适用“案情明晰”，以检控方的证据能够证明犯罪嫌疑人已然实施犯罪为已足。[③]检察官根据司法利益与可获得的资源衡量证据，第一梯级检察官会对证据进行衡量，制定法、判例法、检察官的道德准则均要求证据必须有可能性的根据，但是，达到这个标准并不必然引发对此类案件的指控。实践中，检察官的起诉还受到起诉优先、地方政治环境、案件的工作量及可获得的资源的制约，所以美国对于刑事案件的起诉是一个并不统一的较为复杂的问题，一些检察官在第一阶的做法是签发具备法定的可能性根据的全部指控，但有些检察官也担心可能性根据不足以支持有罪判决，因而他们按照高于审判时有罪判决所要求的证明标准审查案件，即审判充分模式。检察官必须衡量证据的证明力与可靠性。[④]

① 王晋、刘生荣主编：《英国刑事审判与检察制度》，中国方正出版社 1999 年版，第 251 页。

② 卞建林、刘玫主编：《外国刑事诉讼法》，人民法院出版社、中国社会科学出版社2002年版，第203页。

③ 杨诚、单民主编：《中外刑事公诉制度》，法律出版社 2000 年版，第 111-112 页。

④ ［美］爱伦·豪切斯泰勒·斯黛丽、南希·弗兰克：《美国刑事法院诉讼程序》，陈卫东、徐美君译，中国人民大学出版社 2002 年版，第 284 页。

（三）审判条件中的程序性证明

在英国，法院在起诉与正式的审判之间设置了一个中间程序，在案件移送刑事法院审判前，必须经过专门移送审判程序，由专门的法官对程序性问题作出处理，具体来说，包括三个阶段：答辩和指令听审（Plea and Directions Hearing，PDH）、审前裁决、预备听审。如被告人进行有罪答辩，则案件无须经过正式的审判程序，其目的在于澄清议题、明确争点，对于可能产生的法律问题及证据可采性争论也在此阶段解决。在预备听审中，法官有权命令控方给辩方一份案件陈述的权利，主持双方的证据披露，对于违背披露规则的证据，不得在正式的庭审上出示[①]，在此阶段法官还可以对于因诉讼拖延与双重危险而终止诉讼程序，这种做法事实上排除了不符合条件的案件进入正式的审判，这也是一种程序性裁判。1980 年《英国治安法院法》规定了控方提出诉讼的时间为案发后的 6 个月，否则法庭可以以拖延诉讼为由作出终止诉讼的决定，在司法判例中 1985 年英国枢密院在 Bell v.DPP 一案中进一步确立了诉讼拖延的标准，法官综合考虑的因素有拖延的时间、正当理由、被告人寻求救济的行为及对其造成的利益损害。[②]除此之外，被告方还可以提出无罪抗辩事由，阻止法院受理先前已被宣告无罪或者已被判有罪的案件，只要这类案件在先前的诉讼程序中存在被定罪的危险，对同一罪行的第二次起诉应被禁止。尽管这一动议在整个诉讼阶段被告方都可提出，但一般在移送审判阶段及审前动议阶段，成为了一种重要的排除不符合审判条件案件的事由。[③]在具体的审判条件的程序性证明上，传统的英国法律规定，在进行正式的审判之前，必须经过治安法官预审。1967 年的《英国刑事审判法》规定了言词听证程序，由控辩双方到庭进行控诉与辩论以推动程序的进程，但在随后的几次修改中，这一做法逐渐被书面预审所取代，现行的预审程序包括审查证据的预审与不审查证据的预审，对于前者，预审法官必须听取当事人及律师的意见，但在此程序中，辩方除了提出“无辩可答的申请”外不能提供证据，由控方向治安

① ［英］约翰·斯普莱克：《英国刑事诉讼程序》，徐美君、杨立涛译，中国人民大学出版社 2007 年版，第 351 页。

② John Sprack, Emmins on Criminal Procedure, p.274. 转引自陈瑞华：《程序性制裁理论》，中国法制出版社 2005 年版，第 552 页。

③ 陈瑞华：《程序性制裁理论》，中国法制出版社 2005 年版，第 552 页。

法官证明达到“表面成立可诉罪”的条件，始得进入审判程序，这种做法后来发展到只保留辩方提出驳回起诉的动议后的预审程序。

在美国，审前程序所起的作用越来越大，司法权力强行将宪法对被告人诉讼权利的保障在审前程序加以贯彻。在审前动议阶段，控辩双方可以要求对方提供某种证据，如果检方违反了法律规定，造成对被告人的宪法权利的侵害，被告方可以提出撤销案件的动议；如果起诉缺乏法律依据，法院可以作出终止审理的裁定，这也是一种程序内的救济方式即宣告检控方提交的证据或指控失去法律效力，使违法者承受消极的法律后果。具体来说，包括违反禁止双重危险之行为、侵犯迅速审判权的行为、侵犯获得律师帮助权的行为、错误的适用警察圈套的行为、违法逮捕或非法绑架的行为。这些行为侵犯了宪法权利，均可能被法官在此阶段予以撤销，其中就包括因违反程序法而失却审判条件而被撤销的情况。[①] 除了被告人作有罪答辩的案件可以直接进入量刑程序外，其他案件会进入审判程序由法官进行正式的审判。可见，在英美法系国家关于诉讼条件的程序性证明中，在职权范围内，国家机关一般主动进行，此时程序性证明隐而不显，由于没有成文法的传统，国家机关具有较大的自由裁量权，在辩诉交易中，被告人也有自认的选择权，一旦对此问题提出程序性抗辩，则需中立的法官进行程序性裁判，需要进行程序性证明。为了证明控诉存在“合理根据”，控方必须以传唤证人或提供书面证据的方式进行证明，被告人也可以提出证据进行辩驳，此点与英国的做法不同。可见，英美法系国家奉行当事人主义，案件由双方当事人推动，法官审判中立，但并不是对检察机关起诉的所有的案件均需进行审理，与大陆法系国家正面规定审判条件不同，英美法系国家从反面将不符合审判条件的案件排除于审判之外，通过程序性裁判排除一些不符合审判条件的案件。

二、强制措施与强制性措施中的程序性证明

在英国，强制措施分为逮捕、羁押、保释、搜查和扣押，逮捕分为有证逮捕与无证逮捕，有证逮捕必须由治安法官签发逮捕令，作为逮捕令的基本内容，申请逮捕的国家机关能够指出明确的被告人与指控罪名，此时

① 陈瑞华:《程序性制裁理论》，中国法制出版社 2005 年版，第 558 页。

的证明责任由国家机关承担。与美国不同的是，英国的羁押由专门的羁押警察决定，侦查警察只需提出合理的根据证明对其进行的审前羁押有利于保全证据或者对于获取证据有必要，羁押警察就可以签发羁押令。可见，此时程序性证明的证明标准为合理的根据，专门的羁押警察掌握对羁押进行程序性裁判的权力，由侦查警察承担证明责任。在羁押的过程中，被羁押者有权申请人身保护令而解除羁押。与美国一样的是，英国的保释制度也是作为公民的一项权利，只要能够保证不干扰侦查与审判就可保释。对于搜查与扣押，除了紧急情况的无证搜查外，需要治安法官签发搜查证。[①]对于强制性措施，根据《英国警察与刑事证据法》，搜查包括对人身的搜查与对住所的搜查，警察进行拍身和搜查时，必须有合理的怀疑，而合理的怀疑必须是基于要点事实；对于住所的搜查，治安法官签发搜查令状的前提是警察方必须证明已发生严重的可捕罪且搜查有实质价值不属于特权事项，不可能得到许可的情况存在。对于附属于逮捕的搜查除了符合逮捕的条件外，还必须具备搜查的理由，对于私密搜查法律规定较为严格。出于对滥用搜查权力的担忧，规定警察在实施搜查时，必须对何时、因何原因使用阻止和搜查权力进行记录，这是为对搜查的事后监督保留证据。[②]《英国通讯截获法》规定了警察、情报部门依内政大臣签发令状的条件，即为了维护国家安全、防止重大犯罪、保障国家之经济稳定，并由裁决委员会和专员进行监督，但英国法律规定监听证据不能在法庭上使用，这种做法与其他国家不同。

在美国，强制措施可以分为逮捕、保释、搜查与扣押。逮捕分为有证逮捕与无证逮捕，其中有证逮捕需要由侦查人员或者检察人员提出签发令状申请，提交控诉书或者附有宣誓申请书的控诉书，有合理的根据始得进行；[③]无证逮捕则适用于现行犯或者重罪等紧急情况。在控诉书中，检控方必须证明合理的逮捕根据的存在。保释是被追诉人的一项基本的诉讼权利[④]，《美国宪法第八修正案》有关于保释金额的限制性规定，提出保释申请者必须进行符合保释条件的程序性证明，这一责任由申请者承担。搜查

① 孙长永：《探索正当程序——比较刑事诉讼法专论》，中国法制出版社 2005 年版，第 89 页。

② [英]约翰·斯普莱克：《英国刑事诉讼程序》，徐美君等译，中国人民大学出版社 2006 年版，第 57 页。

③ 卞建林、刘玫主编：《外国刑事诉讼法》，中国政法大学出版社 2008 年版，第 72-73 页。

④ 王以真主编：《外国刑事诉讼法学》，北京大学出版社 1994 年版，第 211-239 页。

与扣押是对与犯罪有关的场所、物品、人身可以进行搜查，有证搜查必须经过法官的批准，情况紧急的无证搜查附属于逮捕程序，如查发赃款赃物，则可以进行扣押。[①]美国的审前羁押适用条件不能保证出庭并且可能对其他人与社会造成伤害，因而警察或者检察官在提出审前羁押申请时需证明上述的情况存在，即程序性证明责任由警察或检察官承担，证明标准为合理根据。对于强制性措施，美国的刑事司法将对财产与人身权益的保护同样置于宪法第四、第五修正案的保护之中，上述修正案规定，不经正当的法律程序，不受无理搜查和扣押，不得被剥夺生命、自由或财产。对涉及隐私的人身搜查进行了较为细致的规定，可以分为对身体外部（脱衣搜查和隐私部位）和侵入身体内部的“搜查”。进行搜查时，警察必须向法官证明存在合理的根据，并能说明详细的搜查地点和扣押的对象，法官根据合理的理由相信搜查可以发现犯罪证据或犯罪嫌疑人时，才核发搜查令状。合理的根据即为进行搜查时的证明标准。[②]《美国联邦通讯法》规定了监听适用的范围为间谍罪、叛国罪等特定的犯罪，警察申请时必须以书面形式，必须向法官证明有合理的原因能够使人相信某人正在犯罪或者已经犯罪，且除了专门的窃听装置外没有其他的方法，或者有较大的危险。[③]

三、非法证据排除中的程序性证明

在英国，传统的英国法对于非法手段所获得之证据，在价值追求上，以案件的公正性、公平性而不是手段的非法性作为基础；在理论基础上，也不是依据宪法的强制排除，而是以法官的自由裁量作为依据。1984 年《英国警察与刑事证据法》是非法证据排除规则的标志性事件，在该法中明确规定了非法证据排除规则，并将警察获取证据的手段作为评价公正性的依据。具体来说，英国对于非法供述与非法方法所获得的实物证据采用了两种不同的态度，英国对于非法供述的排除没有给法官留下裁量的空间，采取了强制排除的立场；而对于非法搜查、扣押等方法所获得的实物证据则由法官自由裁量。对于非法供述，如果侦查官员采用了欺骗、胁迫等非法方

① ［美］伟恩·R. 拉费弗、杰罗德·H. 伊斯雷尔、南西·J. 金：《刑事诉讼法》，卞建林、沙丽金译，中国政法大学出版社 2003 年版，第 708 页。

② 王兆鹏：《美国刑事诉讼法》，北京大学出版社 2005 年版，第 43 页。

③ 陈瑞林：“论监听措施的法治化”，载《汕头大学学报》2006 年第 4 期。

法获得供述，因其违背不得自证其罪的规则而损害了供述的自愿性，将被强制排除；对于其他的证据，法官必须根据相关性、公正性等抽象的理念作为对具体个案衡量的基础。当被告方证明了警察的非法行为与得到的证据之间有关系的责任后，控方有责任证明污染已经被弥补；证明不了的，控方承担证据被排除的后果。需要明确的是：不管是对口供的强制排除还是对实物证据的裁量排除，首先均需被告方提出排除非法证据的动议，提出非法取证行为与证据之间的关系的初步证据之后，证明责任由控方承担，控方可以以证明不存在因果关系或者污染已经被弥补来获取程序性裁判中的胜诉；否则，证据将被排除。

在美国，非法证据排除规则注重证据法的独立品格，侧重于对权力的制约与人权的保障。排除追诉机关使用非法手段,特别是违宪的方法所获取的证据。由于非法证据直接侵害了犯罪嫌疑人、被告人的人身与财产权利，因而法律规定，非法证据的受害者有权在庭审前向法官提起排除非法证据的动议。具体来说，美国的非法证据排除规则包括因非法的搜查、扣押所获得的证据与违反自白的任意性而获得的证据，以及由此而衍生出的毒树之果理论及其例外规则，其法律依据在于美国宪法第四、第五修正案。在对非法的搜查与扣押的排除中，一般首先由被告人提出非法证据的动议，被侵害人需要向地区法院就无搜查证、搜查证不合法、超越搜查证范围、无合理根据的搜查、执行搜查程序不合法等任一情况提出异议，法官即对是否存在非法证据排除情况进行审查，并组织听审，控辩双方对是否存在非法的取证行为进行辩驳。对于非法搜查与扣押的证明责任法律并没有一致的规定，有些州由法官根据具体的案件衡量，无搜查、扣押令状时的“合法性”问题，由控方承担证明责任；在有搜查、扣押令状时的“合理性”问题，被告方承担证明责任。警察机关采取搜查、扣押的证明标准为有合理的根据即可，而对于公共场所的阻拦和搜身则必须存在有理由的怀疑，警方必须首先证明其采取搜查与扣押时符合上述条件，还必须证明针对被告人所提出的疑点进行相应的辩驳。在对非法自白的排除中，其理论根据经历了由自愿性、不可靠性到程序违法性的转变，现行美国法中非法自白的内容包括未履行米兰达告知义务而侵犯公民的沉默权与律师帮助权而获得之自白，直接采用了威胁、利诱等强制性手段造成公民人身与精神方面的损害而获得之证据，在错误拘留与错误逮捕期间的自白。对于非法自白，一般由控方承担证明责任。除此之外，美国法还对因为违反了上述的规则所获得的其他证据采用了排除加例外的规定，被告方只需说明证据与前述的非法证据之间有因果关系，控方如果要采用此种证据必须证明属于法律中规定的例外的情况，才得以适用，否则就适用毒树之果理论将其排除于证据之外。可见，英美法系国家的非法证据排除规则遵循了当事人主义的传统，必须由一方提出动议，主要为被告方提出非法证据排除的动议，控方则需要证明例外规定的存在或者污染已经被弥补，法官被动审判而不主动依职权进行调查，这一点与大陆法系国家的程序性证明存在差异。

第三节 两大法系刑事程序性证明比较分析

两大法系尽管在程序性证明的相关具体制度上存在差异，主要表现为：程序性证明所适用的庭审方式不同、证明责任与证明标准不同、程序性证明所处的阶段也不一样；但共同的价值取向及制度法理也使相关的制度呈现出一些共性特征，如：程序性证明与裁判的三方构造的司法化结构、程序性法官对于程序性问题有终局决定的权力等。

一、两大法系刑事程序性证明的相同特征

（一）理论基础相同

两大法系的刑事程序性证明相关制度的目标在于控制权力与维护人权，其理论基础在于现代法治国家的程序控权论、司法审查制度与人权保障的理念。

1. 程序控权理论

权力的所有者与行使者的分离以及人权意识的觉醒使对权力的控制成为人们关注的重要问题。亚里士多德最先意识到政体的三种不同职能，即议事机能、行政机能、审判机能[①]，后世的学者正是在此基础上提出了三权分立的学说。洛克认为立法权与执法权如果掌握在一个机关手中，则这个

① ［古希腊］亚里士多德：《政治学》，吴寿彭译，商务印书馆 1983 年版，第 214-215 页。

机关会利用手中的权力寻求自己的利益，违反设立社会与政府的目的。[①] 孟德斯鸠明确提出了立法、行政、司法三权分立的学说，他认为如果权力集中在一个机关，自由就不存在了。[②] 通过立法、行政、司法三权的分立及相互制约或者制衡来实现的权力控制模式是一种实体的控权模式，这种控权模式解决了权力过分集中所产生的权力滥用的问题，但也存在事后性、消积性和被动性的缺点，这是一种在权力已经造成危害后的事后补救措施，典型的制度实践为违宪审查和行政诉讼等。程序控权论提供了一种全新的控权模式，程序控权的典型特征是将国家权力运行纳入程序的同步监控，向权力运行注入正当程序的因素，以达到规制权力的效果。程序的公开性使权力在阳光下运作，接受来自各方的监督；程序参与性使所有可能受到程序影响的主体均有机会参与程序；控辩平等使主体可以通过自己的积极行为平等的交涉、沟通，影响并使结果向有利于自己的方向发展。法官中立保证了裁断的公正性，在公正的程序中，主体对事实与证据平等交涉辩论，并对争点进行消化与吸收，最终达成一致意见，增强了判决的可接受性。程序控权是一种能动的、同步的控权模式。刑事程序性证明的本质在于将程序争议的解决纳入程序法治的轨道，也是一种具体的程序控权方案。为了控制犯罪、维护社会秩序，刑罚权的实施必不可少，国家设置专门的警察、检察机关追诉犯罪，法官中立裁判；但为了防止公权力的滥用，现代法治国家以正当程序作为国家司法机关的行为准则，以解决实体性和程序性冲突。程序控权的规范化要求包括程序本身的合理性、程序运行的合法性、程序违法的制裁性几个层面，其中程序违法的制裁，是程序控权的核心和最后一道屏障。[③] 但是对于程序违法的制裁必须建立在对程序性违法行为的证明的基础之上，不经过证明的程序性行为或者程序性裁判，由于不受制约，均是一种程序性专断，会造成对人权的侵犯，这是正当程序的基本要义，否则也会产生程序不公。

2. 司法审查制度相关理论

司法审查制度最初来源于行政诉讼与违宪审查，其根源也在于对权力

① [英]约翰·洛克:《政府论(下篇)》，叶启芳、瞿菊农译，商务印书馆 1984 年版，第 89 页。

② [法]孟德斯鸠:《论法的精神》，张雁深译，商务印书馆 2006 年版，第 102-103 页。

③ 汪进元、汪新胜:“程序控权论”，载《法学评论》2004 年第 4 期。

的控制与制约。刑事诉讼中的司法审查是对公民提供的一种权利救济措施与人权保障机制，因为国家刑事追诉权的实施可能危及公民的自由、财产、隐私甚至生命，因而在这些措施采取之前必须接受来自中立的法官的司法审查。在大陆法系国家，警察权的行政权属性不存在争议，检察权的属性则是一个争论不休的问题，但在实践中，一般将检察权界定为司法权；在英美法系国家，警察权与检察权均被作为行政权，司法机关特指法院。行政权是一种需要积极行使的权力，使用不当则极易造成对公民人权的侵犯，司法权则是一种中立的裁判权，能够有效防止行政权的滥用，法官的司法审查能够在公民的权益受到国家权力侵犯时提供救济。警察、检察机关追诉行为必须接受法官的司法审查，主要通过事前审查与事后救济两种方式实现。以强制措施为例，一般情况下，需要追诉机关在实施强制措施前必须事先经过中立的预审法官的批准，并签发令状，对于已经被采取强制措施的被追诉人则可以通过提出申请，要求法官对强制措施等程序行为的合法性、必要性进行事后审查。

3. 人权保障理论

古代自然法与自然权利观念中就存在关于人权的学说，现代意义上的人权概念源于资产阶级反封建的革命过程中提出的政治口号，第二次世界大战后，人权问题成为人们普遍关注的焦点，在一些国际性的人权公约中提出了一些最低限度的人权标准。在一国的国内法中，刑事司法领域是衡量一国人权状况的晴雨表，因为刑事司法是国家公权力与公民个人权利直接对峙的地方，也是人权极易被侵犯的地方，因而也是各国人权保障的重点。美国宪法修正案中大部分均是程序性条款，这种模式是将抽象的人权理念转变为具体的程序制度的较好的典范。事实上，刑事诉讼中的人权保障一方面体现了抽象的人权保障理念，另一方面也是对抽象的人权的具体实现，体现于具体诉讼制度的权利规定中，在一定程度上，受制于一国能够投入到司法中的资源量。刑事程序性证明是一种具体的控权与维权方案，为人权保障提供了一个较为完善的制度平台。在各国的程序性证明制度的具体规定中，无不以控制国家公权运作为核心，程序性条件、强制措施与强制性措施、非法证据排除规则中的程序性证明责任均由控方承担，被追诉者一般只承担提出证据的责任，这是一种有利于人权保障的制度设计。刑事程序性证明将权力运行过程纳入司法审查的轨道，为国家公权力设置了一道程序运行的屏障，同时公权力在自我证成的过程中，也体现出对人的价值的尊重。每一个人都拥有一种基于正义的不可侵犯性，这种不可侵犯性即使以社会整体利益之名，也不能逾越，因此，正义否认为了一些人分享更大利益而剥夺另一些人的自由的正当性，不承认许多人享受较大利益能绰绰有余地补偿强加于少数人的牺牲。[①]

人权保障成为两大法系程序性证明的共同价值取向，是推动相关制度融合的根本动力，也是程序性证明具体制度体现出的共性因素的原因。价值取向是具体制度设计的根本导向，人权运动的兴起使两大法系各国均将是否有利于人权保障作为衡量本国司法制度的基本标准，两大法系融合的趋势使程序成为各国关注的焦点与维护人权的技术性因素。程序不仅仅是一国政治制度的减震器，而且是限制恣意的最好的武器，对程序的重视使程序性主张与因程序本身而产生的争议成为人们关注的对象，其结果使通过刑事诉讼解决纷争的方案向审判前的程序延伸，人们减轻了对实体性裁判结果的重视，加强了对程序运作的关注程度，对过程的参与增强了判决可接受的程度，这种转变在大陆法系国家体现得更为明显。英美法系国家一向将“程序作为实体之母”，这种价值取向的结果是关注程序的运作自身，将程序事实作为裁判与证明的对象，特别是对于可能造成当事人人身、财产、隐私等权益的影响，要求当事人承担积极义务的国家机关的公权力运作行为必须经过严格的程序性裁判。大陆法系刑事诉讼法中均规定了程序运作的法定条件，国家机关运行程序时必须证明条件的存在，否则程序无效、诉讼禁止、非法证据排除等程序性裁判结果将会出现；英美法系国家自程序启动，就通过事前的令状制度，同步或者事后的司法审查、证据排除制度规定，通过专门的听审程序进行审判之中的审判，其本旨在于通过程序控制公权维护人权。

（二）程序性裁判所采用的司法化的三方结构相同

不管是职权主义的大陆法系国家，还是当事人主义的英美法系国家，对于程序性裁判均采用司法化的三方结构，一旦程序性争议发生之后，均由程序性原告（一般为被告方），对国家机关的程序违法行为提出程序性动议，程序性法官居中裁断，程序性法官在其中起着较为重要的作用。在大

① ［美］约翰·罗尔斯：《正义论》，何怀宏等译，中国社会科学出版社 1988 年版，第 1–2 页。

陆法系国家，国家机关基于客观义务及职权主义的传统使国家追诉机关在程序的行进中体现出较强的主动性，从表面上看，似乎是一种行政化的决定方式；事实上，在采取具体的程序性行为之前或者一旦发生程序性争议，追诉机关必须向相对方和程序性法官证明符合诉讼条件。在程序启动的过程中，为了实施刑罚权，各国均设计了刑事司法程序对之予以规制，程序的启动有利于打击犯罪与维护社会秩序。从启动程序的外在形态上看，有两种样态：程序启动式与随机启动式①，程序启动式设置专门的启动程序启动刑事诉讼，现代社会只有少数国家设立专门的立案程序，其他大多数国家则采用了随机启动式启动诉讼程序，发现犯罪案件，国家机关实施侦查行为，程序也随之启动。事实上，这些国家名为随机但程序的启动并不随意，从总体上看，各国均为程序启动设计了一定的条件，在程序启动之前国家机关必须证明程序行为符合法律规定的条件。也有学者根据实现程序功能的方式，分为对人模式与对事模式，对人模式要求犯罪事实的发生与被追诉人的特定化才能启动诉讼程序；对事模式则只要有证据证明犯罪事实发生就可以启动诉讼程序。虽然西方国家具体的启动程序的方法不一样，但为了维护社会秩序与合法的法益，国家机关的程序启动一般由国家机关依职权主动为之，这一点在大陆法系国家体现得更为明显。侦查作为国家机关的一种职权行为，尽管法国的程序启动于提起控诉时，但在初步调查行为中，警察拥有广泛的权力，程序启动是国家公权机关对犯罪行为的主动反应，对案件的过滤与排除在随后的诉讼程序中完成，只要不涉及公民的积极义务与长时间的羁押，严格正式的司法审查程序在大陆法系国家的启动程序体现得并不明显。近年来，英美法系的逮捕演化成为程序启动的标志，虽然因对逮捕的司法审查使治安法官介入了启动程序，但逮捕之前警察也有较大的调查权，体现出了对犯罪行为的积极主动应对的一种立场②，一旦就程序启动发生争议，由中立的程序性法官最终解决。启动程序中的程序性证明主要体现于对方对启动程序的条件提出积极的抗辩之时；在强制措施与强制性措施中，大陆法系国家赋予了检察机关对特定案件的程序性决定权，但对于羁押等严重侵犯公民人身自由的强制措施与强制性措施必须

① 谢佑平、万毅：《刑事侦查制度原理》，中国人民公安大学出版社2003年版，第293-301页。

② 宋英辉、吴宏耀：《刑事审前程序研究》，中国政法大学出版社2002年版，第120-126页。

由中立的程序性法官签发逮捕令；在非法证据排除中，大多数国家采用自动排除与裁量排除相结合的方式，一般由被追诉者提出程序性动议，法官则居中裁判，司法化的三方结构体现得较为明显。

（三）法官保留对程序性问题的终局的裁判权相同

因为程序性裁判具有独立于实体性裁判的价值，程序性证明指向程序性裁判，对于程序性问题的处理两大法系主要法治国家均遵循诉讼的基本法理，由中立的程序性法官掌握终局的裁判权。从总体上看，两大法系均区分审前法官与审判法官，由专门的预审法官独立的处理程序性问题。在大陆法系国家，德国基本法中较为典型的制度即法官保留原则。法官保留原则规定了对于涉及公民人权之事宜均由法官独立的裁判，其他的主体无权干涉。法官保留原则不仅指实体性的判决由法官保留行使，其范围也包括审前阶段的程序性问题，程序性请求与程序性争议最终需要程序性法官解决，检察机关与警察均无权进行自我授权与裁断。关于强制措施，在非紧急情况下，对于犯罪嫌疑人或其他人的逮捕、羁押决定及羁押的延长等事项只能事先由法官作出，在法定的紧急情况下，检察官签发的命令必须在三日内提请法官决定，例如，法国的预审法官同时肩负程序性问题的司法裁判权与侦查权，预审法官既可以领导和指挥对现行重罪和轻罪的侦查，也享有强制措施的决定权。但必须注意的是，虽然关于诉讼条件的程序性证明从表面上看，由国家机关依职权主动为之，事实上，对是否具备诉讼条件发生争议后，最终的决定权仍在程序性法官手中。在日本，在开庭程序结束之后，当事人可以在证据调查阶段对证据的证明力与证据能力向法官声明异议，法院认为异议声明有理由时，应当作出排除该证据的全部或者一部分的裁定。[①] 在英美法系国家，刑事司法程序从逮捕程序开始，对于逮捕后的审前羁押，必须由警察在无不必要迟疑地将其带到治安法官或地方法官面前，由程序性法官审查逮捕的原始决定是否合法、必要并作出释放、准许保释或者继续羁押的决定。各国对于非法证据的排除也由法官决定。在美国，当事人可以在审前程序中向预审法官提出证据禁止动议，要求法官排除追诉方通过违反宪法的程序性权利的手段获得的证据的可采性。在英国，对于证据的可采性的争议则通过向法官提出启动审判之中审判（a trial

① 徐南、王超："非法证据排除规则的程序模式"，载《云南警官学院学报》2005年第4期。

within a trial) 程序专门解决程序性问题，另外英国的交付审判程序也对起诉的合法性进行审查，同时也解决有关法院管辖的问题。[①]

二、两大法系刑事程序性证明的主要差异及成因

两大法系刑事程序性证明的有关制度有一些共同的特点，也存在较大的差异，与刑事实体性证明相比，这种差异体现得更为明显。两大法系程序性证明制度中共同的因素为笔者分析两大法系制度差异的成因造成困难，这也给程序性证明内容的分类带来困难，因为无论采用何种标准进行分类，在内容上均会存在一定交叉关系。

（一）两大法系程序性证明的主要差异

1. 对程序性争议的庭审方式不同

在对程序性问题的庭审方式上，两大法系针对不同的程序问题设置了诸如审查式与辩论式或者两者混合的庭审方式，不同的庭审方式的选择取决于一国对于公正、效率以及人权价值的选择。一般而言，大多数西方国家对于临时限制人身自由的强制措施与强制性措施，均采用审查式，由法官根据申请经过审查后以令状的形式进行司法授权。事前司法审查方式的优点在于防止不必要或者违法的强制措施的产生，节约司法资源，其不利之处在于缺乏公开性与对抗性，程序正当性存在不足；因而对于逮捕之后的长时间剥夺人身自由的未决羁押及审查起诉，大多数国家都规定了严格的程序性裁判模式，由预审法官专门就程序问题举行听证程序。但从总体上看，英美法系国家比较注重程序性裁判中双方当事人的对抗，而大陆法系国家则比较重视法官依职权进行审查，在程序裁判的方式上较少采用如实体审判的正式的庭审方式。在英美法系国家，对未决羁押及审查起诉的程序性问题的裁判也采用对抗式审判方式，由当事人对追诉机关程序违法行为提出程序动议，在程序性裁判中被告人起到程序性原告的作用，而实施侦查、追诉行为的警察、检察机关则处于程序性被告的地位。经过正式的听审程序，原被告双方对程序性主张与争议进行辩论，并有充分的机会影响裁判的结果，例如，美国的非法证据排除中的听审程序，一般由被告

① 本部分参考了中国政法大学刑事法律研究中心："英国刑事诉讼制度的新发展——赴英考察报告"，见陈光中、江伟主编：《诉讼法论丛（第2卷）》，法律出版社1998年版，第4页。

人提出程序性动议，在中立的预审法官面前被告人还需至少提出初步证据证明控方证据为非法方式获得，控方则提出针对性的程序性抗辩。程序性裁判遵循了实体性裁判的路径，唯一不同的是为了防止陪审团的预断，一般在这种程序性裁判中排除陪审团的参与，英国则通过审判中的审判程序解决程序性问题。在诉讼条件的程序性证明中，英国的受可诉罪指控的被告人有权申请治安法官进行预审；美国在对公诉条件进行程序性裁判的过程中，也必须在控辩双方到庭的情况下进行听证，通过正式的审判程序进行调查取证并作程序性裁判。在大陆法系国家的司法实践中，对于程序性事项，法官可以通过自由证明的方式进行证明，而不受证据形式及法庭的调查程序的限制，法官在对程序性问题的证明上享有较大的自由裁量权，所有的证据材料均可以作为法官心证的基础，法官可以用查阅卷宗或电话询问的方法，甚至可以用聊天的方法来探求证据资料的真实性，并形成心证，而不受直接言词、公开审理等原则的限制。[①] 在法国，预审法官是重要的程序性证明的裁判者，但法国的刑事预审程序并没有真正的辩论，当事人及其辩护人只是有权了解诉讼的进程、参与审理过程，特别是提出简短意见，从而实现公正的平衡。[②]

2. 具体的证明责任、证明标准不同

根据无罪推定的基本原理，被追诉人不承担证明自己有罪的责任，由国家追诉机关承担证明责任是现代法治国家所坚持的共同原则。事实上，这一原则针对实体性事实而言，程序性证明的相关制度更为复杂，各国法律对于程序事实的证明责任与证明标准的规定有较大的差异，实体性证明与程序性证明有不同的制度逻辑。在英美法系国家，比较强调当事人平等对抗。在英美法系国家的司法实践中，近年来司法制度的变化使逮捕程序成为侦查程序的开始，对于有证逮捕，必须由中立的治安法官签发逮捕证，逮捕必须有足够的客观基础即对特定公民实施犯罪的证据达到合理的根据。事实上，英美法系国家搜查、逮捕、起诉的证明程度相同，诉讼条件与强制措施的适用也体现出当事人平等对抗的样态。英国检察机关提起公诉时，必须达到“预期可予定罪”所需的充分证据；美国检察机关提起公诉时，必

① 郭天武：“自由证明法则及其运用”，载《中山大学学报（社会科学版）》2010 年第 2 期。

② [法]皮埃尔·尚邦：《法国诉讼制度的理论与实践》，陈春龙等译，中国检察出版社 1991 年版，第 261 页。

须“有合理根据”，定罪的标准则均为“排除合理怀疑”，除了事前的司法令状外，还通过事后的非法证据排除规则予以救济。在美国，对于非法扣押、搜查的证据的排除与对于非法自白的排除适用不同的规定，联邦与州的法律有较大的差异，联邦的法律对于非法搜查、扣押的证明将有无令状作为划分的依据，被告如果主张有令状的搜查、扣押非法，则其应承担证明责任；对于无令状者，追诉方应以优势的证据证明其追诉行为的合法性，否则将被界定为非法。在各州的法律中的差异更大，有的州规定由追诉方承担证明责任，有的州规定被告方承担证明责任，也有的州规定提出证据的责任由控方承担，说服责任则由被告方承担。关于非法的自白，联邦与各州也无统一规定，大多数州规定由控方以优势证据证明自白自愿性，但也有些地区规定由被告方承担证明责任。在英国的法律中，非法自白的证明责任在控方，控方必须证明自白的合法性，达到排除合理怀疑的程度，原则上承认非法搜查、扣押证据的效力。在大陆法系国家，比较强调追诉机关的职权作用，因而在程序性证明中，对于程序条件的证明主要由国家机关依职权证明与同步的司法审查，如果当事人提出程序违法的动议，则依赖于证据无效、证据禁止等事后的救济程序。尽管程序的启动是一项重大的刑事诉讼行为，大陆法系各国基本上均将启动程序作为国家机关的一项职权，除了法国司法理论中将提起公诉作为程序开始的标志外，其他大部分国家的程序从侦查开始，只要不因此造成公民积极义务的产生，国家机关均可以单方进行程序行为，但侦查机关必须证明基本犯罪事实存在的合理根据，除非当事人对于国家机关的追诉行为提出程序非法的质疑，此种模式下程序性证明呈现出一种自向证明的样态。检察官的审查起诉被作为一种与侦查一体的追诉活动，因为检察机关的起诉行为会对公民的权益造成重大的影响，各国均设置预审制度审查公诉的合法性、合理性，长时间的未决羁押也会对公民人身自由造成较大的影响，因而采用更为严格的司法审查机制。具体来说，法国将提起公诉作为程序启动的标志，检察官必须证明追诉的合法性与适当性，提起公诉的证据标准是“控告是否有足够的证据”；德国与日本则将启动置于程序的前端，只要求有证据表明犯罪嫌疑即可，德国提起公诉的证据标准是有“足够的事实根据”或“有足够的犯罪行为嫌疑”；日本法律对此没有明确的规定，但在司法实践中，检察官一般将是否存在确凿的证据，获得有罪判决的可能性作为起诉的标准。关于非法证据排除中证明责任与证明标准，在德国，除了对于违反法定的强制性规定的取证行为法官必须排除外，法官对于非法证据的证明力及特定证据的可采性有较大的自由裁量权，有权依职权调取证据后作出决定。对其证明标准，司法实践中有不同的做法，只要法院存在对证据的合理怀疑即应被排除，上诉法院则以违法行为的优势证据作为排除的标准。[①] 在日本，被告人对于实物证据的违法取证行为承担提出证据的责任，追诉方承担最终的证明责任；对于自白，如果辩方对自白的任意性提出异议，且法院也对之存疑时，追诉方必须证明自白的任意性，而且必须达到排除合理怀疑的程度。[②]

3. 程序性证明所处的阶段不同

只要存在程序性主张与程序性争议就必须进行程序性证明与程序性裁判，也就是说，只要存在国家的公权力运作，就有可能造成权力的滥用，公民个人也可能滥用诉权，因而就需要用程序进行规制。从理论上来说，程序性证明应当贯穿于程序运作的始终，由于价值取向的不同，两大法系在此问题上有较大的差异：大陆法系国家侧重于对犯罪的控制与案件的实质真实的追求，因而较为注重警察机关、检察机关、法院在刑事诉讼中实施这一价值目标时的积极作用，但在此过程中也较为重视对国家公权力的制约与人权保障，在刑事诉讼启动之后至有效判决作出之前的整个刑事诉讼中，均可能因为不符合程序条件或者程序性违法而引发司法审查，其结果是法官会适用程序无效制度、证据禁止制度等事前审查、事后救济制度，以维护当事人的人权；在英美法系国家，出于对程序公正与诉讼效率的考虑，一般将程序性裁判限制于审前阶段，英美法系国家适用强制措施的令状原则,对于非法证据的排除也必须在审前动议中提出并得到解决。在英国，通过交付审判程序解决是否符合起诉条件的问题，也解决有关法院管辖权的问题并根据不同的情况进行案件的分流，在正式庭审前的“答辩和指导的听审程序”中，专门的程序性法官还专门对程序性问题作出裁断，其中证据及其可采性是一个重要的内容，控辩双方可就获取证据的手段和程序

① [德]克劳思·罗科信:《刑事诉讼法学(第24版)》，吴丽琪译，法律出版社2003年版，第212页。
② [日]西原春夫:《日本刑事法的形成与特色》，法律出版社、日本成文堂1997年版，第170页。

的合法性进行质证与辩论，由法官作出最终的决定。[①]

4.检察官在程序性证明中的作用不同

现代社会的控审分离使各国检察机关成为独立追诉的主体，公诉职能是检察机关的主要职能，但在具体的职权与职责的配置上，两大法系也存在差异，在程序性证明中也是如此。在大陆法系国家，检察官与法官同是国家的司法官员，检察制度的背景在于对警察和法官不信任，除了公诉的职能外，检察官还存在监督警察与法官的职责，在刑事程序性证明中，检察官有一定的强制处分决定权，例如，在法国的刑事诉讼中，检察官介入会使其成为侦查权的主体，与警察一样可以申请司法令状，对特定的强制措施还有决定权；日本刑事诉讼法中规定，警察或检察官在逮捕或收到被逮捕的人以后，应在法定期限内请求法官签发逮捕证。在英美法系国家，实行检警分立模式，除了与商业犯罪案件相关的搜查令状外，一般由侦查行为的警察直接向治安法官申请，如《美国联邦刑事诉讼规则》第5条(a)规定了由执行逮捕的官员不迟延地将被捕人解送到治安法官处。法律没有规定检察官在程序性令状申请中的积极作用，与大陆法系国家最大的区别是，英美法系国家认为检察官作为追诉一方当事人不具有中立性，因而禁止其签发强制性措施的司法令状[②]，程序性证明中检察机关只是作为程序性被告一方。

（二）两大法系程序性证明的主要差异的成因

诉讼模式的差异是造成两大法系在程序性证明相关制度上分野的根本原因。两大法系程序性证明所规制的重点在涉及侵犯公民的人身权、财产权、隐私权等程序行为上，相关制度差异的原因在于当事人主义与职权主义诉讼模式的差异。在具体的规制方式上，大陆法系国家因为有成文法传统，所以一般通过法定的程序条款予以规制，更多地体现在诉讼条件的规定中，追诉机关的任何程序行为必须证明符合基本条件；英美法系国家缺乏成文法传统，但存在通过程序维护宪法权利的传统，所有的程序行为包括侦查、起诉、审判及其中出现的强制措施与强制性措施均存在侵犯宪法权利的可

① 中国政法大学刑事法律研究中心："英国刑事诉讼制度的新发展——赴英考察报告"，见陈光中、江伟主编：《诉讼法论丛（第2卷）》，法律出版社1998年版，第352页。

② 孙长永、高峰："刑事侦查中的司法令状制度探析"，载《广东社会科学》2006年第2期。

能，因而程序中设定了由于程序本身的运作造成的侵权行为的救济措施即程序性裁判，从动态的角度对程序性裁判进行表述则是程序性证明。在具体的程序性证明中，大陆法系国家强调国家机关的积极作用，警察、检察官、法官有客观义务调查证据、追寻案件的实质真实，因而对国家公权机关的职权行为限制相对较小。对于不需要公民承担积极义务的职权行为，国家机关有权主动进行，一般由较高级别的官员授权即可，即使有预审法官或者治安法官的介入。除了要求公民承担积极义务的程序性行为需要进行严格的程序性裁判外，法官也只是依警方或者检方的申请进行司法审查，或者法官对于没有申请的程序行为依职权进行司法审查。法官对程序性争议有较大的自由裁量权，可以用查阅卷宗或电话询问的方法，甚至可以用聊天的方法来探求证据资料的真实性，并形成心证作出裁判。在英美法系国家，比较强调当事人的作用，程序性法官居中裁判，并不主动介入当事人之间的程序性争议，不承担程序性证明的证明责任，作为控方的检察机关也被作为当事人的一方，对于诉讼条件进行程序性证明。由于英美法系国家采用双线的调查模式，所以诉讼自始呈现出双方对抗的特征，被追诉方自然可以针对程序性问题提出程序违法的动议。英美法系国家设计了诸如审判之中的审判程序、审前听审等较为丰富完备的程序性听审制度以专门解决程序性请求与程序性争议。

第三章

刑事程序性证明正当化的理论基础

制度正当化是现代社会各法治国家共同的价值目标，程序性证明必须接受制度正当性的检验，本章从正当程序与程序性证明内涵之间的关联入手，分析了正当程序达成程序性证明正当化的几个侧面，从结构关系司法资源配置、可接受性方面进行论证，正当程序所确立的技术性标准是程序性证明效力的根源，有效证明与正当程序之间是对立统一的关系，需要对两者进行平衡与协调。

第一节　刑事程序性证明正当化概说

一、刑事程序性证明正当化概念的提出

制度发展的过程就是不断寻求正当化的过程，制度正当化的过程的实质在于寻求制度的价值基础，通过语言的建构，说者的观点和理由取得了听者认同。正当化的问题既是一个逻辑问题，也是一个文化问题，既需要通过对其所考证的制度的理由进行充分论证才能为当事人所接受，也需要通过这种论证使社会公众所接受。[①] 正当化是正当性制度的实践过程，也是一种价值建构的过程。因为价值的本意为客体对主体的满足程度，所以在

① 葛洪义："略论中国法律制度的正当化问题"，载《政法论坛》2006年第5期。

某种制度价值建构的过程中，会涉及对主体的内心感受，即自我评价与对作为客体的制度所具有的正当性的评价，正当化的过程是一个动态的建构过程，既涉及本身的制度安排，也涉及制度的运作过程。在许多学者的论著中，正当化与合法化是在同一个意义上使用的，仅从字面上理解合法化比理解正当化更容易，既符合法律的意思，但又不限于此。正当化与合法化问题的提出实质是人们考证制度的正义性问题，是人们对于权力授予是否合乎正义的证明，合法性的概念有很强的政治意味。① 合法化既包括静态的法律规定，也包括动态的行为的合法性问题。法哲学的观点为，正当化的过程实际上是对制度理由的论证过程，是寻求接受性的过程。正当化是指社会主体通过一定的社会规范将一定社会物质生活条件下形成的利益关系内化为一定的权利义务关系。② 心理学的观点为，制度正当化是指个体将现存社会安排合法化的心理过程。制度正当化理论能够解释人们为什么以及怎样在认知和意识形态上维护和支持现状，以及由此产生的一些积极和消极后果。制度正当化受到个体因素和情境因素的影响。③

在刑事诉讼领域，有刑事诉讼法学者从实体与程序的关系的角度研究了程序正当化的问题，认为实体法所设定的权利与义务关系，只在抽象意义上存在，是一种静态的法，唯有依靠程序法的实施才能实现。程序法是实体法律的生命形式。程序的实施为实体的实现提供正当化的资源，刑事司法正当化的最初动因在于加强刑事诉讼中的人权保护，并限于对被告人的权利保护。刑事程序正当化的理想状态，指刑事程序法治的价值观，包括程序法治的原理、原则与基本观念。刑事程序正当化的规范状态，指刑事程序正当化（法治化）理想的法律表现形态，表现为根据正当化（法治化）原理制定的刑事程序法律、法规，即刑事程序法治规范。④ 有学者主张直接将证明过程作为诉讼正当化的基础，认为证明过程是由证据的证明力到证据力的演进，再由证据力通过对其判断和评价而形成的认定事实证据的动态活动，是一种展示证明对象的过程，它既是诉讼正当化的必然，也是法

① ［法］让·马克·夸克：《合法性与政治》，佟心平等译，中央编译出版社 2002 年版，第 25 页。

② 吕世伦、文正邦：《法哲学论》，中国人民大学出版社 1999 年版，第 294 页。

③ 梁明明、李晔、李薇娜："制度正当化理论述评"，载《心理科学进展》2010 第 11 期。

④ 陈卫东、刘计划："论刑事程序正当化"，见陈光中、江伟主编：《诉讼法论丛（第 3 卷）》，法律出版社 1999 年版，第 51-79 页。

官内心确信的过程，从证据的真理性、正当性、证明标准和法官自由心证的理性化方面进行论证。[①]这种观点已经与刑事程序性证明正当化的概念较为接近，程序性证明直接关涉权力与公民个人的人权，主要指向国家机关的程序性违法行为，法律的正当程序所包含的程序启动的个案性和被动性、裁判者中立性、交涉性、参与性、集中性、及时性、终局性特征是其中重要的因素。

笔者认为，刑事程序性证明正当化是指程序性证明的主体通过法律所规定的程序，将程序利益固化为权利与义务的过程。这一过程也是程序性事实向程序性裁判事实转化的过程，蕴含了国家对程序性法律的价值取向与政策偏好。刑事程序性证明的正当化也存在政治性的问题，因为刑事程序性证明作为一种刑事司法制度，其本身是对司法危机的一种回应，就是通过对国家追诉行为的程序合法性证明而达到限制国家追诉权滥用的危险，以寻求社会对于司法制度的认同，从这个角度来认识，能够看出其政治性。但是笔者的论述撇开其政治性，研究的重点落在对影响程序性证明正当化的技术性因素的分析。

二、研究刑事程序性证明正当化的必要性

诉讼的本质在于解决纠纷，诉讼活动也是诉讼主体在程序规制之下寻找证据进行证明的活动。在刑事诉讼中，由于国家的介入，使问题变得较为复杂，国家的介入必须具备正当性，否则就会陷入强制和专断。国家追诉行为的正当性建立在两个基础之上：其一，最大限度地接近客观真实，以实现实体公正；其二，证明过程依据正当程序的路径展开，以实现形式公正。我国传统的刑事司法正是建立在对客观真实的执着坚信的基础之上，但是，程序法治的发展使笔者逐渐认识到客观真实作为程序法的正当性根据所面临较大的挑战，其理论困境在于：客观事实是生活世界的经验事实，裁判事实则是加入人的诉讼主张即主观认识的结果，其真假值并非全部决定于客观事实本身，一种客观事实可以有多种演绎的表达；[②]在司法实践中的困境

① 沈华伦、邓自力：“证明过程：诉讼正当化的必然选择”，载《中国律师》2002年第2期。

② 阮新邦：《批判诠释与知识重建——哈贝马斯视野下的社会研究》，社会科学文献出版社1999年版，第31页。

则是重实体轻程序，漠视程序的取证行为污染了司法证明的纯洁性，但也正是因为有此问题的存在，产生了程序性证明的契机。

刑事程序性证明、刑事程序的正当性、国家机关追诉权运作的正当性和法律的正当性之间有着天然的联系。国家追诉权的运作有着天然的不安分性，应该对此保持足够的警惕，否则就有可能出现国家机关以犯罪的方式制止犯罪的情况出现，可能出现洛克所认为的，“注意不受狸猫或狐狸的可能搅扰,却甘愿被狮子所吞食,并且还认为这是安全的”①。对于此种情况，我们都不愿意看到。国家的追诉行为尽管以制止犯罪为名义展开，但其不具有天然的正当性，因而，对于刑事诉讼中国家追诉机关的追诉权应有节制和限制，这种节制和限制正是通过引入权力与权利因素而进行，通过正当程序对国家的追诉行为的合法性正当性予以规制，国家机关必须对自己所采取的追诉行为的合法性进行证明，对自己所采用的程序进行证明。只有如此，这种权力的运作，在道德上才可以被认为是正当的，才符合法律所规定的程序。权力的运作最终必须以民众的同意为依归，以正当程序为基础的同意为国家的追诉权与民众提供了一个平等对话的平台。从表面上看，正当程序是程序性证明的运作空间，其深层的原因在于正当程序能为程序性证明提供正当化的资源，正当程序源于限制专制和人权保障的需要，正如道格拉斯大法官所云，美国宪法修正案之所以大部分都是程序性条款正是因为程序决定了法治和恣意的人治之间的区别。英国法官丹宁勋爵认为,法律的正当程序指在司法过程中,逮捕和搜查等追诉行为必须适当采用,审判遵循公开的原则进行，对于违法的行为给予救济，以保持司法工作的纯洁性。②美国学者科尔认为，正当程序即为通过限制国家的追诉权，保护被告人的程序性权利，以实现控辩双方的平等对抗，实现司法公正。③现代社会中，正当程序的概念已经突破其形式概念，历史传统、司法政策、社会道德观念等实质性的正义理念也注入此概念中。在对刑事程序性证明的正当性的把握上，一方面，必须认识到法律是一种实践理性，程序性证明也是一种实践理性；另一方面，正当程序也不是束之高阁的东西，必须与具

① ［英］约翰·洛克:《政府论（下篇）》，叶启芳、瞿菊农译，商务印书馆 1964 年版，第 57 页。

② ［英］阿尔弗雷德·汤普森·丹宁:《法律的正当程序》,刘庸安、张文镇译,群众出版社 1984 年版,第 1 页。

③ ［美］乔治·F. 科尔:“美国刑事案件中被告人的权利”,见《程序法论》,中国政法大学教务处印,第 267-269 页。

体的诉讼实践相结合，才能认识到理性的作用和局限，才有可能真正建立正当性理论，程序性证明的正当化不是一个单纯的认识问题，而是一个多方主体参与的交涉与体悟的过程，因为任何人都不可能脱离正当程序之外而对程序持客观公正之立场，只有通过无数人对过程的正当性追问才能真正认识正当化的问题，而这一过程主要通过程序性证明来实现。我国目前刑事司法中，以实体性证明为主体的知识体系已经严重地阻碍了对程序性正当化的追问，也阻断通过司法的政治正当化的过程。刑事程序证明是一个较好的制度契机。

第二节 刑事程序性证明与正当程序的内在联系

正当程序与程序性证明存在内在的联系，正当程序的内涵与程序性证明所蕴含的制度机理存在互通性，程序性正当程序所蕴含的程序理性与程序性证明的理性需求之间存在较为紧密的关系，平权性机制能够促成程序性证明中的权力与权利的平衡，实体性证明正当程序所蕴含的公正性、社会公益性与人道性则为程序性证明的价值根源。

一、程序性证明与程序性正当程序的联系

一般认为，程序性正当程序源于美国宪法对程序的一种分类，程序性正当程序主要通过理性程序对国家公权力进行限制，程序性正当程序非常有效地适用于控制公权力与公民权利发生冲突的领域，是权力与权利之间的减压阀。

（一）程序理性与程序性证明

从本质上看，既可以从认识论上把握理性，即理性是主体对客观对象进行认识的一种人类的思维方式；也可以从本体论上进行认识，即通过理性的思维与对话形成关于对象的存在形态的把握。韦伯从四个不同的层面对理性进行分析：其一，它包含着一般性的规则或原则；其二，它具有系统性；其三，对对象意义的逻辑解释；其四，可以为人类的智力所把握。[①] 从

① 郑戈："韦伯论西方法律的独特性"，见韦伯：《法律与价值》，上海人民出版社 2001 年版，第 76 页。

认识论的角度来把握，可以认为程序理性是指在刑事诉讼中，人们对于发现案件真实的方法的一种认识。从本体论角度，则可以认为程序理性是指程序本身所具有的一种属性。程序理性的本质在于通过程序机制对追诉权的限制，保证追诉行为的理性化，因为在国家公安机关、司法机关进行刑事追诉的过程中，不管是对事实的认定还是对法律的适用均存在自由裁量的空间，毫无疑问，只要有自由裁量权的存在就会存在滥用权力的可能。国外学者主要从实体和程序两个方面进行限制。德沃金教授根据自由裁量的程度将自由裁量权分为三类：其一，事实判断的自由裁量权，主体在作出决定之前必须对某一事实或状态作出判断；其二，事实选择的自由裁量权，主体可以在某个被准许的范围内进行选择；其三，无限制的自由裁量权，无限制地作出选择或判断。[①] 可以根据自由裁量的程度的不同从实体上细化自由权的判断标准而对之进行控制，但是此种方法极易产生另一个不易解决的难题，因为自由裁量权的存在本身是为了弥补法律所固有的缺陷而设置的选择的空间和范围，过于细化的判断标准虽然限制了自由裁量权但也使设置这一制度的初衷丧失了，这种方式将会使立法陷入两难的境地。理性程序是一种理性的选择机制，通过理性的法律程序，使所有的实体性、程序性决定均建立在理性对话与论证的基础之上，进而达到对权力恣意的限制。

刑事证据制度的发展也体现出了一种由非理性向理性的发展过程。在人类解决纷争的方式从私力救济向公力救济转变的过程中，人类理性呈现出不同的表现形式。在神示证据阶段，纠纷的解决依赖神启决定案件真相的情况，原被告双方的证明较为简单，只需经过宣誓即可，因而这是一种非理性的证明方式。随着人类认识能力的提高，人们逐渐认识到对过去案件的探知可以通过理性的证明方法，从吉尔伯特、撒耶、威格莫尔、麦考密克等均在探索一种理性的证明方式。如吉尔伯特最早对证明制度进行系统化的努力，其将证明的理论建立在概然性的基础之上，寻求最佳证据。证据法学大师边沁则在其《司法证明的理论基础》一书中提出一种理性的程序模式，他认为程序法的直接目标在于发现案件的事实和非真实，并提

① Ronald Dworkin, Taking Right Seriously, Cambridge : Harvard University Press, 1977, pp.31-32.

供一种反复适用的纠错机制，此种机制的间接目标在于将诉讼烦恼、诉讼成本、诉讼迟延降到最低限度，在两者冲突时根据功利原则确定，无疑，其将裁判建立在经过对具有关联性、可靠性的证据精确衡量并具有高度盖然性的基础上。[①] 在程序性证明的过程中，并不直接要求在特定的具体的情况下作出一种程序性决定，而是在程序性决定之前，遵循理性的程序规则，这一过程本身具备善的品质。例如，在英美法系国家，令状制度要求在逮捕犯罪嫌疑人之前应当由中立的预审法官签发司法令状，无证逮捕则不管其是否合乎实体正义，程序则是非理性的。另外，在程序的启动与推动、强制措施的采用、非法证据的排除中，程序主体在进行选择时均会对程序的经济性进行衡量，任何一种程序性裁决均是综合衡量的结果。

（二）平权性机制与程序性证明

英美法系国家的证据制度所规制的就是诉讼主体在证明过程中的取证行为，所有的取证行为必须依循程序法而展开，否则将会受到程序性制裁。证据法与程序法之间唇齿相依，也可以认为两者是同一问题不同的角度的制度展现。英美法系国家采用双线的调查取证和证明模式，控辩双方均有权收集证明案件事实的证据对案件进行证明，但任何作为个人的当事人的力量均不足以与国家机关相抗衡，因而英美法系国家正是通过理性的程序设计而相对限制国家机关的追诉权，扩大其他主体在刑事诉讼中的调查取证能力和证明能力以平衡权力与权利在刑事司法中的配置。西方国家有三权分立的历史传统，权力正是通过分立而相互制衡，程序对权力的规制通过程序分权机制予以实现，程序的分化是指程序的单一结构或者功能的主体为了适应社会发展的需求，演变成两个或者两个以上的组织或角色的过程。程序主体在实现角色分化之后，在其职责权限范围内，既互相配合又相互牵制，给恣意留有很小的生存空间。[②] 程序对权利的保障，一方面，通过上述的程序分权制衡；另一方面，则通过对相对方的权利赋予，增强相对方的抗衡力量。辩护权、知悉权、程序选择权、律师帮助权等一系列的权利从实质上扩大了作为个人的相对方的力量。程序性证明则从证据与证明

① 汤维建："英美证据法学的历史、传统与证据规则——兼议我国民事证据规则的立法"，见何家弘：《证据法学论坛（第2卷）》，中国检察出版社2001年版，第24页。

② 季卫东：《法律秩序的建构》，中国政法大学出版社1999年版，第63-70页。

的角度对控辩双方的力量进行平衡，特别是对于国家追诉机关侵犯公民的人权的程序性行为，必须证明其程序性行为本身的合法性与正当性，这也是程序理性的一种表现。当然，为了防止公民滥用自己的程序性权利，逃避追诉和审判或者拖延诉讼，公民也有义务对其所主张的部分程序性权利进行一定程度的证明。

二、程序性证明与实体性正当程序的联系

（一）公平、正义与程序性证明

程序正义的观念起源于古老的自然正义。英国在1215年《自由大宪章》中首次明确提出，由同级贵族依法审判才能够实施强制措施或者实体性处罚，而后，经过1354年爱德华三世第28号法令，1628年的《权利请愿书》等一系列的法律文件得到进一步的完善与发展。但英国的程序正义的观念侧重于后世学者所论述的程序性正当程序，美国法律在继承英国程序正义理念的基础上，对正当程序进行实体性与程序性正当程序区分，而实质性正当程序则是为了克服程序性正当程序的机械适用所不能解决的问题，由于立法与行政的缺陷导致法律与政策本身的不合理、不正当性而造成对人权的侵犯。实质性正当程序不仅仅要求程序之公正，而且要求程序依据法律的公正性与人道性。实质性正当程序是自然正义所依据之自然法的本质理念的最直接的写照，正如王名扬先生所认为的，实体性正当程序的本质就是要求“国会所制定的法律必须符合公平与正义的原则，如果违背公平与正义的观念，则法院有权宣告其无效”[①]。实质性正当程序在美国发展的结果是司法能动主义的产生及司法审查权的扩大，法官通过违宪审查达到寻找、描述和拓展宪法所蕴含的真意，而使之适应时代发展的需求。人权保障是现代社会中所有追求法治文明国家司法制度的基本价值诉求，虽然并不是所有国家均有违宪司法审查的传统，但从方法论意义上看，通过法官的司法能动，追寻法律的真意，并达到通过司法控制公权滥用的结果，重新描绘和深化人权标准并实现对人权的保障，是一个值得借鉴的方法。在程序证明的过程中，对诉讼条件的适当性考量、对强制措施的必要性考量、对非法证据排除时的对程序正义的影响程度的考量以决定是否排除，该证

① 王名扬：《美国行政法（上）》，中国法制出版社2005年版，第388页。

据均包含了对实质正义的追求。[①]

（二）社会公益与程序性证明

国家统一刑罚权的实施是伴随着犯罪行为造成对被害人与社会公益的双重侵害而产生的，刑罚权必须通过法律的正当程序实施，也可以认为刑事程序是一种公益与私权之间的选择机制，毫无疑问，公共利益也是一个在程序行为中必须考虑的重要因素。例如，大部分国家程序的启动以对法益的侵害为要件，其中包括公共利益，英国检察官起诉时必须对公共利益进行衡量，美国的检察官公诉时司法利益是一个较为重要的考虑因素；各国在适用强制措施时所确立的比例性原则中对合理性的考量，也包括对公益的考量；在非法证据排除的适用中，对于非法实物证据采用裁量排除原则，法官主要考虑诉讼行为对公正程序的影响，如果因非法取证行为导致对公正程序的违反程度大于因之获得的证据的价值时则应当排除；德国也有相似的规定，对于违反禁止性规定侵犯人的尊严而获得的口供采用强制性排除，而对非法的实物证据，采用了相应性排除原则，法官需衡量各方面的利益进行排除，在人权与社会公益及执法需要之间进行平衡。

（三）人权、人道性与程序性证明

人是目的而非手段，人的价值与尊严是所有社会制度的基础，法律制度通过权利与义务的方式体现了这一价值理念。刑事诉讼是国家公权力集中运作的重要场域，宪法规定公民的自由、财产、隐私甚至生命等均有可能通过不正当的程序予以剥夺，国家公权机关形式合法但侵犯人权的行为极易使实质不正当的行为隐而不显，如果不通过程序本身所蕴含的实质正义予以矫正，对滥用公权的行为予以节制，必将对公民的人权造成重大的侵犯。程序本身所体现的保障人权与人道性是实质正义的基本要求，随机发动的不符合程序条件的程序行为、非法的强制措施、刑讯逼供等非法的取证行为会对公民的财产、肉体、精神造成巨大的摧残，人在这种野蛮的追诉行为中的价值丧失殆尽。各主要的法治国家及国际性的条约中均对程序的人道性与人权保障设定了最低限度的标准与要求。程序性证明为追诉行为与强制措施设置了一道制度性的障碍，使公民在刑事司法中受到应有的尊重。

① ［美］P.S. 阿蒂亚、R.S. 萨默斯：《英美法中的形式与实质——法律推理、法律理论和法律制度的比较研究》，金敏等译，中国政法大学出版社 2005 年版，第 187 页。

第四章

刑事程序性证明的构成要素

根据前文的论述可知，刑事程序性证明的本质是一种诉讼行为，是为了达到程序控权与人权保障的目的而进行的一种制度设计。程序性证明必须遵循正当程序的理论逻辑，在刑事程序性证明制度系统中，证明主体、证明对象、证明手段、证明标准、证明责任是基本的构成要素。证明主体是诉讼行为的起点，解决主体之间的程序性争议是其目标，厘清程序性证明的主体，有利于防止主体客体化。证明对象是主体权能作用的载体，也是价值实现的载体。证明手段则为程序性证明提供一种科学的解决方案，提供一种操作性的技巧。证明标准与证明责任的配置则是一种平衡主体证明力量的方案，将程序性证明限定于特定的时空范围内。这些要素相互关联，共同完成程序性证明的功能建构。

第一节　刑事程序性证明主体

我国传统对证明主体的研究局限于认识论和客观真实主义的诉讼观，没有真正从价值论的基础上研究证明主体。证明主体是司法证明的第一要素，证明主体理论研究的深度与广度制约着整个证据制度的进一步发展，程序性证明主体更是直接与诉讼人权保障与诉讼权力的分立与制约相联系。

一、刑事程序性证明主体概说

刑事程序性证明主体由刑事程序性和证明主体两个子概念合成，在对其定义进行阐述之前，有必要先对刑事程序性和证明主体这两个概念有一定的认识。刑事程序性相对于刑事实体性而言，是指在刑事司法中，诉讼主体为解决刑事纠纷和证明案件事实而采取的一系列诉讼行为。因为此类行为事关公安机关、司法机关的职责权限的范围和作为个人的当事人的隐私、自由、财产权益，因而才有独立研究的必要。我国学者对证明主体的概念和范围的认识存在较大差异，传统的证据理论对证明主体的划分有广义和狭义之分，“广义的证明主体包括公安司法机关及其办案人员、当事人以及诉讼参与人；狭义的证明主体仅指公安司法机关及其办案人员”①。广义的证明主体论者将证明视为一种认识案件真相的活动，因而所有有助于事实认识的主体均被作为证明主体。可见，广义的证明主体与诉讼主体的概念相同，包括主要的诉讼主体和一般的诉讼主体，主要的诉讼主体是承担基本诉讼职能的专门机关和当事人，一般的诉讼主体是其他诉讼参与人。②还有一种分类法则与诉讼行为的目的相结合，将诉讼主体分为三类：其一，行使侦查权、起诉权和审判权的国家机关；其二，当事人，在我国的法律中指犯罪嫌疑人、被告人、被害人、附带民事诉讼的原告人与被告人；其三，其他诉讼参与人，如证人、鉴定人等。以上两种观点范围大致相当，笔者将之归入广义证明主体的概念。③传统的狭义论者将证明视为国家专门机关的一种职权活动，因而认为证明主体只能是公安司法机关。另有其他学者从不同的角度以狭义的证明主体为基准对其所界定的范围进行扩充，认为证明主体除了司法机关及司法人员外，还应包括当事人和辩护人，并从诉讼本质的对抗性、刑事诉讼的目的、程序推进、监督司法、举证责任分配、庭审模式改革和人权保护的主旨、司法公正等层面进行论证。④另有学者则从证明主体、诉讼主张及证明责任三者之间的内在关系入手，对广义论者

① 陈光中：“刑事证据制度与认识论”，载《中国法学》2001年第1期。

② 陈光中、徐静村主编：《刑事诉讼法学》，中国政法大学出版社2001年版，第57页。

③ 陈瑞华：“二十世纪中国之刑事诉讼法”，载《中外法学》1997年第6期。

④ 罗辅秦：“当事人和辩护人：我国刑事诉讼的证明主体”，载《娄底师专学报》1995年第4期。

所持的证明主体范围进行限定，提出只有实质性的当事人，即公诉人、自诉人、被告人才是证明主体，当事人的延伸（辅助机关或辅助人），如侦查机关、辩护人和诉讼代理人均不是证明主体，法院和其他诉讼参与人也不是证明主体。[①]

从总体上看，传统的证明理论中，不论是广义论者还是狭义论者均将认识论和实体真实作为证明主体的研究背景。但是刑事司法的发展表明，人权、程序正义等观念在刑事司法中的地位也不容忽视。传统的证明主体理论缺乏应有的张力，无法回应司法制度对程序正义的需求。正如狭义论者所批评的，广义论者存在将证明主体泛化的研究倾向，使立法与司法实务运作上出现矛盾，反映出证据理论研究上的困惑，但这种理论以法理学中法律关系的主体理论作为理论背景，对于识别刑事证明中法律关系的主体有一定的意义。

鉴于狭义论者对证明主体内涵和外延的不同观点，笔者将广义证明主体所界定的范围作为研究的基准，同时注入程序正义、人权等因素，逐渐限定证明主体的范围，以论证刑事程序性证明主体的内涵和外延。

二、研究刑事程序性证明主体的价值基础

价值基础是理论研究的起点，没有价值的理论无异于空泛的说教，没有任何的理论和实践意义；相反有价值的理论不仅可以用于指导实践，也可以作为确定具体的制度的根据。近代哲学建立在主体－客体二分的基础上，是一种认识论哲学，主体也只有在与客体的关系中才有意义，这种哲学基础不能解决人的生存本质，仅仅关注主客体之间的关系，忽视本体论。现代的主体间性哲学则为人们提供了一种全新的视角，主体间性理论突破了传统的主客二分基础上主体特征、构造客体，关注人的生存本质，关注自我与他人、个体与社会的关系。传统的证明主体理论建立在主体性哲学的基础上，《现代汉语词典》将法律上的“主体”解释为依法享有权利和承担义务的自然人、法人或国家。法律上的“客体”为主体的权利和义务所指向的对象，包括物品、行为等。[②]现代的主体间性理论提供了一种全新的视角，

① 卞建林、郭志媛：“刑事证明主体新论——基于证明责任的分析”，载《中国刑事法杂志》2003年第1期。

② 《现代汉语词典（增补本）》，商务印书馆2002年版，第1643页。

在这种理论中，主体价值得到突显，这种理论同样用于指导刑事司法。在刑事证明的过程中，案件的客观真实的地位被置换和弱化，也正是出现了这种转变，独立于案件事实的人权保障、正当程序才有存在的空间。

从刑事诉讼主体理论发展的历程来看，主体理论起源于大陆法系的德国学者对刑事诉讼法律关系的研究，在封建社会纠问式诉讼中，追诉机关是刑事司法的主体，被告人被当做诉讼客体，成为追诉机关任意处置的对象，正是基于对刑事司法中非人道性的反思，才引起人们对被告人作为刑事诉讼主体的重视。德国学者认为，在历史上，被告人的诉讼角色经历了从诉讼客体到诉讼主体的变化，其主体性地位体现在逐渐增多的权利保障，而这些权利使被告人的主体地位不断得到加强。[①]事实上，刑事司法中的主体人权还应包括被害人的程序主体权和其他参与人的程序主体权。被告人的程序主体地位通过一系列程序主体权体现出来，如无罪推定、不被强迫自证其罪、沉默权、辩护权、公正审判权、程序选择权等；被害人的程序主体权为：知情权、意见陈述权、诉讼代理权、独立的起诉权、隐私权、及时获得物质和精神损害赔偿（补偿）请求权等；其他主体的程序主体权，如证人拒证权、补偿权、律师豁免权等。[②]

在传统社会中，国家机关是刑事诉讼中追诉犯罪的当然主体，对诉讼主体进行的专门的理论研究经日本、苏联传入我国。国内的刑事司法学者对于诉讼主体的概念、划分标准、范围曾经有过比较广泛的讨论[③]，但学者的研究主要从诉讼主体与刑事诉讼法律关系主体的角度进行，其内容限于对法律中法院、法官、检察机关、检察官、司法警察、被告人、被害人等相关规定的介绍。现代法治理念的注入为刑事司法中主体理论的研究提供了新的视角，权力的分立与制衡是研究刑事司法主体的理论背景。在刑事证明的过程中，作为国家机关的主体权力的分立与制衡体现于两个层面：一方面，权力与权力的分立与制衡，即国家机关与国家机关之间的制衡，具体来说，体现于控审分离、侦诉分离、审前程序中司法审查。程序性裁判等；另一方面，体现于权利对权力的制约，这种制约体现于现代社会中，以

① 陈瑞华：《刑事审判原理论》，北京大学出版社 1997 年版，第 221 页。

② 刘涛：《刑事诉讼主体论》，中国人民公安大学出版社 2005 年版，第 217 页。

③ 樊崇义主编：《刑事诉讼法学研究综述与评价》，中国政法大学出版社 1991 年版，第 18-19 页。

作为个人的主体地位的提升为条件，刑事程序选择权是其中最为典型的表现，这一权利源于市民社会，市民社会的权利保护运动推动了程序的理性化，为限制权力与保障人权提供了有效的方案[①]。程序理性化又拓展了主体主张权利的能力，在程序性证明的空间中，国家公权的运作不再具有天然的正当性，权力的实行必须与权利进行交流对话，实现两者的平衡是现代社会各法治国家刑事司法制度的基本追求，程序性证明正是通过限制权力、扩张权利而提供了一种交涉互动的空间。有刑事诉讼法学者认为，对于刑事诉讼中的诉权理论的研究正是探寻国家诉权与私人诉权平等对话的空间[②]。通过这一过程，主体地位的提升是其必然的结果。

三、确定刑事程序性证明主体的理论前提

（一）程序性证明是权力、权利抑或义务

刑事程序性证明行为依赖于主体的推动，而证明行为的性质无疑是主体最为关注的问题，因为如果是权力则具有强制力，如果是权利则国家机关必须保障，如果是义务则主体均必须履行，当然也不存在绝对的权利与义务。通过前述对程序性证明与相关概念比较的分析，不难看出，在刑事程序性证明中，主要存在两方主体即国家机关与作为个人的诉讼当事人，其他的主体则是辅助当事人进行证明的主体，刑事程序性证明在三方结构中进行：程序性裁判者、程序行为实施者（程序性被告）、程序权利主张者（程序性原告）。在程序性裁判中，两大法系的程序性裁判法官均可以依职权对程序性行为的合法性进行审查，例如，职权审查是大陆法系国家的一贯特色，英美法系国家也规定羁押法官必须定期对羁押的合法性、合理性进行审查。但笔者认为，程序性裁判前的审查是法官依照客观义务进行的一种司法查明，在正式的程序裁判程序中，大陆法系国家的法官较为积极主动，而英美法系国家的法官则消极被动；但从总体上看，程序性裁判者在裁判程序中，大陆法系国家基于一种客观义务，需要积极调查取证，英美法系国家则不承担证明责任。从前述程序性证明的价值来看，程序性证明为了制约国家权力与保障公民的人权而设，根据公权运作的一般原理，作

① 马长山：《国家·市民社会与法治》，商务印书馆 2002 年版，第 81 页。

② 汪建成、祁建建："论诉权理论在刑事诉讼中的导入"，载《中国法学》2002 年第 6 期。

为国家机关的程序行为的实施者有义务对其行为的合法性进行证明，如果不能证明则应推定为其行为违法，对于程序性行为的实施者的国家机关来说，也是一种义务；对于程序性原告（一般主要为原案被告）来说，因其在追诉的过程中处于不利的境地，对于程序性问题的证明不宜由其进行，因而有必要将程序性证明设定为被告人的一种程序性权利，只有这样，被告人才可以积极地提出程序性权利主张而不必担心因举证责任而可能存在的败诉风险。

（二）传统证明责任理论能否作为确定刑事程序性证明主体的标准

通过对已有的相关理论的考证，研究证明与证据理论问题的学者均将研究重心放在证明责任上，我国学者大多从此角度研究证明主体的问题。有学者认为，证明责任与证明主体是两个无法单独存在的概念，证明主体与证明责任是同一问题的两个方面，不能割裂开来，孤立地考察，有关证明责任的理论应当作为研究证明主体问题的理论起点。①

笔者认为，证明责任与证明主体并没有必然的联系，并不能从证明责任的角度反推出证明主体的范围。特别是在刑事程序性证明中更是如此，其原因在于：其一，从起源与发展历程上看，古罗马的诉讼中，举证责任的分配采用“谁主张，谁举证”的原则。我国学者将举证责任作为证明主体的研究正是立基于此，这也表明证明主体、主张、举证之间存在紧密的关系，但是“谁主张，谁举证”的观念产生之时尚不存在客观证明责任（结果责任）之说，当时的证明责任仅指主观的证明责任（行为责任），客观证明责任（结果责任）之说直到1883年才由德国学者尤力乌斯·格拉色(Julius Glasser) 率先提出。在尤氏的理论中明确提出将证明责任分为两个层次，即主观的证明责任（行为责任），要求当事人对己方主张的事实提出证据进行证明，此责任不涉及诉讼结果；客观的证明责任（结果责任），此责任主要解决事实真伪不明时，法官根据证明责任的分担决定案件的处理结果。之后，罗森贝克和莱昂哈德在此基础上，对证明责任的分层理论更进一步丰富和完善，并成为通说。其二，在现代社会一般的公诉案件中，证明责任由国家检察机关承担，被告人受无罪推定原则的保护，不承担证明责任，但是前述大多数学者均承认被告人是证明主体，这也是主张将证

① 卞建林、郭志媛：“刑事证明主体新论——基于证明责任的分析”，载《中国刑事法杂志》2003年第1期。

明责任作为主导研究证明主体理论的内部矛盾。其三，从理论逻辑关系上看，初始意义上的“谁主张，谁举证”中的举证是指行为意义的举证责任，与诉讼结果无关，但证明主体的存在毋庸置疑。现代意义上的证明责任指行为责任和结果责任，如果从结果责任角度推知证明主体则明显不符合逻辑，因为先有证明主体随着私有观念的产生出现了主体间的利益冲突，而后才有由谁承担证明责任的问题。证明主体与证明责任之间不是充分且必要条件关系，证明主体是证明责任的必要条件，也就是说证明主体不一定承担证明责任，但是承担证明责任者一定是证明主体，证明主体在提出诉讼主张时则需承担证明责任，不能因为没有提出诉讼主张就否定证明主体地位，证明主体范围大于证明责任主体的范围。其四，从人权保障的需要上看，证明责任的分配固然重要，但是证明主体是证明责任的承担者，证明主体是人权价值的承载者，作为个人的当事人在刑事司法中主体地位的提升是刑事司法中的重大的转变，没有主体的责任无异于无本之木。证明理论研究中的主体的迷失，导致了对整个证明制度和理论的理解的偏失。由于缺乏理论的指导，司法实践中的问题也层出不穷，证明责任的理论承载力不足以解决刑事司法中所有的与证明相关的问题。在英美法系国家，只有控辩双方是证明主体，控方是主要的证明责任的承担者，被告人则除了特定的程序性事项需要承担提出证据的义务外，一般不承担证明责任，作为中立的第三方的法官也不是证明主体；大陆法系国家，包括法官与检察官在内的司法机关均是证明主体，被告人在特殊的情况下也需要承担证明责任。其五，虽然现代意义的证明责任重心逐渐转移至对于案件事实真伪不明的状态的解决，但必须注意的是在案件处于真伪不明之前，已经进行了若干的证明行为，真伪不明并不是每个案件的必经阶段，但并不能因为不存在真伪不明状态就否认特定案件主体的证明责任的存在，否则案件不可能进行下去。

基于以上的论证，笔者认为，刑事程序性证明主体是指：在刑事追诉的过程中，基于程序性权利和权力，提出程序性主张，并对程序性行为的合法性提供证据进行证明的国家机关和当事人。从刑事程序性证明主体的概念可以看出其具有以下特征。

其一，程序性主张是程序性证明主体维护权利的方式。程序价值的提升使当事人可以将程序性问题的争议通过诉讼的方式提交法官予以解决，程序性主张通过诉权的展现给予当事人程序性诉权是法治文明的重要标志与必经路径。程序性主张的范围决定了程序性辩护和程序性审判的范围。只有提出了明确的诉讼主张，证明才能有针对性地进行，审判者才能明确审判事项的范围。诉讼主张的提出是证明主体维护权益的前提，即无诉讼主张者无证明之义务，亦无证明之必要。而在众多的诉讼主体中，只有当事人才有自己的诉讼主张，其他诉讼参与人没有也不应当有自己的诉讼主张，因此只有当事人才有可能成为证明主体。

其二，程序性证明的目的是约束权力、制止程序性违法行为，维护当事人的程序性人权。程序性违法行为的本质是用违法的方式制止犯罪，其合理性存在很大的问题，程序性违法也给当事人的人身、财产，甚至生命带来巨大的威胁，程序性证明主体通过程序性行为的合法性与违法性证明，将程序本身纳入法治轨道。

其三，程序性证明的主体是国家机关和当事人。程序性行为涉及两方主体：一方为实施程序行为的国家机关；另一方为程序行为的承担者，一般为被告人。程序性证明的主体主要为国家机关，包括公安机关、检察机关、法院，程序性侵权行为由国家机关引起，国家机关必须证明其行为的合法性。当事人对于国家机关侵犯自己合法权益的程序性违法行为则有义务提供初步证据，但仅限于行为意义上的举证责任。

第二节　刑事程序性证明对象

一、刑事程序性证明对象概说

证明对象是主体进行证明的标靶，由于证明对象直接与主体的诉讼请求相联系，既是诉讼的起点也是诉讼的终点。从制度逻辑上看，证明对象处于第二位的地位，当证明主体的利益发生被侵犯或者冲突之后，就会提出诉讼请求，但任何一方的诉讼请求在形式的判决作出之前均只是一种可能，因而证明主体是第一位的因素，证明对象则是诉讼请求在证据制度中的实现形式，因而是处于第二位的因素，只有解决了这两个问题，才有进一步研究证明责任以及证明达到的程度即证明标准的问题。司法资源的有限性及生活世界的复杂性使我们不可能证明所有与案件有关的问题，法律要件事实也划定了需要证明的范围，使超越于要件事实以外之生活事实无须证明，这也给主体进行证明减轻了压力，证明对象划定了主体进行证明的范围，只有确定了证明对象，主体才能够有目的、有计划地调查收集证据，及时查明与案件有关的实体法事实与程序法事实证据并进行证明，才能有效地实现法律的公正。如果属于证明对象范围内的事实没有得到证明，则承担证明责任主体可能承担不利的诉讼后果。

关于证明的对象的内容，主要存在四种学说：其一，案件事实说，证明对象是证据指向的发生于过去的案件事实，作为一种待证事实，需要证据予以证明。① 其二，争议说，将争议与真伪不明联系起来进行论证，真伪不明在刑事证明中有着重要的意义，真伪不明是证明责任划分的根据，无争议无须论证则不称其为证明对象。② 其三，要件事实说，这种观点结合法律论证方法，在以三段论为逻辑的法律适用中，小前提建构包括生活事实到法律事实再到证明事实的过程，证明对象是法律构成要件所对应的要件事实，包括实体法事实和程序法事实。③ 其四，诉讼主张说，这种观点完全否定了前述学者论证的基础，提出刑事证明的对象是诉讼主张，而不是案件事实，因为案件事实依附于诉讼主张，所有的证明活动均是围绕诉讼主张展开，诉讼主张避开事实发现的非确定性，是诉讼目的的内在要求，是诉讼民主的价值选择。④

理论的生命在于理论的解释力，尽管上述关于证明对象的理论没有明确所论证的观点中是否包括程序性证明，但程序价值在刑事司法中的地位却不断提升，它使程序性证明以及相关的制度成为各种理论不能回避的基本问题。沿着上述学者关于证明对象研究的进路，可以将程序性证明作为验证上述理论解释力强弱的一个方面，进而得出结果。笔者认为，"客观事实说"过度关注了生活事实，而忽略了法律意义上的事实，这会导致对实体的过度

① 裴苍龄：《新证据学论纲》，中国法制出版社 2002 年版，第 336 页。

② 卞建林主编：《刑事证明理论》，中国人民公安大学出版社 2004 年版，第 15 页。

③ 杨锦炎："论诉讼证明对象——以法律方法论为启示"，载《安徽师范大学学报》2009 年 9 月；熊秋红：《转变中的刑事诉讼法学》，北京大学出版社 2004 年版，第 279-311 页。

④ 梁玉霞：《刑事诉讼主张及其证明理论》，法律出版社 2007 年版，序言。

关注而忽视包括程序性法律在内的所有法律的价值，实践中正是如此；“争议说”关注了证明的一个方面，对于没有争议的事实的证明持否定的态度，而程序性请求正是一种没有争议的程序性主张，也需要主体进行程序性证明，也是程序性证明的对象；“要件事实说”实际上是法律真实观的一种展现，立基于法律所构筑的事实图景，但正如“诉讼主张说”提出的批评，案件事实总是被放置于诉讼主张之中而成为证明对象的，纠结于事实的证明总会出现事实发现中的非确定性；案件事实与裁判事实有着较大的区别，离不开主体的诉讼主张与诉讼请求，正是因为有了诉讼主张才能将案件事实引渡到裁判者面前。事实是证明制度的制度根基，但任何事实均必须以诉讼主体的主张为基础，因为在法律的空间中，任何主张均不可能脱离事实与法律所构筑的基础。

二、确定刑事程序性证明对象的基准

学者关于证明对象的论述集中在事实、争议与诉讼主张等几个层面，这种研究的进路可以借鉴用于对刑事程序性证明的研究，但必须注意实体性证明与程序性证明的特征与区别。

其一，关于事实作为证明对象的问题。可以从不同的层面将刑事诉讼中的事实分为实体法事实、程序法事实、案件事实、法律要件事实以及相关的证据事实。传统的以案件事实为基准认识证明对象的方法排除程序事实与证据事实，而且只是从司法机关裁判的角度进行论证，没有关注当事人对抗因素影响下的刑事司法的变革需求，已经不适应程序价值提升的结果与刑事人权保障的要求。控辩双方当事人在证明的过程中所采用的诉讼行为的合法性，直接影响了案件的程序甚至实体结果，独立的程序性裁判需要将程序性事实作为证明的对象。有学者提出证据事实不应作为证明的对象，因为证据事实只是证据手段，而证明对象是证明的目的，不能混淆两者，而且根据证据的定义证据是指已被查明的事实。[①] 但这种论述并不适用刑事程序性证明制度及相关证明对象的论述，因为在程序性证明中程序性证据事实本身可以作为目的并作为程序性裁判的基础，例如对某种程序性事实的原因导致对证据是否被排除发生争议时引起该争议的程序性事实

① 宋英辉、汤维建主编：《证据法学研究述评》，中国人民公安大学出版社 2006 年版，第 295 页。

就是被证明的对象。①

其二，关于法律要件事实作为证明对象的问题。程序证明比实体性证明对法律要件的规定更为严格，程序性证明规制刑事司法中国家公权机关的权力行使，根据法无明定即禁止的基本法理，法律的规定总是具有有限性的特征，所以所禁止的范围占生活意义上的事实比实体性证明中规制的事实范围要大得多。而实体性事实规制犯罪主体的犯罪行为，对于公民个人而言法律规制的基础在于法无禁止即允许，法律规制的范围只占生活意义上的事实的一小部分。在刑事实体性证明与程序性证明中，作为法律要件事实的证明对象存在差异，这一点决定了当事人主张的效果与法官判决的范围。

其三，关于争议作为证明对象的问题。将争议的案件事实作为确定程序性证明对象的标准的学者绕开了事实论者所忽视的程序事实及证据事实的问题，将程序性事实纳入其中，但没有注意到独立的程序性事实在发生程序性请求时也可能出现程序性证明的情况，此时也需要进行程序性证明，即程序性请求也应作为证明对象，如国家机关行使职权时关于诉讼条件的程序性证明、当事人的无因回避请求权等程序性主张也会成为程序性证明对象。

其四，关于诉讼主张作为证明对象的问题。将诉讼主张作为证明对象沿袭了“谁主张，谁举证”的理论传统，即主张进行举证的范围也就是证明对象的范围。但是，必须注意，并不是所有当事人的主张均会成为证明对象，必须结合法律要件事实理论所确定的证明对象的范围，才能准确确定证明对象。事实上，从主张到证明对象的理论是从诉讼发展及程序性正当性的逻辑进行研究，这种观点所划定的证明对象的范围与裁判的范围大致相当，但是这种观点极易忽视作为裁判主体本身的程序性违法行为以及由此引发的由第三方主体进行程序性裁判与程序性证明行为。笔者认为，还可以从另一种思路确定程序性证明的对象，在特定的刑事程序性证明中，可以转换视角，从程序性裁判的范围确定程序性证明的对象，因为各国的程序性裁判的法律依据为正当程序所规定的形式要件，所以这种思路具有可行性，但这种方法不适用于对实体性证明对象的确定，因为根据无罪推定的原则，实体

① 黄永:《刑事证明责任分配研究》，中国人民公安大学出版社 2006 年版，第 44 页。

性结果在判决最终确定之前处于悬而未决的状态，所以不可能预先选择一个判决的结果反向选择证明的对象，而且这种做法违背了司法的被动性。在刑事程序性证明中，司法审查本身即具有主动性，程序性法官对于发现的程序性违法行为可以进行主动的司法审查，要求程序主体进行程序性证明并裁判，如英美法系国家羁押法官定期对羁押的合法性的审查。

综合上面的论述，笔者认为，刑事程序性证明的对象的确定应该是一个综合多种因素与理论的结果，刑事程序性证明的对象应该是法律事实（要件事实）与诉讼主张共同作用的结果，法律事实（要件事实）是诉讼主张的基础，是程序性证明对象静态的客观层面，诉讼主张则是程序性证明对象动态的主观层面，两者缺一不可。这种观点具有极大的张力，能够回应实体性证明与程序性证明对证明对象的理论要求。

三、免证的程序性事实

免证的事实是指免除控辩双方举证而由法院直接予以认定的事实。[①] 现代社会法官的判决以证据裁判为基础，对于免证事实，由法官对案件事实直接予以认定，直接作为法官判决的基础，对免证事实的认定是证据裁判原则的例外规定。免证制度的价值基础在于诉讼对效率的追求。诉讼证明需要耗费一定的诉讼成本，各国的法律制度中均有关于特定事实的免于证明的相关规定。免证的事实主张因其省掉了认证的过程与环节，具有可以直接适用的效力，可以节约制度运作的成本。对于国家机关来说，特定时期可用的司法资源是有限的，任何一种程序的启动与运作均需要进行司法资源的投入，追求投入效率的最大化是司法理性的一种表现，也是一个国家司法走向成熟的表现，诉讼程序的分流机制，对于特定事实免于证明的相关规定等，均是这种价值选择的结果，是国家进行司法资源配置的一种方案；对于被追诉者来说，在刑事实体性证明中，由于国家机关承担证明责任，免证的效力对个人的价值的表现并不明显，但在刑事程序性证明中，由于被追诉者需要对积极的程序性主张提出初步证据的责任，因而免证的效力对被追诉者具有同样的价值。

国外的免证事实的相关规定主要包括司法认知、推定、自认。英国学

① 卞建林主编:《刑事证明理论》，中国人民公安大学出版社 2004 年版，第 144 页。

者克劳思认为，证据裁判原则的两个例外为司法认知与自认。[①] 我国《刑事诉讼法》并没有对免证的事实作出明确的规定，我国现行的《人民检察院刑事诉讼规则》第 437 条对免证事实作了相关的司法解释，该条第 1 款规定了为公众所知的常识性事实，常识性事实应当包括常识性的程序性事实；第 2 款规定了生效裁判所确定的事实，也应包括程序性裁判中的程序性事实；第 3 款规定了法律的内容及法官依职务应知晓的事实，在程序性证明中则应指对刑事诉讼法律本身的证明的免除；第 4 款则直接规定了不存在异议的程序事实无需提供证据进行证明；第 5 款规定了推定的事实；第 6 款规定了自然规律或者定律。可见，我国运用司法解释的方式规定了几种免证事实。

第三节　刑事程序性证明手段

一、证据：刑事程序性证明的载体

根据前述对刑事程序性证明的界定，在主体依法运用证据确定或阐明程序性主张，以解决程序性争议的诉讼活动中，证据是刑事程序性证明的载体，刑事程序性证明包括取证、举证、质证和认证四个阶段。传统的证据理论将证明作为一种认识活动，并且夸大了认识论对证明的影响作用，因而证明和程序性证明的独立的价值并没有得到应有的重视。事实上，刑事诉讼中的证明并不能简单地等同于认识活动，刑事司法过程是主体利用证据进行证明的过程，从某种意义上，可以认为证据内容只是证明的一种手段，是一种静态的规定，而证明则是一个动态的、丰富的程序性过程。程序性证明理论是司法实践的需要，也是证明理论深入发展的必然结果。程序性证明理论的提出和建构有利于型构完整的证明体系，纠正人为地割裂“证据论”与“证明论”的研究现状，将证明活动纳入法定程序的轨道，提升证据法的品格。同时，程序性证明理论也回应了人权保障的需要。

① Richard Eggleston, Evidence, Proof and Probability, George Weidenfeld and Nicolson Ltd, 1983, p.141.

刑事程序性证明是正当程序与证明结合的结果，公安机关、司法机关在追诉犯罪的过程中，采用了违背法律程序的方法实行了追诉行为，这种行为造成了对被追诉人的人权的侵犯，此种行为轻则为一种违法行为重则有可能构成犯罪，这种追诉行为不具备正当性，才有必要对公安机关、司法机关行为进行规制，同时公安机关、司法机关的违法行为也会留下一定的证据，正是因为这种证据的存在，才使规制国家机关行为的制度设计能够发挥实效。国家机关的程序性行为源于犯罪行为，而程序的启动需要达到一定的证明标准，虽然各国在此问题上具体的标准不同，但为程序启动设置一定的先决条件是各国相同的做法。犯罪构成要件的事实属于实体法评价的范围，程序开启需要具备一定的实体条件，而程序一旦启动，则同时受到程序法的规制。程序法通过职权和职责的方式为国家机关设定了行为的界限，超越界限的行为即是一种程序性违法的行为，从另一个侧面则表现为诉讼当事人和其他参与人程序性权利。国家机关和诉讼当事人等诉讼主体均可能按照程序法律的规定对国家机关的行为进行衡量，以识别国家机关行为的程序合法性，由于主体的立场不同，衡量时所援引的法律也可能存在差异，因而对于程序性问题的识别必定会产生对程序性问题本身的争议，在程序性裁判出现之前，此种争议有可能被实体问题的正确性所吸收，在程序价值得到提升和程序性裁判出现后，最终通过程序性主张得以引向中立的裁判者那里，裁判者对程序性问题的合法性进行审视并作出程序性裁判，程序性裁判以控辩双方所提出的程序性证据为基础，但程序性证据并不会不证自明，依赖于程序性证明行为，由于违法程序行为所获得的证据的实体正确性可能削弱对程序合法性的认定，各国在此问题上的立场不尽相同，同一国家在不同的历史时期对此问题的态度也不尽相同。通过程序性证明行为的交涉互动，以影响法官的判决结果，不失为一种行之有效的胜诉的策略。

二、证据规则：待证事实、证明信息与法律真实的中介

刑事司法证明是一个多元的价值取舍与选择的过程，价值取舍与选择并不是任意进行，证据规则在其中起着举足轻重的作用，证据规则是联结客观真实与法律真实、实体真实与程序正当的桥梁。刑事程序性证明同样也依赖于程序性证据规则的约束，证明信息和待证事实通过程序性证据规

则的裁剪而变为法律真实作为法官进行程序性裁判的依据。

我国传统的证据理论以客观真实论为基础，因而只要有利于客观真实的发现，不需要对案件事实做太多的删减，均可作为采证的理由，这种观念以程序价值的丧失为代价。人类司法制度的发展历程表明：探寻以往的证据制度，包括神示证据制度、法定证据制度、自由心证的证据制度，尽管各种证据制度的制度基础及认定事实在诉讼机制上有较大的差异，但寻求案件的客观事实与解决冲突与纠纷的目标却是一致的。[①]随着理论研究的深入，学者们逐渐认识到，源于人类认识外界事物的特性，“客观真实”具有不可靠性，客观真实以物自体的存在现象作为表现形式，而存在现象是物的自为存在与它在生活世界的展现，由此客观真实已经成为人类认识的事实并失却了原初意义上的客观真实状态，刑事证明中的案件事实也不可能是客观事实。正是由于此种原因，人们将研究的重心转向了法律真实，所谓法律真实就是事实的认定必须在法律规范的框架内进行，以法律规范的视角审视事实，生活意义上的客观事实如果要上升为法律事实要求与规范有关联，没有规范关联的事实在法律上是无意义的。[②]法律真实观对于事实的认定依赖于法律所规定的正当程序，蕴含程序价值，给予法官将程序价值理念糅合进事实认定的机会，这也是法官通过自由心证认定案件事实时必须遵循的路径，这种路径由立法与司法过程共同选定，具有较强的可操作性。同理，刑事程序性证明必须同时受制于刑事程序性规则与刑事证据规则，程序性裁判者通过糅合刑事程序性规则与刑事证据规则将程序正义、人权保障和诉讼效率等多元价值融入程序性判决的结果。刑事程序性证明的制度设计的主旨在于通过程序约束国家机关的追诉行为，要求程序决定者在对实体性事实和程序性事实作出认定时，立基于法律事先所规定的证据规则，立基于理性论证和评议的基础之上，这种制度设计的最终目的在于保护被告人的基本权利不受国家司法权的非法侵犯，在于保证刑事纷争在公平而合理的时空限度内得到有效的解决。[③]

① 陈永生：“法律真实与客观真实的契合与背离——对证据制度史另一视觉的解读”，载《国家检察官学院学报》2003年第4期。

② 王晓：“法哲学视野中的证明对象”，见葛洪义主编：《法律方法与法律思维（第5辑）》，法律出版社2008年版，第36页。

③ 张能全：“消解冲突视野中的刑事证据规则新理念”，载《上海大学学报(社会科学版)》2006年9月。

三、刑事程序性证明的原则：证据裁判原则

证据裁判原则是现代社会中事实探知的基本原则，是法官心证的基础，证据裁判原则与刑事程序性证明的关系涉及以下两个层面。

（一）证据裁判原则能否适用刑事程序性证明

这一层面实际上是证据裁判原则的适用范围的问题，即运用证据证明的事实的范围能否包括程序性事实。有学者从证据裁判原则产生的历史背景及其目的、与证据裁判原则相对应的自由心证制度、证据裁判学说、证明的方式等几个角度进行论证，认为证据裁判原则主要适用于实体法事实的认定。[①] 有学者考证域外的相关理论后认为依据证据认定的事实均是定罪量刑的事实，因而这种事实只能是实体性事实。[②]

笔者认为，证据裁判原则应适用于对程序性事实的证明，其原因在于以下几个方面。

（1）从各国的立法例来看，各国的立法例和相关的理论表明证据裁判原则应包括对程序性事实的裁判，证据裁判原则是学者根据各国相关制度的规定进行的一种理论总结，但并没有明确界定证据裁判原则的适用范围。例如，现行《日本刑事诉讼法》第317条规定："认定事实，应当依据证据。"因为法律中没写明事实仅限于实体法事实，这里的事实应当同时包括实体法事实和程序法事实。日本理论界将诉讼中的事实分为三类：需要证实的事实即作为证明对象可能适用证据裁判原则的事实；不需要证实的事实即没有必要运用证据予以证实的事实；禁止举证的事实，禁止证明事实本身的事实。程序法上的事实属于需要证实的事实的范围，程序法上的事实包括作为程序条件的事实、作为程序行为要件的事实、证明证据能力和证明力的事实；其他程序法上的事实。[③] 法国学者指出，自由心证可以通过初步调查或预审过程中收集到的各项材料形成。《德国刑事诉讼法》第244条第2款规定，法院应当依照职权将证据调查延伸到对裁判有意义的所有事实和证据，法官回避等程序性事项均需依据证据裁判原则进行。《德国刑事诉讼

① 宋英辉、李哲："证据裁判原则评介"，载《政法论坛》2003年第4期。

② 孙记："解读证据裁判主义"，载《大庆师范学院学报》2005年第1期。

③ ［日］田口守一：《刑事诉讼法》，刘迪等译，法律出版社2000年版，第220页。

法》第136条规定，违反禁止规定而取得的被告人陈述，即使被告人自己同意，也不得作为证据。德国学者认为，根据职权主义，在刑事诉讼法中，所有可能对法官的裁判有重要影响的事实都要运用证据进行证明。[①]毫无疑问，程序性事实也可能会对法官的裁判产生重大的影响，因而也可能需要适用证据裁判原则。我国台湾地区有的学者也认为，唯所谓事实，不限于犯罪事实，本有实体法上事实与程序法上事实之分。[②]国内也有学者从相关的立法例和理论方面进行考察，认为证据裁判原则所调整的事实范围包括程序法上的事实，实体法事实与程序法事实在适用证据裁判原则的过程中，只是存在证明的方法、程序和标准方面的差异，无质的不同。[③]

（2）从否定论者的排除理由来看，严格证明与自由证明的区分并不能作为证据裁判原则排除程序性事实的理由。严格证明与自由证明是大陆法系国家的一种具体的证明方式的划分，证据裁判主义的事实能够涵括作为严格证明对象和作为自由证明对象的事实，证据裁判的事实的外延在不断扩大，是不争的事实。实体法事实、程序法事实与严格证明与自由证明并不是一一对应的关系，对于实体性事实有可能适用严格证明与自由证明，对于程序性事实的证明也有可能适用严格证明与自由证明，其并不能作为区分是否适用证据裁判原则的标准。从另外一个侧面上可以认为，严格证明与自由证明是对证明者提出的要求，而证据裁判原则主要是对裁判者提出的要求。

从两者与人权保障的关系来看，现代证据裁判是人权保障的必然要求。证据裁判的本质是对法官自由心证的一种程序控制，程序性证明本质也是对程序性行为的程序控制，两者的本质相同，两者的目的均是保障人权。程序性权利涉及公民的隐私、财产、自由甚至生命，对程序性权利的侵犯不亚于对于公民实体权益造成的损失，因为程序性违法主要由国家机关实施，在某种意义上，后者为害尤甚，因而更有通过程序控制的必要。世界各国的理论和实践均表明，程序价值日益受到各法治国家的重视，专门的程序性违法的裁判也在刑事司法中占有越来越重要的地位，通过程序否定

① ［德］克劳思·罗科信：《刑事诉讼法》，吴丽琪译，法律出版社2003年版，第200、208页。

② 陈朴生：《刑事证据法》，三民书局1979年版，第16页。

③ 樊崇义、张小玲："现代证据裁判原则若干问题探讨"，载《北京市政法管理干部学院学报》2002年第2期。

实体的事例也并不鲜见，对程序的重视体现在程序证明的整个过程中，证据裁判为裁判者的自由心证划定了外在行为的有效边界，在刑事程序性证明的过程中应当适用证据裁判的原则。从现代证据裁判的具体内容来看，现代程序中的人权保障是证据裁判原则的理论基础。在神明裁判时代，认知案件事实依赖于神启的力量，因而司法证明毫无理性可言，其证明的手段则直接以火审、水审等与事实无关的非人性的方式进行，只有证明的仪式却无证明的过程，结果建立在随机的、偶然的因素基础上，因而虽然这种制度在当时的社会背景下有一定的价值，但任何现代意义上的程序均是多余的，因为神的力量根本就不需要程序。韦伯则认为，神判所依据的规范是一种临时的裁判规范，无法为当事人提供稳定的行为预期。[①]随着人类认识能力的提高，神明裁判逐渐退出历史的舞台，欧洲大陆开始进入法定证据时期，这是人类认识案件事实的一次大的飞跃，因为这种证据模式将把案件的识别从天国引向人类的理性自身，将证据作为认定案件事实的基础。但其局限性也较为明显，证据的取舍、证明力的大小由法律事先予以规定，法官只是机械的适用，证据的规定只是对证明力的限定而没有证据能力的规定，这是传统的证据裁判原则与现代的证据裁判原则的根本分野，人性尊严和人权保障淹没于发现真实、惩罚犯罪的追求中，程序正义极度萎缩，因而在这种模式中，口供是证据之王，刑讯逼供盛行。现代意义上的证据裁判原则对认定案件事实的证据不仅有质的要求还有量的要求，将正当程序和人权保障作为规制证据裁判的理论基础，同时规定了证据的证明力和证据能力，严格规制证据的获取方式，所有的裁判必须依据证据作出。大陆法系严格限制证据调查程序，中立的预审法官在其中起着较大的作用。英美法系国家虽然没有明确适用证据裁判原则，但专门的证据法典，证据关联性、可采性的规则及证据的质证、认证规则是对证据裁判的最好的诠释。例如，证据禁止中的非法证据的排除，其中对“非法”的认定即为一种需要证据认定的程序性证明，对于非法行为本身以及由此获得的证据均需要依据证据进行裁判。

（二）证据裁判原则能否适用于审判前阶段的问题

根据前述的内容可以知道刑事程序性证明贯穿于刑事司法的整个过程，

① 郭成伟、宋英辉主编：《当代司法体制研究》，中国政法大学出版社2002年版，第168页。

证据裁判的典型表述是以证据作为认定案件事实的基础进行裁判，事实应该指实体性事实和程序性事实，因而只要有事实的认定就存在证据裁判，这里的裁判应作广义的理解。现代意义上的裁判指实体性裁判和程序性裁判，而程序性裁判则广泛运用于审前程序中的程序性事项的裁判。现代诉讼结构分化、功能专门化之后，包括程序性问题的裁判也适用三方架构的诉讼程式，传统的证据裁判原则出现了向审前程序和程序性事项拓展的趋向。相对而言，证据裁判原则是对裁判者自由裁量权的一种内在的限制，诉讼结构是一种外在的限制。正如有的学者所指出的，裁判并非专指狭义上的审判。证据裁判原则的内在精神要求，在刑事诉讼不同阶段进行的各类裁判均必须依靠证据而进行。[①] 事实上，在现代社会中，证据裁判原则体现了刑事司法对于程序正义、人格尊严与人权价值的追求，因而在刑事司法中存在侵犯人权的地方就有进行证据裁判的必要性，而审前程序是各国侵犯人权最为严重的地方，公民自由、财产、隐私、生命均有可能在审前程序被剥夺，在审前程序适用证据裁判原则的同时，约束控辩双方当事人和裁判者，将审前程序通过证据裁判纳入法治的轨道，是现代各法治国家普遍的做法。

四、刑事程序性证明的评价方式：自由心证

（一）自由心证的概说

人类的认识与诉讼文明的发展推动了证据制度从神示证据制度到法定证据制度再到自由心证证据制度的发展。[②] 现代社会中裁判者对证据的评价皆以自由心证为基本的原则，但国内、国外的学者对于自由心证的研究并没有区分实体性裁判与程序性裁判中的自由心证，自由心证原则在刑事程序性裁判中的适用成为一个值得研究的问题。笔者认为，裁判者对刑事程序性证明的评价仍需遵循自由心证的原则。历史上最早的自由心证制度产生于大陆法系的法国，1790 年 12 月 26 日，杜波尔在制宪会议中提出了建议用自由心证取代法定证据制度法律草案，经过激烈的争论，终于获得通过，

① 樊崇义、张小玲："现代证据裁判原则若干问题探讨"，载《北京市政法管理干部学院学报》2002 年第 2 期。

② 汪海燕、胡常龙："自由心证新理念探析——走出对自由心证传统认识误区"，载《法学研究》2001 年第 5 期。

并于 1808 年在著名的《重罪审理法典》，即《拿破仑刑事诉讼法典》中予以规定："法律抛弃确定证据是否完全与充分的规则，也不需要陪审法官报告他们建立确信的方法，法律只要求他们集中精神在自己的内心深处拷问支持和反对被告人的证据在自己的理性里的印象，法律只是提出一个问题即'你们是真诚的确信吗？'"[①] 随后，自由心证原则经德国的发展，在大陆法系国家牢固树立了其作为裁判基础的地位。在英美法系国家，虽然没有明确规定自由心证制度，但证据能力及证明力等依赖法官或陪审团自由评价，其本质仍然属于自由心证的范畴。我国有学者认为，大陆法系国家自由心证制度以积极的实体真实主义和职权主义为基础，英美法系国家的自由心证制度以消极的实体真实主义和当事人主义为基础。[②] 自由心证制度经日本传入我国，1910 年清末修律在《刑事诉讼法草案》中的第 2 款明确规定了自由心证原则，虽然在新中国成立后，被马克思主义哲学观指导下的刑事司法理论所否弃，但在司法实践中，法官凭借自由心证定案却是不争的事实。自由心证原则是在发现真实与抑制主观随意性之间的妥协在近代诉讼制度中的体现，自由心证中的自由相对于法定证据制度通过法律规制法官对事实的认定而言，是指法律不设定具体的规则指示法官根据证据认定事实；心证是指司法官对证据评价的内心确信。[③] 所谓自由心证则指各种证据的真伪、取舍和证明力大小及法律均不事先设定，而由法官根据"良心"、"理性"自由判断，当"心证"达到无任何合理怀疑的程度时，则对案件事实形成内心确信并作出裁判结论的一种证据评价方法。[④] 自由心证应当包括自由心证的主体、自由心证的对象、自由心证的依据、自由心证的结果等。

刑事程序性证明中自由心证的主体为程序性裁判的主体，在其他国家为治安法官或者预审法官。在我国现行的法律中，审前程序中的裁判者有可能是检察官，正式审判程序中发生的程序性争议则由审判法官作出；自由

① [法] 卡斯东・斯特法尼等：《法国刑事诉讼法精义》，中国政法大学出版社 1999 年版，第 83 页。

② 叶自强："从传统自由心证到现代自由心证"，见陈光中、江伟主编：《诉讼法论丛（第 3 卷）》，法律出版社 1999 年版，第 385 页。

③ [日]《新法律词典》，有斐阁 1989 年第 3 版，第 671 页。转引自王亚新："刑事诉讼中发现案件真相与抑制主观随意性的问题"，载《比较法研究》1993 年第 2 期。

④ 宋英辉主编：《刑事诉讼原理》，法律出版社 2003 年版，第 307 页。

心证的对象是为了确立证据的证明力即解决证据的关联性的问题，其实际上是一个事实问题；自由心证依据的是普遍的经验法则和逻辑法则；自由心证的结果则会根据不同的程序性条件而有所不同。

（二）刑事程序性裁判中的自由心证的具体适用范围

程序性裁判是对违法程序行为的一种程序性控制，只要发生程序性争议，程序性权利、权力主张均需要进行程序性证明和程序性裁判，并影响案件的判决结果。对刑事程序性裁判中的自由心证的具体适用范围的研究，从对诉讼主体资格的程序性裁判、对诉讼行为的合法性的程序性裁判两个方面进行，而这两个方面均围绕证据展开。

1. 对诉讼主体资格的程序性裁判

诉讼主体是大陆法系国家的学者在研究诉讼法律关系时提出的一个概念，诉讼主体进行诉讼行为时必须具备一定的资格才有可能发生诉讼法上的效力，诉讼主体理论的价值已获得我国学者的广泛认同，但关于诉讼主体的范围还没有形成统一的认识，大致上包括权利义务说①、职能说②、综合说③、刑事法律关系说④。

权利义务说是最广泛的刑事诉讼主体学说，将所有可能参与刑事诉讼的主体都列为诉讼主体，按照这种学说，中国的刑事诉讼主体可分为：公安机关、检察院和法院；刑事诉讼的当事人，包括被告人、被害人和自诉人等；其他诉讼参与人，包括证人、鉴定人、辩护人、诉讼代理人等。职能说是从主体的诉讼职能及其与诉讼结果的利害关系的角度作出的分类，均排除了其他诉讼参与人，包括证人、鉴定人、辩护人、诉讼代理人等。在具体的分类中，被害人、公安机关、执行监督职能的专门机关是否是诉讼主体又有不同。刑事法律关系说和综合说的分析角度不同，但分类结果大致相当，综合说立足于审判中心主义，综合了上述观点中的主体与诉讼结果的利害关系及主体的基本的诉讼职能，从结构功能和与诉讼结果的利害关系入手，

① 陈光中 、徐静村主编：《刑事诉讼法学》，中国政法大学出版社 1999 年版，第 56 页。

② 徐静村主编：《刑事诉讼法学（上）》，法律出版社 2004 年版，第 83 页；龙宗智、杨建广主编：《刑事诉讼法学》，高等教育出版社 2003 年版，第 73 页；程荣斌主编：《中国刑事诉讼法教程》，中国人民大学出版社 1997 年版，第 92 页。

③ 吴杰、宋英辉、洪道德："刑事诉讼主体论"，载《中外法学》1991 年第 4 期。

④ 宋振武："刑事诉讼主体的法理分析——以刑事法律关系为基础"，载《烟台大学学报》2002 年第 10 期。

缩小了诉讼主体的范围，将公安机关和公诉案件的被害人及其他诉讼参与人都排除于刑事诉讼的主体之外；刑事法律关系说则否定前述以职能功能作为划分标准的方法，提出应以刑事诉讼的基本法理，从刑事诉讼法律关系的角度入手，将自诉人、公诉案件中的被害人及其近亲属等其他参与人排除，将公安机关纳入诉讼主体。因此，在这里笔者采用最广义的诉讼主体的范围，所有不具备诉讼主体资格的主体所进行的相关诉讼行为均有可能受到程序性裁判，都有可能需要法官进行自由心证。具体来说，例如诉讼主体是否具有刑事诉讼法上的法定资格，警察、检察官、法官是否具备审理案件所需的法定条件、是否需要回避，审判组织是否合法、是否具有法定的主管和管辖权，其他的诉讼参与人是否具备权利能力和行为能力等，对诉讼主体不具备诉讼资格的诉讼行为显然是无效的。

2. 对诉讼行为合法性的程序性裁判

司法资源的有限性及人权保障的需要决定程序的推进必须具备一定的条件，在各国的司法制度中，均有关于诉讼主体进行诉讼行为时的条件，不具备诉讼条件的诉讼行为并不会自然失效，必须通过程序性裁判机制予以认定并处理。

对于不同阶段是否具备程序性条件的程序性裁判，日本学者田口守一称之为“诉讼程序有效成立并持续下去的条件”[①]。根据各国对诉讼阶段的大致分类，包括侦查、起诉、审判、执行，不同的阶段均规定了一定的条件，对于具备条件而放弃程序或者不具备条件而推进程序的诉讼行为，均有可能受到程序性裁判。法官会对程序运行的实质条件和程序性条件进行裁判并作出决定。如美国法官的自由心证建立在九个标准之上：第一，绝对确定，相当于我国刑事诉讼中的客观真实，但是一般认为这一标准无法达到；第二，排除合理怀疑，决定罪名成立与否的标准；第三，有说服力的证据，拒绝保释时和某些民事判决的要求；第四，优势证据，肯定刑事辩护时的要求；第五，合理根据，强制性措施的适用和撤销缓刑和假释等情况；第六，有理由的相信，专门针对拦截与搜身的情况；第七，有理由的怀疑，宣布无罪；第八，怀疑，开始侦查时的情形；第九，无线索，不得进行任何法律行为。[②]

① [日]田口守一：《刑事诉讼法》，刘迪等译，法律出版社2000年版，第118页。

② 卞建林主编：《美国联邦刑事诉讼规则和证据规则》，中国政法大学出版社1996年版，第22页。

法官正是在不同阶段综合考虑案件的所有证据后，依据陪审团的心理状况得出的结论。

关于强制措施与强制性措施的程序性裁判，两大法系发展的共同趋势是：强制措施与强制性措施的启动和运行均需要通过程序性裁判；对刑讯逼供，滥用搜查、扣押权，随意查询、冻结公民的财产，非法拘留、逮捕，非法窃听（监听），诱捕侦查，限制或剥夺律师帮助权等行为进行程序性裁判。法官对程序性行为的合法性进行自由心证，如1984年《英国警察与刑事证据法》第76条明确规定，对于被告人的供述，由控诉一方向法庭证明该供述（尽管它可能是真实可靠的）没有采取非法手段取得，当证明达到排除合理怀疑的程度，才能作为对被告人不利的证据。[①] 这里的排除合理怀疑即为法官进行自由心证的结果。例如，在美国，警察对于发现的各种犯罪行为根据需要进行拘留、搜身，无证逮捕时或者根据治安法官签发的令状逮捕时，除无证逮捕可以在合理的时间内补充令状，其他强制措施均需法官正式的令状才能进行。事实上，为签发令状的听审程序就是一种程序性裁判程序，治安法官根据证据结合上述的证明标准进行裁量，决定是否签发令状。[②]

（三）刑事程序性证明与自由心证之规制

根据大陆法系关于严格证明与自由证明的划分，大陆法系对于程序性问题的证明主要采用自由证明，证明的要求相对较为简单，但自由证明并不能等同于自由心证，自由证明中仍然需要自由心证；英美法系国家对程序性条件，根据诉讼进程的不同，规定了不同的证明标准，只要符合程序法律所规定的条件，国家机关一般可以进行相应的法律行为，但一旦出现程序性争议，则会引发程序性裁判，如果国家机关的程序性证明不足以排除合理怀疑，则诉讼进程可能因此而停止。两大法系的程序性裁判中的裁判者事实上均拥有较大的自由裁量权，如何约束法官在程序裁判的自由心证也是一个较为重要的问题。

① 中国政法大学刑事法律研究中心："英国刑事诉讼制度的新发展——赴英考察报告"，见陈光中、江伟主编：《诉讼法论丛（第2卷）》，法律出版社1998年版，第361-363页。

② 陈光中主编：《外国刑事诉讼程序比较研究》，法律出版社1988年版，第74页。

1. 程序性证明的结构与自由心证的限制

刑事诉讼的结构体现了不同时代的公正观，决定了公正实现的可能和程度。现代自由心证的诉讼结构源于对纠问式诉讼模式的反思，在纠问制诉讼模式下，诉审合一的诉讼结构使刑事司法呈现出二方的结构，导致法官自由裁量权过大，为了限制法官自由裁量权才使用了法定证据制度；但是由于法定证据制度采用了对证据证明力直接进行限定的方法，大大地限制了法官的自由裁量权，同时也阻止了法官公正判断具体案件的积极性和可能。现代的证明结构均采用三方构造，控审分离、控辩平等、法官居中裁判，也只有这样证据信息才有可能得以充分展示，法官的判决才有可能真正建立在心证的基础上，同时这种结构也有利于控辩双方对法官自由心证的监督。在两大法系的程序性裁判中，也体现出了这样的诉讼结构，预审法官或者治安法官对程序性问题进行听审，控辩双方举证和质证，最终决定程序性裁判的结果。虽然与实体性裁判的具体标准有差异，但法官程序性裁判仍然通过自由心证作出。

2. 程序性证据规则与自由心证的限制

前已述及，证据裁判主义是各国法官判案的基本原则，也是程序性裁判必须遵守的一项基本原则，证据裁判主义为自由心证设定了界限。现代法律中的证据规则不同于法定证据制度之处在于：在现代法治社会的证据裁判主义中，各国对证据规则规定的重心主要在于对证据能力进行规定，英美法系国家的证据法体现为证据的可采性问题，证据的证明力是一个事实问题，由陪审团或法官自由心证进行判断。因为一项证据必须事先具有可采性才有可能进一步对之进行考证，考证其是否对案件事实具有证明价值。正是在此意义上，可采性是证明力前提，而自由心证与案件证明力相关，因而可以认为证据能力是自由心证的前提，例如，《美国联邦证据规则》将不具有关联性的证据、传闻证据、意见证据、特权证据以及非法证据均予以排除，证据的可采性规则主要表现为证据排除规则。[①] 为了防止证据对法官心证的影响，对于其中具有关联性的证据，出于公共利益的考虑也予以排除。大陆法系国家对于证据能力的规定表现在：其一，对于证据方法和证据的调查程序的限制，在大陆法系国家虽然对于实体法事实采用严格证明

① 何家弘、姚永吉："两大法系证据制度比较论"，载《比较法研究》2003年第1期。

的方式，程序法事实采用自由证明方式，但并不能就此认为自由心证对象就是属于犯罪构成要件的实体法中的定罪事实，严格证明与自由证明的划分是一种具体的证明方式的划分，在具体的程序性裁判中，法官仍需按照自由心证得出裁判结论，否则就无法解释程序性裁判采用自由证明时法官的心证状态；其二，证据禁止，具体来说包括不正当的讯问、拒绝证言权的违反、违法的强制处分要件、特定证据使用的禁止等。

3.通过逻辑、经验法则的规制

逻辑法则是进行推理时的一种基本的思维规律，大陆法系国家相信人类理性，因而在立法和判例中均有相关的规定，司法逻辑将法官的判决设定为三段论的推理模式。在刑事程序性裁判中，程序性法律作为大前提、依据证据证实的程序性事实是小前提，根据逻辑法则推出诉讼结果。这种推理过程使裁判具有了可预测性，能够为公众所接受，同时也限定了法官思维的方式和行动的空间。经验法则不是法官个人的经验，而是对社会公众总体经验的抽象和归纳，表现为特定群体的共享的知识，因而此种经验产生的客观性可以为法官评判证据进行制约和保障。

4.程序性上诉机制对自由心证的规制

这是对于法官自由心证的一种事后救济机制，程序性裁判一旦作出，法官的自由心证也结束，世界其他国家对此种方式的规定有程序性上诉机制。对于没有立即生效的程序性裁判，利害关系人可以通过向法定的主体提出程序性上诉，引发对程序性裁判的审查。对于已经生效的程序性裁判，是否适用禁止双重危险原则的约束，我国学者存在肯定论①、否定论②、折衷论③。笔者赞同折衷论的观点，应将视具体的程序性裁判在判决中的作用而决定程序性裁判的效力，如果程序性裁判与实体性裁判具有较大的牵连关系，不宜将之分开，因为程序性裁判“本身同时就是在该阶段对案件实体所作的结论”，所以应受禁止双重危险原则的约束；如果对案件实体结果没有不可分割的联系，则不适用禁止双重危险原则，可以予以改判。

① 谢佑平、万毅：《刑事诉讼原则：程序正义的基石》，法律出版社 2002 年版，第 391 页。

② 陈瑞华：《刑事审判原理论》，北京大学出版社 1997 年版，第 196-197 页。

③ 宋英辉主编：《刑事诉讼原理》，法律出版社 2003 年版，第 152 页。

第四节 刑事程序性证明的证明标准

一、刑事程序性证明标准概说

证明标准是刑事证明中的一个核心概念，证明标准为裁判者的心证划定界限。随着我国学者对刑事诉讼理论研究的深入，近年来，证明标准也成为我国学者研究较多的一个话题，但对刑事程序性证明和刑事程序性证明的标准进行专门研究的学者并不多见。刑事程序性证明标准是证明标准的一个下位概念，因而有必要对刑事证明标准理论进行考证。布莱克法律词典将证明标准界定为：当事人履行证明责任而使证据达到确信的状态。① 国外有学者认为，证明标准是指承担证明责任者为了获得胜诉，通过举证而在事实裁判者头脑中造成的确定性或者盖然性的程度，证明标准是评价证据质量和证明力的尺度。② 另有学者认为，证明尺度即证明标准是指成功证明时衡量法官心证的标准。③ 可见，学者或者从主观方面或者从客观方面，或者从法官的角度或者从当事人的角度对证明标准进行界定。结合学者对证明标准的论证与程序性证明的特征，笔者认为，刑事程序性证明标准是指当事人为解决程序性争议获得程序性胜诉，而对程序性主张进行证明所需达到的影响法官心证的程度，法官进行程序性裁判所依据的尺度。其特点为：

其一，主观性与客观性的统一。以现代自由心证为理论背景的证明标准建立在道德真实的基础上，是对犯罪控制与人权保障价值的一种现实主义的选择。大陆法系国家采用职权主义诉讼模式，从裁判者的角度将证明标准界定为内心确信，对于程序性问题虽然采用自由证明的方式，但法官对程序性问题仍需形成一定的心证才能作出程序事实存在与否的判决结论；英美法系国家采取当事人主义，因而界定证明标准之时从当事人角度（主要侧重于从控方角度）对之进行规定，即排除合理怀疑。尽管在传统的观念中，我国学者将之批

① Black's Law Dictionary, Abridged Sixth Edition by the Publisher's Editorial Staff.p.845.

② Peter Murphy, A Practical Approach to Evidence, Blackstone Press Limited, 1992, p.104.

③ [德] 汉斯・普维庭：《现代证明责任问题》，吴越译，法律出版社 2000 年版，第 91 页。

评为唯心主义，但事实上，刑事程序性证明标准是客观性与主观性的统一。主观性体现在法官运用证据认定案件事实的主观判断行为，是否达到证实所需的证明标准的程度需要法官对之进行自由的判定，是主观见之于客观的活动；客观性来源于作为认知对象案件事实本身的客观性和法官对案件事实的认识的过程中，从刑事审判实践经验的理性总结所产生客观规律性，上升到立法的层面则是对证明标准的法律规定。两者相互依存，证明标准是对实践经验的总结，体现于一个理性的过程，证据需要进入法官的视野才能作为评判的对象才有适用证明标准的需要。

其二，程序与实体的统一。刑事程序性证明标准体现在两个方面，如果从程序的角度来审视程序性证明标准，表现为程序推进的条件，而这些条件必须结合实体方面的证据进行判定。例如，我国的刑事诉讼分为立案、侦查、起诉、审判等几个阶段，不同阶段的程序启动均需符合法定的条件，达不到程序性条件则不得进入下一阶段的诉讼进程，程序的推进是实体与程序共同作用的结果。例如，在美国的刑事司法中，程序启动从警察官员执行逮捕开始，美国的逮捕可以分为无证逮捕和有证逮捕，但最终均需要治安法官签发令状，法官审查、签发令状的行为就是开始刑事诉讼程序的程序性裁判活动，此时的证明标准是合理根据，合理的根据必须以案件事实即需要进行实体犯罪方面的评判；在我国刑事司法的立案条件为有犯罪事实，需要追究刑事责任，但其也同时是程序启动的标准，也就是说国家追诉机关如果要启动立案程序，必须使证据达到法律所设定的标准，如果就这一问题发生争议，法官对立案程序的合法性的程序裁判就是以此标准为心证的依据，但必须注意此时对案件实体方面的衡量仅具有推动程序的意义，主要目的是考证是否具备推动诉讼进程的条件。

二、研究刑事程序性证明标准的意义

刑事程序性证明标准既是程序裁判者形成心证的依据，也是承担证明责任者举证时所需达到的程度，因而刑事程序性证明标准事关诉讼成败，有着重要的理论意义与实践意义。

其一，刑事程序性证明标准的评价作用。国家机关依职权实施的追诉犯罪的行为实施刑罚权必须借助国家的强制力，这种强制力极易突破法律设定的界限而侵犯人权，所以国家机关必须证明自己行为的合法性，程序裁判者将证明标准作为评价证明成功与否的标志，社会公众也会基于此对之进行判断，并对司法程序的正义性作出评断。

其二，刑事程序性证明标准的调整作用。在刑事程序性证明中，程序性争议大多发生于国家追诉机关与作为个人的当事人之间，面对强大的国家追诉机关，无论实力多么雄厚的个人都难以与国家抗衡，因而在司法权术的调整中，一个法治国家的司法制度总是通过证明责任与证明标准的分配与调控，平衡国家与个人之间对于程序性问题的争议。

其三，刑事程序性证明标准制约权力并保障人权。刑事诉讼法规定了刑事程序运作的基本条件，这些条件也是在进行具体的诉讼行为时必须达到的标准，一旦程序性争议发生，对于程序性事实的确定必须在法定的诉讼期间内，由承担证明责任的主体运用程序性证据证明案件达到法定的证明标准，法官依此判断程序性行为的合法性并进行程序性裁判。刑事程序性证明标准为诉讼主体的诉讼行为划定了一定的界限，并通过程序行为之前的条件设定和行为之后的程序性裁判体现出制约权力的作用。这一过程客观上防止了程序性行为的滥用，有利于人权的保障。例如，人类历史所经历的神示真实、法定真实、心证真实表现了证明标准对司法权的制约。

其四，刑事程序性证明标准增强司法的可操作性。由于人类认识能力的局限与人类认识规律由浅入深的特点，在刑事司法过程中，对于程序性事实的认识不可能一蹴而就，证据数量与质量总会随着诉讼进程的推进而改变，但刑事诉讼的进程并不因此而停顿，现代社会各国均通过在不同的程序阶段，根据人类对案件的可能的认识程度设定不同的证明标准，规范国家权力的运作。尽管社会科学中的可操作性与自然科学中的可操作性不可同日而语，但刑事程序性证明中，层次性的证明标准显然提升了司法的可操作性。

三、影响刑事程序性证明标准的因素

证明标准的层次性或差异性主要从诉讼阶段、证明对象、证明主体等三个方面得到了体现。[①] 但影响程序性证明标准的因素有：事实观念、科技

① 熊秋红："对刑事证明标准的思考——以刑事证明中的可能性和确定性为视角"，载《法商研究》2003年第1期。

发展水平、程序在司法中的地位、刑事政策等因素。

（一）事实观念对刑事程序证明标准的影响

任何一种证据与证明制度均无法脱离案件事实的束缚，主体运用证据进行证明所希望达到的结果由不同的事实观念决定，我国学者将事实观念直接作为证明标准的研究进路正是源于此。学者关于客观真实与法律真实的论争正是源于他们对证明标准的讨论，但是必须明确事实观念与证明标准是不同的概念。事实上，正如有学者提出的，客观真实与法律真实的问题已经超越了证明标准的层次，两者都是一种系统的证明理论，对于认识诉讼程序的价值与作用至关重要。① 如果这种观点成立，则为从另外一种路径研究两者提供了理论支撑，即将其首先作为一种事实观并研究不同的事实观对证明标准的影响，而不是直接将其作为证明标准。除了这两种事实观外，有学者提出应将共识论作为认定案件事实的标准，认为刑事诉讼事实认定标准应由“真实”走向“程序内的共识”。② 还有学者提出了脱离真实的可接受观作为确定裁判事实的基础，并作为建构证据规则的基础。③ 为了研究事实观对证明标准的影响必须首先明确两者的关系，不同的事实观能否直接作为证明的标准，证明目的与证明标准的关系，判断主体依据证据认定案件事实是否真实与主体的此种认识达到何种程度才能定罪量刑是两个不同的问题。从词义上看，证明目的具有一定的主观性，是主体根据自身的需要而预先设置的，希望通过证明活动而达到的标准和结果；证明标准则指主体为实现证明的目的所需达到的证明程度。证明的目的既是证明活动的起点也是证明活动的终点，证明目的由不同主体在具体证明活动进行之前设定，受制于不同主体进行诉讼活动的动机；证明标准则是评价主体证明活动的尺度，只是证明过程中的一种手段，证明标准一般由法律设定，一旦设定未经法定的程序不得随意更改，具有一定的稳定性，受制于刑事政策、价值观念、科技水平等因素。何家弘教授从证明目的和证明标

① 锁正杰、苏凌：“‘法律真实’理论与‘客观真实’理论比较研究”，载《国家检察官学院学报》2003年第5期。

② 杨波：“由‘真实’到‘程序内的共识’——刑事诉讼事实认定标准理论的新展开”，载《法制与社会发展》2010年第4期。

③ 孙光宁：“司法共识如何形成？——基于判决的可接受性”，载《山东大学学报》2010年第1期；易延友：“证据法学的理论基础——以裁判事实的可接受性为中心”，载《法学研究》2004年第1期。

准的地位与在刑事诉讼中的可变性等几个方面对两者进行区分，并将客观真实与法律真实与之相对应研究。何教授做这种区分意在解决客观真实与法律真实作为证明标准的研究进路的内在冲突。他认为，司法证明的标准，是指司法证明必须达到的程度和水平，它是衡量司法证明结果的准则。所谓司法证明的目的，是指司法证明主体追求的目标，是司法证明活动的标的。如果用前一节的司法证明范畴来表述，毫无疑问，司法证明的目的是明确案件的客观事实，是探索案件的客观真实；司法证明的标准宜选择适用法律事实，即达到法律意义上的真实。这应当是当今世界各国证据法的共同认识。[①] 这种区分在一定程度上缓解了客观真实与法律真实理论之间的矛盾,但不能从根本上解决问题。如果抛开上述的论争,仅将其作为事实观念,对于其他的理论具有较大的指导作用。对于证明标准来说，客观真实观代表了传统的证据事实观，在这种观念的支配下，诉讼证明行为必须达到案件的客观真实的程度，将案件事实的客观真实作为判断的标准，必须保持证据事实与待证事实的高度一致性；法律真实观所主张的证明标准实际上是由法官运用自由心证通过正当程序对案件事实进行裁剪的结果。法定的标准使案件的客观事实被法律程序重塑，通过程序追寻案件的真相即所谓的“法律真实”却是各国始终如一的追求，客观绝对的真实无异于空中楼阁。可以认为，实体性证明与程序性证明是探寻“法律真实”过程的两个必不可少的节点，但是，两者殊途同归，路径相依。事实上，实体性证明与程序性证明均依赖于法律的正当程序，只有经过法律的正当程序，实体性结果才能够通过证明变成法律的真实，正是通过这一过程程序价值的地位得以提升；“程序内的共识”或者“可接受性的事实观”则从根本上颠覆了客观真实观与法律真实所坚持的对案件事实的重塑的理论，将视角从主体对客体的认识的角度转向了主体与主体对客体的共识的层面，对事实进行重新建构。事实上,这种事实观提供了一种动态的证明标准的学说,即“形成共识”作为标准，在保证证明过程的正当性与合法性的前提下，共识则为达到证明标准，这种共识建立在当事人与法官多方主体的交涉互动的基础上。可见，不同的事实观对证明标准有较大的影响。

① 何家弘、刘品新主编:《证据法学》，法律出版社 2004 年版，第 336-337 页。

（二）科技发展水平对刑事程序证明标准的影响

人类对客观世界的认识受限于人类的认识水平，而人类的认识水平与科技发展的程度息息相关。科技发展水平对证据制度的影响主要体现在两个方面：其一，科技的发展为人类认识世界提供了认识的手段，在刑事证明的过程中，科技知识提高了公安机关的侦查技能，如 DNA 技术、测谎技术；其二，科学的方法为证明提供方法论上的指导，使相关的理论研究更趋合理，使司法证明更具有可操作性。

具体来说，对英美法系国家来说，科技水平可以获得更多、更科学的证据，消除对证据的怀疑；对于大陆法系国家的法官来说，科技发展水平可以使法官的自由心证建立在更加客观的基础上，科技发展使主体获取证据的能力提高，由此获得的证据使证明的结果更具有客观性，更接近于真实的水平，两者相辅相成，科技发展会促成证明标准的提高，使案件的结果建立在更加接近真实的基础之上。虽然由于社会科学中存在的多元价值追求，使科技发展水平对社会科学所产生的影响远远不及其在自然科学中所产生的作用，但其价值不容忽视。刑事程序性证明并不直接指向案件事实，而是指向程序事实，科学技术在程序性证明中也可产生较大的作用，因为程序事实发生于刑事司法过程中，相对于发生于犯罪过程中而刑事程序启动之前的案件事实来说，其可控程度比案件事实的可控程度强，例如：可以通过现代化的记录手段将程序行为予以记录，则证明的可能性和可靠性将大大提高，法官也更易形成心证，证明标准与人类的认识水平和科技发展水平相关。

（三）程序在司法中的地位对刑事程序证明标准的影响

英美法系国家重视程序的价值，认为程序是实体之母，实体的权利和利益正是通过程序得以实现，因而程序证明过程即权利形成过程，但是程序的多阶段性决定了不可能在所有的程序阶段都实行同样的标准，因而在英美法系的刑事司法中均在不同的阶段规定了不同的证明标准。

在大陆法系国家的犯罪控制观中，实质真实观有着不可动摇的地位，相对于英美法系国家来说，程序处于附属的地位，程序在刑事司法中的地位被压缩在实现实体真实的范围内，因而大陆法系国家只是抽象的设定了自由心证制度，并没有为程序证明和程序证明标准划定太多的空间。只是在证明的方法上将实体事实划入严格证明的范畴，将程序事项的证明划入自由证明的范畴，由法官在具体的司法中进行自由裁量。

（四）刑事政策对刑事程序证明标准的影响

我国学者对刑事政策的观点存在较大的差异，大致上，可以将刑事政策区分为广义论和狭义论，广义论者将所有代表国家针对犯罪的直接或者间接的一系列策略和措施均作为刑事政策；狭义论者仅将刑事政策限定于刑事立法、司法和司法机关的刑事惩罚措施范围内。[①]具体来说，我国的刑事政策包括宏观与微观两个层面，宏观的刑事政策包括：依法治国、惩办与宽大相结合、打击和保护相结合、社会治安综合治理等策略；微观的刑事政策包括：严打、少捕、少杀、基本事实清楚、基本证据确凿等刑事政策。

在刑事司法过程中，刑事政策虽然不是直接的法律依据，但刑事政策作为国家在特定的历史时期用于指导立法和司法的统治技巧，却对司法有着较大的影响。我国有学者从司法权术的角度对之进行了研究：刑事司法证明标准由绝对真实向相对真实（经验性证明标准）转向，从司法权术的角度来看，是对人类不断追求社会控制的有效性权力程序的政治回应。欧洲历史上的法定证据制度，通过法律规定了证据的证明力，但是司法实践中无法达到这一标准。当时的国家的控制能力和社会自我防卫能力均较弱，为了实现社会秩序，只有通过司法权术的运用缓解这一矛盾，具体的司法表现是刑讯合法化，疑罪从轻的刑事政策，而且随着社会变迁，熟人社会向陌生人社会的转变，加剧了犯罪的秘密层度，社会复杂程度日益加剧，尽管司法对真实的标准一再变通，但仍陷入正当性危机中。伏尔泰、贝卡利亚等现实主义、功利主义者高举“自由证明”的大旗，倡导内心确信或者排除合理怀疑的依情断案的机制，着力提高法律的有效性，承认证据的有限性，将事实的基础建立在社会公众常识之上，加大了对犯罪进行惩罚的可能性，减弱了强取证据的必要性，兼顾了文明司法与处罚犯罪两种功能。我国刑事司法中的客观真实观以马克思唯物主义认识论为指导，作为社会主义诉讼制度的正当性与优越性的基础，自由心证不被主流学者承认。可见，证明标准与刑事政策有较大的亲缘关系，是利用司法进行的一种社会控制技巧。[②]刑事程序性证明标准也受诸如“从重、从快、从严”等刑事政策的影响。

① 王牧：《犯罪学》，吉林大学出版社 1992 年版，第 379-380 页。

② 左卫民、周洪波：“证明标准与刑事政策”，载《比较法研究》2006 年第 2 期。

第五节 刑事程序性证明的证明责任

一、刑事程序性证明责任概说

从本质上看，证明责任是一种诉讼负担，但到底刑事证明责任是一种职权还是一种职责，是一种权利还是一种义务，则是一个较为复杂的问题，学界也没有形成统一的学说。但是，对其性质的界定是分配证明责任的基础，这也是理论研究的基础。在日常的司法实践中，影响证明责任分配的实践因素也是一个较为重要的问题。刑事程序性证明中有不同于实体性证明的特征，因而这些因素的分析有利于为我国的程序性证明责任的分配找寻合理的方案。

证明责任的分配直接决定诉讼当事人诉讼的成败，证明责任在诉讼证明体系中占有重要的地位。虽然各国学者在证明责任概念及其属性上存在较大的差异，但两大法系学者研究的思路则大致相同，英美法系学者从提出证据的责任和结果责任两个层面对证明责任进行区分，大陆法系学者则从主观证明责任与客观证明责任两个角度进行区分。尽管两大法系从不同的角度进行了诠释，但存在异曲同工的效果，两大法系均是从动态与静态两个层面进行研究，主观证明责任与提出证据的责任相当，客观证据责任与结果责任的效果相当。当然也有部分学者认为，客观的证明责任才是证明责任，代表证明责任的核心因素，是其本质属性。日本的三月章教授认为，证明责任经历了从主观的证明责任向客观的证明责任转换的立场，表现了对此问题的认识从表面走向实质的趋向。[①] 人类理性的局限及案件程序证明的回塑性，使人类在追寻客观事实的过程中总是会出现真伪不明的情况，经历了从神判、拒绝裁判、疑罪从有或从轻、降低证明标准以及运用举证责任规则进行裁判的历程。毫无疑问，通过证明责任的分配是最有效的方法，因为这个层面直接与学者所划分的客观证据责任相关联，所以有

① 陈刚:《证明责任法研究》，中国人民大学出版社 2000 年版，第 16-19 页。

学者由此否定了提出证据（主观证明责任）的存在价值。事实上,可以认为,这一转变是证明理论研究重心的转变。客观的证明责任与真伪不明状态的相关性，只有在理性证据制度中才可能出现，因为在神示证据制度中，根本不存在真伪不明的问题，但是，不能因为研究重心的转移而否定提出证据责任的存在意义，因而在此问题上笔者较为赞同通说的二重属性说的观点。在刑事诉讼中，提出证明（主观的证明责任）并不是证明责任的一种简单的投影,其萌生于证明责任理论中,并不能脱离证明责任而存在,相反,在任何一次正式的证明过程中，只要其提出事实主张，各方主体均须承担主观的证明责任，但客观的证明责任作为一种义务或者职责则只能由国家机关承担。刑事程序性证明更是如此，因为程序性证明的本质核心直指程序控权，由国家机关自身实施的程序行为必须由其基于客观义务而承担客观的证明责任。

二、刑事程序性证明责任的性质

在逻辑学中，性质是指称一事物区别于其他事物的本质属性，刑事程序性证明责任的性质是刑事程序性证明责任的基本属性，研究刑事程序性证明责任的法律性质是研究刑事程序性证明责任分配的起点，不仅具有重大的理论价值而且具有重大的实践价值。在正式的研究刑事程序性证明责任的性质前，必须厘清其上位概念即证明责任的性质。此外，证明责任的成熟理论存于民事诉讼中，因而有必要在研究刑事程序性证明责任之前进行基本的理论梳理。

虽然在各国的司法实践中关于证明责任分配的规定并不鲜见，但关于证明责任的性质却是一个颇有争议的问题，证明责任究竟是一项权利、义务，抑或仅是一个需要、一份责任，是一个颇需思量的问题[①]。我国有学者认为，证明责任是一项权利[②],有学者认为证明责任是一项义务[③],有学者认为证明责任具有权利义务的双重属性，也有学者认为证明责任是证明案件事实的一种需要[④]，还

① ［德］罗森贝克:《证明责任论》，庄敬华译，中国法制出版社 2002 年版，第 56 页。

② 李浩:《民事证明责任研究》，法律出版社 2003 年版，第 38 页。

③ 李春霖、潘永隆主编:《中国新民事诉讼法通论》，北京出版社 1991 年版，第 295 页。

④ 毕玉谦:《民事证据法及其程序功能》，法律出版社 1997 年版，第 79 页。

有学者认为证明责任是义务后果相统一的结果[①]，亦有学者主张举证责任性质为风险负担。[②]权利与义务的不可分割性，使权利说和义务说均存在不能自圆其说的困境，因为权利说不能解释承担证明责任的义务人的问题，权利的处分性本质决定权利说无法解释放弃举证责任承担不利后果的困境；而义务说则不能解释承担证明责任的权利人的问题，在大陆法系国家义务说还不能解释法官所承担的调查取证的行为，如果说证明责任是当事人的一种义务，那么法官代替当事人调查取证行为的性质不好界定；风险负担说是将负担与败诉风险结合在一起进行论证，但是其侧重点在于对结果责任的描述，忽视了作为过程的行为责任，而证明责任本身也包含行为责任，这与证明责任的双重内涵不符。

基于刑事诉讼与民事诉讼性质的差异，在刑事诉讼中，作为国家机关的检察机关是一方当事人，那么其所承担的证明责任到底是权利还是义务，是职权还是职责？这一问题是理论中一个不好解释的难题，这也注定界定刑事诉讼中证明责任的性质的困难。根据无罪推定的基本原则，由控方承担证明责任是各国的较为普遍的做法，被告方没有义务证明自己犯罪行为的存在，大陆法系国家将证明责任作为国家司法机关的职权与职责，包括法院在内的国家司法机关均有义务证明犯罪事实的存在；而在英美法系国家，控方有义务证明其所指控的犯罪事实的存在，除了特定的案件以外，辩方只承担提出证据的责任，对于真伪不明的状况则由控方承担。可见，在刑事诉讼中，除了少数案件外，控方承担证明责任的事实表明刑事诉讼中的证明责任是一种职责和义务。但从总体上看，证明责任在刑事诉讼中由国家机关与诉讼当事人共同承担。这一事实表明：证明责任的性质具有多重属性。我国刑事诉讼学者将证明责任的性质作专题研究者并不多见，但可以从权威学者关于他们对承担证明责任的主体的研究中看到其对证明责任基本性质所持的态度。陈光中教授认为，我国的证明责任包括公安机关、司法机关的证明职责和控辩双方的举证责任，也就是说证明责任既是职权也是职责，既是权利也是义务。可以看出，这是一种关于证明责任性质的最广义的学说。[③]基于以上认识，笔者认为，刑事程序性证明的性质

① 杨荣新主编：《民事诉讼法教程》，中国政法大学出版社1991年版，第224页。

② 肖建国："论民事举证责任的法律性质"，载《河南省政法管理干部学院学报》2002年第1期。

③ 陈光中、陈学权："中国语境下的刑事证明责任理论"，载《法制与社会发展》2010年第2期。

也具有多重性，对于国家机关的程序性行为，根据公法的基本原则“法无明文即禁止”，国家机关必须在实施程序行为之前对其程序行为的合法性进行论证，而且国家机关也只有通过证明才能将诉讼进程向前推进，所以证明责任对于国家机关来说是一种职权。在程序争议发生之后，根据证明责任分配的相关原理，国家机关也有义务证明其程序行为符合法律所规定的程序条件，其也是一种职责。所以，对于国家机关来说，刑事程序性证明的证明责任既是一种职权也是一种职责。对于作为个人的当事人来说，与民事诉讼不同，出于人权保障的要求，其对于程序性权利主张无须承担证明责任，例如国外对于犯罪嫌疑人所规定的沉默权主张；相反，如果国家机关限制当事人的沉默权，则必须证明法律对特定案件中沉默权所作的限制，对于有争议的程序性事项则要承担证明责任，根据“谁主张，谁举证”的基本原则，被告人有义务承担证明责任，但仅限于提出初步证据的责任，至于证明责任的分配则应该根据证明责任的配置原则进行，出于对举证难度的考量，一般证明责任均由国家机关承担。如果属于国家机关承担证明责任的事项，被告人有权利要求国家机关承担证明责任，所以，对于被告人来说，证明责任既是权利也是义务。对于程序性事项而言，被告方不承担证明责任而需承担提出证据的责任或程序性动议即可。在有争议的程序性事实真伪不明的情况下，应当作出有利于被告人的程序性推定，例如，对于国家机关所进行的程序性违法行为，在国家机关不能证明其行为的合法性，被告方也无法证明其违法行为存在的情况下，可以推定其程序性违法行为的存在。

三、影响刑事程序性证明责任分配的因素

刑事程序性证明责任的分配是指证明与程序性行为有关的特定事项的责任，如何在有关机关和个人之间进行配置的诉讼行为。科学合理地分配程序性证明的证明责任不仅有利于保障被告人的权利，而且有利于实现刑事司法的多元价值诉求。

（一）利益：承担刑事程序性证明责任的根本动机

根据社会学的冲突观点，诉讼的本质在于对利益冲突的解决，诉讼程序的运作同时受制于实体利益与程序利益，实体利益作为一种第一性的分配利益，在案件发生前具有现实性，当法益受到侵犯也就是在案件发生后

到判决最终确定前则表现为一种不确定的预期，要使这种预期回归生活的现实，诉讼主体必须以证据为中心进行一系列的诉讼活动。在这一过程中，主体可以控制对证据的采证、举证、质证、认证过程中的成本投入，以最少的诉讼投入获得最大的利益，利益具有可控性。利益取决于主体在诉讼过程中的诉讼投入的主观动机。这也是主体进行诉讼行为的最深层次的根源。证明责任的分配从表面上看，是国家调整司法过程的一种举证行为，事实上，其实质在于国家对利益的调控。

程序价值中所蕴含的效益的价值的实现，在很大的程度上正是以程序利益作为载体。研究刑事程序性证明必须承认刑事程序性利益的存在，贝勒斯认为在司法过程中，存在与判决结果无关的程序利益，因而其将利益也分为程序利益和结果利益，研究法律程序要审思程序的价值和利益，这些利益与其对审判结果的准确性的影响是不同的。[①] 也有学者从裁判的利益与超越裁判的利益对之进行论述，所谓裁判上的利益，是指法院通过裁判所要处理的利益，即诉讼标的。超越裁判的利益，是指法院公正裁判或者在诉讼中遵循正当程序而实现的一种利益。[②]我国台湾地区学者邱联恭认为，程序利益是指简速化程序可节省之劳力、时间或费用，是一种独立于实体利益的利益，具体内容主要包括物质利益、精神利益与人格利益，尽管这一概念的提出侧重于民事诉讼领域，但对于刑事诉讼具有同样的意义。[③] 利益是诉讼主体进行诉讼行为的根本动机，各种不同的诉讼主体通过对诉讼的成本与收益进行分析后决定其所选择的诉讼行为。刑事程序性证明责任从本质上看是推动不同的诉讼主体在刑事司法的过程中为实现实体利益和程序利益而进行证明的根本动机。要研究利益对证明责任配置的影响，必须首先弄清刑事诉讼中的利益主体，我国传统的刑事诉讼制度对诉讼利益的选择模式关注了国家利益却以被告人的个人利益和人权保障为代价。宋英辉教授将刑事诉讼中的利益分为国家及社会利益、某一方面的总体利益和个别利益几个层次，并认为应确立国家及社会利益优先的原则。[④] 汪建

① ［美］迈克尔·D. 贝勒斯：《法律的原则——一个规范的分析》，张文显等译，中国大百科全书出版社1996年版，第32页。

② 黄永："刑事证明责任分配的利益基础"，载《证据科学》2008年第6期。

③ 邱连恭："程序利益保护原则"，载《月旦法学教室》2002年第19期。

④ 宋英辉："论刑事诉讼中的权衡原则"，载《法学研究》1993年第5期。

成教授将国家和社会利益、被告人的利益和被害人的利益放在同一逻辑层面上，建立了三者的并列关系，其目的在于对利益服从关系的扬弃，对利益选择关系的张扬。[①] 毫无疑问，法治社会的刑事司法中，应当承认不同利益主体的平等地位，同时也由于不同主体的程序利益的存在，而使程序性证明责任与实体性证明责任主体有着较大的差别。

其一，诉讼本身源于利益冲突，利益冲突是一切诉讼行为与诉讼制度的前提。证明责任的配置也以调整利益为本质，通过国家机关的裁判行为维护和恢复社会秩序。从单个案件本身来看，承担证明责任的主体将会因其成功完成证明责任获得胜诉，其实体利益与程序利益得到维护，但证明责任配置的更大的意义在于案件真伪不明的状态会使承担证明责任的主体丧失其利益，证明责任的配置直接关系到这一结果，因而国家证明责任设置也是多元价值取舍与选择的结果。

其二，不同的主体承担证明责任的利益动机不同。对于国家检察机关来说，因为犯罪同时侵害了受害人和社会生活秩序和国家统治秩序，代表国家的检察机关为了维护合法的法益，必须通过对犯罪事实的证明证实犯罪行为的存在，并通过剥夺犯罪分子因为犯罪而获得的利益，实现裁判利益和超越裁判之上的利益。作为国家追诉机关的检察机关的客观义务要求其不能滥用追诉权，必须维护包括嫌疑人在内的主体的合法的权益。对于公安机关来说，其在刑事诉讼中掌握着侦查的权力。虽然在以审判为中心的现代司法理念中，审判程序中的证明责任由检察机关承担，但是对于程序性证明而言，公安机关有义务对其所实施的程序行为的合法性进行证明，对于程序性违法行为还将受到程序性制裁，公安机关通过承担程序性证明责任维护其所进行的刑事执法的权威，制止犯罪、维护社会秩序，这是超越于程序性裁判本身的利益。对于其所处理的具体的个案来说，通过对其所进行的程序措施的合法性证明使其避免因程序违法行为而遭受程序上的不利益和具体执法人员因执业而产生的职业待遇等方面的风险。对于法官来说，“任何人不能作为自己案件的法官”的基本诉讼法理，使法官在刑事诉讼中应当处于利益无涉状态，否则其有可能出于对自己利益的考量而违背诉讼中立的立场，但是这里的利益无涉一般指的是发生于过去案件事实

① 汪建成：“论刑事诉讼中的利益观”，载《中国法学》2000年第2期。

中的实体利益，而且现代社会的回避制度也会将此类法官排除出诉讼之外。对于法官的程序性行为而言，当事人对于审判程序的合法性的怀疑同样有损司法的威严，因此法官有义务对其所采用的审判程序的合法性进行证明，诸如审判组织不合法、违反公开审判原则等情况，其实体结果可能正确，但其更多危害在于对超越于裁判结果之外的司法公信力的减损。对于被告人来说，刑事司法中的程序利益是由其程序性权利直接转化而来，被告人也正是因为其程序利益与实体利益的存在而参与诉讼，本来根据无罪推定的原则，被告人无须承担证明责任。一般而言，现代社会中承担证明责任的规则为：主动主张并可能通过法官裁判增加己方利益相应减损对方利益的一方要承担证明责任，而被动应诉维护自己利益不受消极减损的一方不承担证明责任。但是，对于程序性证明而言，除了属于国家机关职务范围内的程序事项外，被告人应对其积极的程序主张承担证明责任，但仅限于提出初步证据的责任。

（二）公正和效率：刑事程序性证明责任配置的价值根源

刑事程序性证明是程序价值提升的必然结果，因为程序价值提升必然在制度层面要求对所有程序性行为特别是国家机关的程序性行为的合法性进行证明，而刑事程序性证明责任的配置技巧在于对公正与效率的选择与取舍。

1. 正当程序：刑事程序性证明责任配置的程序基础

刑事程序性证明是一种程序性行为，因而也必须遵循程序的逻辑，刑事程序性证明以正当程序为背景。正当程序要求追究犯罪行为的程序必须具备正当性和合理性，例如，程序正义要求在分配证明责任时考虑责任主体的证明能力。证明责任倒置即是根据主体证明能力而进行的证明责任的配置，通过证明责任的分配使处于追诉方的国家公诉机关与被告人的证明能力达到相对的平衡。其核心在于对被告人诉讼权利的保护与无罪推定。尽管有相同的价值取向，但是由于实体性证明与程序性证明有不同的制度逻辑，并不是所有适用于实体问题的诉讼原则均可适用于程序性证明，因而必须注意程序性证明适用具体规则时与实体证明的差异。

无罪推定原则是在资产阶级反封建诉讼制度有罪推定的过程中提出的口号，由18世纪意大利刑法学家贝卡里亚最先在其《论犯罪与刑罚》一书中明确，并在随后的发展中成为支撑现代刑事诉讼的基本理论支柱。大多数国家在法律中均有明确的规定，联合国人权保障公约或其他法律文件也对之进行确认，其基本的内涵在于，在法院的正式判决宣告之前应当假定无罪，只有法院经过正当的审判程序才能作出有罪判决。具体来说，可以分解为几个具体的制度：控方承担证明责任、沉默权、疑罪从无，应当由控诉机关提供证据证明被告人的犯罪事实的存在，犯罪嫌疑人、被告人没有义务协助控诉方证明自己有罪，也无须证明自己无罪，因而被告人有权对国家追诉机关的提问保持沉默，当控诉机关不能证明犯罪事实与犯罪行为时，应作出检控机关所指控的罪名不成立的无罪判决。由此可见，无罪推定的根本宗旨在于对犯罪嫌疑人、被告人人权的维护，但其涵摄的制度却包括证明责任的分配。

刑事程序性证明针对国家机关所采取的程序性行为，主要针对程序性违法行为，而程序性违法行为的目的在于获得案件的事实。在各国的司法制度中，有的国家的立法例表明，对于因违法程序获得的案件的证据并不必然被排除，虽然无罪推定原则并没有关于违法程序获得证据的效力方面的规定，但从本质上看，这与无罪推定的维护人权的基本宗旨相违背。事实上，这里还存在一个先决问题没有解决，即程序性违法的证明问题，在刑事程序性证明的过程中，如果适用无罪推定的原则，对于无法证实是否存在违反法律所规定的程序行为如若适用疑罪从无的推定，其结果将是无违法程序行为存在即程序合法，被告人可能因此而承受不利的后果，这与无罪推定的原则相违背,不利于被告人人权保护和阻止程序违法行为。相反，如果这样规定还会对于国家机关的程序违法行为有正向激励的作用，因而对于程序性证明适用无罪推定的原则必须进行限制，才符合无罪推定原则的根本宗旨，才有利于人权的维护。

2. 证据距离与成本：刑事程序性证明责任分配中便宜主义

传统的证据法理论无法从根本上解决事实发现的不确定性问题，新的证据法学理论将经济学、数学、统计学等多学科方法相结合并对证据和证据法进行分析。其中经济学的成本与收益分析的视角在其中占有重要的地位。

刑事程序性证明也是对案件事实的证明，由于受制于人类的认识能力，刑事程序性证明过程也不能无限制地进行下去，即使无限制地进行也是徒劳无功。因而出于对事实发现的成本的考虑，在刑事司法制度中，一般通过证明责任的分配使证明活动结束在一定阶段，而对于证明责任分配需同时考虑事实真相的发现、发现真相的成本，其实质是对多元价值的权衡与取舍。波斯纳从经济学的角度研究证据法的证明责任时认为，诉讼对于求真的目的与其他诸如经济性、保护一些宪法规范等目的相互竞争，程序制度在精确和成本之间追求最大的交换值。[①]根据波斯纳的理解，证据法就是规定向法庭提供何种信息以及如何提供此种信息，其目的在于解决事实争议的一整套规则。[②]主体所能获取的证据信息量取决于证据信息的丰富程度与主体获取证据的能力，主体与证据的距离越近其所获取证据的成本越低；反之，距离越远其所获取证据的成本越高，即主体与证据距离成反比，主体获取证据的能力则取决于主体能够投入诉讼的司法资源。一般情况下，投入与产出成正比。在具体的刑事程序性证明中，作为国家机关的诉讼主体，其证明能力远非作为个人的嫌疑人和被告人可以比拟，而且违反程序的行为主要由国家追诉机关实施，其与证据距离较近，因而由国家机关承担违反程序的行为的证明责任符合基本的证明责任分配原则。被告人在特定的情况下，基于此种原理的考量，也需要承担部分的程序性证明责任。从证明责任分配的各种因素进行综合考量，对于由被告持有或者证据的距离离被告较近，或者被告主动提出一些积极性程序事实、肯定性程序事实，被告证明该事实成本更低、效率更高，被告人承担则相对较为合理，但被告人主要承担提出初步证据的责任。

（三）刑事政策：刑事程序性证明责任配置的现实依据

刑事政策在刑事司法中有着重要的作用，刑事政策的功能是对刑事立法及具体司法实践提供宏观的、指导性的方针、原则和导向。刑事政策的指导作用必须对刑事法治的基本精神准确的把握才能完整的发挥。[③]宽严相济的刑事政策是一种均衡的法治思想，其核心的理念在于对案件进行类型化处理，不同案件、不同情况区别对待，实现司法效率的最大化，优化司法资源的配置，达到惩罚犯罪与保障人权的最佳结合点。刑事政策对于程序性证明责任的立法配置与司法实践均有指导意义。证明责任的最重要的作用在于案件事实真伪不明时法官裁判方案的选择，而在刑事程序性证明

① [美]理查德·A. 波斯纳:《法理学问题》,苏力译,中国政法大学出版社 1994 年版,第 261-262 页。
② [美]理查德·A. 波斯纳:《证据法的经济分析》,徐昕等译,中国法制出版社 2004 年版,第 82-85 页。
③ 陈卫东、石献智:“刑事政策在刑事司法中的地位和作用”，载《江海学刊》2002 年第 5 期。

中，刑事程序性证明责任的配置同时承载了查明程序性事实与实体性事实、追诉行为的成功与保障人权的四重价值，多元的价值追求使证明责任的配置与特定历史时期的刑事政策息息相关。

从刑事政策角度考虑，在刑事程序性证明中，如果所有的程序行为的证明责任均由实施程序行为的国家机关承担，在真伪不明的情况下，推定程序违法行为的存在，则因此而获得的证据将被排除，体现了刑事政策的宽，人权价值虽然得到了维护，但却存在放纵犯罪的风险而且不利于维护社会秩序，因而在现代社会中，各国均在其证据制度中设置了一些由被告人承担证明责任的情形。在刑事程序性证明中，被告方提出的部分程序性诉讼主张由被告方承担证明责任，如在程序性辩护中辩方提出了独立主张的程序性抗辩事实，因为此类事实是一种积极的主张，其目的在于在控方的诉讼主张之外确立一种对辩方有利的新事实。有学者提出，应该由辩方对程序性证明承担证明责任。[①]当然，刑事程序性证明责任的分担机制是国家平衡惩罚犯罪与保护人权的双重目标的一种重要技术化装置，在刑事政策的选择上体现出严厉与宽泛两种不同的倾向，让被告人在特定的程序性事项承担客观证明责任，也是国家的一种价值选择。笔者认为，对于程序性证明中的证明责任不能完全由辩方承担，因为由辩方承担证明责任虽然符合“谁主张、谁举证”的诉讼法理，实现了国家惩罚犯罪的目标，体现了刑事政策的严，但却有违人权保障的刑事司法的价值目标。可见，国家正是通过证据法中证明责任的配置技巧体现国家宽严相济的刑事政策。

① 封利强：“完善我国刑事证据立法的基本思路——以‘宽严相济’刑事政策为视角”，载《法治研究》2007年第9期。

第五章 影响刑事程序性证明的因素分析

刑事程序性证明制度对于国家的刑事司法制度有着重要的价值，程序性证明制度在刑事司法中受重视的程度在一定程度上可以反映一国程序法治发达的程度。为了完成对程序性证明制度的理论建构，对影响程序性证明制度的机制与要素的分析是进一步进行研究的前提，运用类型学的方法研究了在不同的诉讼模式中程序性证明的地位，程序性证明只能彰显于宪政式诉讼模式中。裁判权的分享机制、裁判方法、诉讼目的、证明对象、证明标准、证明责任等因素均会对程序性证明造成影响。正如有学者所认为的，证明方法与诉讼程序的关联性研究是程序法律比较的一个不可或缺的重要视角，特定的证明方法类型总是与特定的程序制度设置和实践相适应，诉讼制度和实践所选择的证明方法的知识特征在很大程度上决定或影响着其程序的基本逻辑，而证明方法是否合理则要根据诉讼对象即案件的证据知识特征、诉讼的目的、诉讼的司法制度语境进行评判[①]。这种论断也从另一个侧面说明了证明制度与诉讼机制的内在关联。

第一节 刑事程序性证明与刑事诉讼模式

正如我国台湾地区学者蔡敦铭先生所认为的，刑事诉讼模式与司法证

① 周洪波："比较法视野中的刑事证明方法与程序"，载《法学家》2010年第5期。

明规则有着紧密的关系，在对抗式诉讼中，控辩双方有义务就其主张提出证据加以证明；在职权主义诉讼中，法官依职权主动调查证据，控辩双方不必承担如英美法系国家那种形式意义上的举证责任。[①] 当然蔡敦铭先生的论断主要限制在审判阶段，如果运用同样的思维逻辑，将司法证明扩展到程序性证明中，这种观点同样有效，即刑事程序性证明与刑事诉讼模式有着紧密的联系。也有学者认为，刑事诉讼模式是刑事证明模式的基础，诉讼模式与证据制度相互适应，诉讼模式的转变必然引起证明模式的变革。[②] 对于两者关系的研究，离不开相关的制度实践，虽然程序在不同法系的司法中有着不同的地位，但是两大法系相互融合的趋势表明：基于对各自诉讼模式的优点与缺点的认识，没有哪一个国家固守一种程序模式，它们早已结束非此即彼的敌对态势，呈现出相互借鉴的共存趋势。[③] 程序的价值在两大法系的地位中均受到了重视，其制度方面的展现是对程序事项的证明在整个司法制度中地位的提升。对不同的诉讼模式下刑事程序性证明的研究有利于认识两者之间关系的规律，对于准确把握我国在改革审判方式、完善诉讼模式后，刑事程序性证明在司法中的地位的准确定位有较为重要的意义。

刑事诉讼模式是各国学者宏观研究刑事诉讼的结果，其重点在于对不同历史时期、不同法系、不同制度的刑事诉讼的程序启动方式、各诉讼主体在刑事司法中的地位、刑事审判方式及证据制度的特点进行研究并归纳的结果，学界一般从某一个角度对刑事诉讼进行类型化的研究。通说的观点是将刑事诉讼模式分为“弹劾式诉讼模式”、“纠问式诉讼模式”、“当事人主义诉讼模式”、“职权主义诉讼模式”、“混合式诉讼模式”，也有学者从权力的分立与制衡的角度将刑事诉讼模式分为“宪政型刑事诉讼模式”与“集权型刑事诉讼模式”[④]，还有学者结合现代化的理论将刑事诉讼模式分为“传统型刑事诉讼模式”、“现代型刑事诉讼模式”[⑤]，研究刑事程序性证明的重点在于研究程序及具体的程序性证明在不同诉讼模式下制衡权力并保障人权的作用，其中不可避免需要研究诉讼主体力量对比和相互关系，因而

① 蔡敦铭：《刑事诉讼法论》，五南图书出版有限公司1996年版，第208页。
② 宋志军：“刑事证明模式的契约取向”，载《中国刑事法杂志》2010年第11期。
③ 左卫民：“中国刑事诉讼模式的本土构建”，载《法学研究》2009年第2期。
④ 万毅、林喜芬：“宪政型与集权型：刑事诉讼模式的导向性分析”，载《政治与法律》2006年第1期。
⑤ 许斌龙：“中国刑事诉讼模式：从传统走向现代”，载《西南民族大学学报（人文社科版）》2006年第7期。

笔者主要借鉴并结合上述分类的研究成果进行研究和诠释。

一、弹劾式诉讼与刑事程序性证明的产生

大多数学者认为，历史上最早的诉讼模式是弹劾式诉讼模式，弹劾式诉讼模式的产生是人类解决纠纷的方式从野蛮向文明的最为重要的一步。通过诉讼方式解决纷争，而使冲突和社会矛盾限制在一定的范围内，较为有效地防止了冲突的扩大、有效的维护了社会稳定。弹劾式诉讼模式是学者主要从程序启动方式与诉讼结构上作出的一种概括，为了将之与笔者所研究的刑事程序性证明相结合和研究的方便，笔者将结合诉讼主体力量对比和相互关系进行重点研究，刑事程序性证明正是在弹劾式诉讼中产生。

在弹劾式诉讼中，法官介入诉讼的目的既不是发现案件真实，也不是追诉犯罪，诉讼的目的是解决原告人和被告人之间的纠纷，因为没有正式的国家介入诉讼，刑事诉讼方式带有原始的民主的遗风；同时双方主体主要都是社会生活中的平等的个人，控辩双方力量自然平衡，双方凭借自己的力量推动诉讼进程，在这种模式中，从形式上看原被告人地位平等，诉讼由当事人自己推动，人人都有此种权利，体现出原初的人权保障观，作为原告的被害人和被告在诉讼中享有同等的权利，均为诉讼主体。事实上，被害人是实质意义上的追诉犯罪的主体，享有启动诉讼并追诉犯罪的权利，但也同时必须承担指控犯罪的义务。然而，双方的力量存在差异，因为根据日常生活中一般刑事案件的规律。例如，对于盗窃案件而言，因为其隐密性，原告由于缺乏告诉对象一般很难起诉成功，对于大部分伤害案件均是由于强势一方倚仗自己的强势地位对相对方侵害，在此类案件中，由于缺乏国家强力的帮助，力量弱小的作为原告的被害人很难将被告人成功置于法官面前，而且凭借自身的力量取证也存在困难，被告人有义务证明自己无罪。诉讼一经提起，由于神示证据制度的存在事实上双方均失去了对于案件的控制，诉讼的结果实际上建立在偶然性之上。由于没有国家强制力作为后盾，由于不同主体在社会生活中的不同地位，因而即使在弹劾式诉讼模式中，也只有形式上的平等而不存在实质上的平等。

在弹劾式诉讼中，不存在制衡国家权力的必要：一方面，政治国家权力还不够强大，国家权力不足以全面介入刑事案件的处理过程，当时的部落或城邦将大量的案件划归“私权自治”的领域，并不直接介入，此时的法

官只是站在中立的立场上，消极地裁判；另一方面，对犯罪性质的认识上，有一个从私诉向公诉的转变过程，在早期，弹劾式诉讼萌生于原始的解纷方式，现代社会中的人们所认为的犯罪行为在当时的制度下，只被视为私人之间的纠纷，除了几种直接针对城邦或亵渎神的行为作为“公犯”或“犯罪”处理以外，其他的行为都被作为对私人的侵犯而由个体自己解决，没有刑事和民事方面的严格区分。《十二铜表法》有关于伤害肢体、盗窃、侮辱、强盗行为作为私人之间的纠纷，以金钱之“债”的方式予以补偿，“如用手或棒子打断自由人的骨头，贼应缴纳罚金三百阿司，如为奴隶，则为一百五十阿司”（《十二铜表法》，第八表，第 4 条）。正是基于此种认识，从诉讼的启动、推动、证明甚至执行大部分诉讼行为均由当事人自己解决，法官只是站在公正的第三方立场给予公正的裁决。可想而知，在这种背景下，因为国家并没有介入案件的追诉过程中，因而也不存在制约国家权力的需要，法官介入诉讼的目的只是将纠纷的解决控制在一定的限度内，防止冲突的进一步扩大，从而冲击社会秩序。随着历史的发展，“公犯”与“私犯”之分更为明显，人们逐渐认识到犯罪行为对国家以及社会公共利益的侵犯性，其中包括对罗马城邦的敌对行为，诸如：窥视王位的行为、执法官在行使执法权和军事指挥中的过失行为、未经审判而杀死市民的行为、侵犯民众会议的行为，等等。[①] 刚开始对于这种行为的处罚由“敌对行为两人委员会”决定，这就使此种案件的处理方式脱离了先前的诉讼轨道而采用了笔者所认为的行政决定的方式，为了制约这种权力，法律又规定被处罚人可以向民众会议“申诉”，其中，民众会议在其中又扮演了法官的角色。随着人类认识能力的逐渐提高，公犯与私犯的界限越发明显，诉讼中呈现出公犯的范围逐步扩大，私犯范围缩小的态势，执法官逐渐取代了“两人审委会”而向民众会议提起诉讼。随着公诉案件的增多，人们对于案件性质的认识也日益加深，又分化出在性质上介于纯粹的“私犯”与“政治性敌对行为”之间的犯罪行为，并设置了专门处理这些案件的刑事法庭程序。显然，在执法官与两人审委会起诉的模式中，需要权力制衡，在弹劾式诉讼模式的大背景下，解决纠纷的正当性依据经历了一个从神到人的发展过程，程序在其中扮演了重要的角色。

① ［意］朱塞佩·格罗素：《罗马法》，黄风译，中国政法大学出版社 1994 年版，第 133 页。

在弹劾式诉讼中，程序处于萌芽状态，由第三方介入纠纷的解决本身体现了对程序的推崇。事实上，由于对解决纠纷的看重和对于案件事实的忽视，通过一定的“看得见”的程式解决纠纷远远优于以发生于过去的不确定的案件事实为基础的解决纠纷的方式。一方面，程序来源于对于当时生活世界中人们解决争执方式的效仿，专门的解决争议的官员以私人公断者的身份介入，程序正是以此获得受人遵从的现实依据，《十二铜表法》中前三表分别规定了传唤、审理和执行程序，其中包括传唤、审判的时限、强制措施的采取等方面的规定，程序在此时的价值还可以从对于违反程序制裁法律的规定中见到端倪，法律不仅规定了剥夺权利需要经过法定的程序，而且蔑视程序法的人要承担丧失名誉甚至生命的后果。“伪证被揭穿者，应被从塔尔贝斯山崖上抛下。”[①] 对于审判官的贪污受贿行为也有处以死刑的相关规定，这也体现出通过强力维护程序价值的取向。日本学者谷口安平则认为：从逻辑论的角度，决定权利存在与否，并不仅仅在实体法这一层次上，而主要是在诉讼法的层次中决定，实体法的功能在于为判决提供基准，在根据审判产生的权利创造过程中起辅助作用，因而并非“先有实体法”而是先有诉讼法，正是诉讼法才是实体法发展的母体，作为新的实体法或新的权利形成的母体。[②] 对于程序本身价值的认识，必然使人们关注程序的运作过程，对于违反程序的行为设置相应的否定性的后果，其中的先决条件即是对于违反程序和蔑视程序行为本身进行证明，程序在此时更多地体现出一定的象征意义。另一方面，程序在一定程度上保留了宗教色彩的形式主义，通过一种特殊的证据方式，一种伦理基础上的认同和程序与制度建构，程序可以从超自然的力量中获得权威，这种权威是一种超自然的神性权威。司法公正是权威、伦理、制度和程序诸要素综合作用的结果，其实现需要在伦理认同的基础上构建制度和程序，并使司法获得其权威性。[③] 伯尔曼认为，法律与宗教共享四种要素：仪式、传统、权威和普遍性。[④] 早期的审判方式由于缺乏国家强制力的保障，正是通过与宗教的神性观念相结合，通过一定的程序和仪式而获得神性权威，法官、当事人、证人和其

① [英]梅因：《古代法》，沈景一译，商务印书馆1959年版，第208页。

② [日]谷口安平：《程序的正义与诉讼》，王亚新、刘荣军译，中国政法大学出版社1996年版，第67-69页。

③ 姚莉：“司法公正要素分析”，载《法学研究》2003年第5期。

④ [美]哈罗德·伯尔曼：《法律与宗教》，梁治平译，三联书店1991年版，第89页。

他的诉讼参与人通过不同的角色扮演，代表了一种神圣性的象征，在其中主体以语言为载体进行攻击与防御的互动代替暴力相向，正义呈现出生动形象的外表，这种程序总能给人以精神上的震撼，净化人的心灵，带给人神圣性与权威性。[①]在某种意义上，可以认为，神示证据制度的本质即是一种程序性证明方式，因为神示证据制度的证明方式并不是建立在案件事实的基础上，而是通过一种脱离案件事实的程序设置为纠纷解决提供一种权威的解决方案。在这种证明方式中，其象征性大于其实际意义，诉讼的结果正是由于有了这种神性的隐喻而产生权威。

二、纠问式诉讼与刑事程序性证明的衰退

当人类步入封建时代以后，以君主专制为表征的政治形态，使统治效率大大加快，国家的统治能力大大加强，以君主为代表的国家权力渗透到了社会生活的每一个角落，统治者逐渐认识到犯罪行为具有超越于私人层面而对统治秩序的侵害性，因而缺乏制约的国家专权与犯罪行为直面相向。通说将这个时期的诉讼形式称之为纠问式诉讼方式，这种方式盛行于除英国以外的欧洲大陆各国的君主专制国家及中国的封建社会，这种诉讼方式与专制有着天然的联系。事实上，此时的诉讼方式只有诉讼之名而无诉讼之实，因为强大的国家权力的介入使诉讼沦为国家机关的单方追诉行为，弱小的包括被告人、被害人等其他主体成为被追诉的对象，诉讼样态由三方结构褪变为两方结构。

在纠问式的诉讼中，国家一权独大，对国家本位思想的过度强化导致了个人权利的丧失，国家官吏取代被害人并依职权主动追究犯罪，被害人在弹劾式诉讼中的诉讼主体的地位被国家所吞并，与被告人一样沦为诉讼中被追诉的对象，口供被称为“证据之王”，刑讯逼供盛行。在欧洲，世俗法庭适用了拷问的方法获取口供。1252 年，教会法庭也借用了古罗马拷问的方法，容许对小偷与犯有异端罪者进行拷问。[②]在我国，从秦时开始，纠问式诉讼模式的建立和以口供为目标的拷讯制度在司法中得以固定，秦《封诊式》“讯狱”篇中规定：诘之极而数，更言不服，其律当治（笞）谅（掠）

① 樊崇义主编：《诉讼原理》，法律出版社 2003 年版，第 72-79 页。
② 肖光辉：“中世纪纠问式诉讼论说”，载《求索》2009 年第 9 期。

者，乃治（笞）谅（掠）。[①] 拷讯一体适用于犯罪嫌疑人、证人、被害人等，传统刑讯的主要对象是犯罪嫌疑人，但是被害人在特殊情况下可以成为拷讯的对象，《唐律疏议》中明文规定：对于犯罪嫌疑人“拷满不服”，不“输服证供”，则可以“反拷告人”，即作为原告的被害人也可能成为被拷讯的对象，证人也可能成为被拷讯的对象。纠问式诉讼起源于罗马帝国时期，罗马皇帝掌握至上的权威，司法与行政统一由一个机关行使，地方的法官必须严格按照皇帝的要求办案。在我国，虽然皇帝一般并不直接审判案件，但其可以通过敕、令等方式直接影响司法的结果。刑事诉讼的目的主要是维护以君王为代表的国家的统治秩序，案件的被告人与被害人甚至包括证人均成为国家维护统治秩序的工具与客体，纠问式诉讼的产生，强化了国家公共权力对犯罪的追诉制度，司法与行政合一使地方行政长官有权对刑事案件进行追诉并审理，大大强化了法官依职权调查、审查证据的主动性。毫无疑问，此时最需要对法官的权力进行制约。但是，由于此时统治阶级缺乏制约权力的理由，政治权力与司法权力正式联姻，两权相合的结果是使刑事诉讼呈现出前面提到的一权独大的局面，所有的权力都集中到国家最高统治者即皇帝手中。

司法与行政的结合使对司法权的制约较为困难，因为行政化司法追求君王的统治秩序胜于一切，由于行政与司法实质上的同构性，任何企图阻碍司法权滥用的想法均有可能被当做危害皇权的理由。在现代社会中，作为阻碍刑罚权滥用的刑事诉讼法，也是如此。因而，在纠问式的诉讼模式中，国家处理案件的机关与作为个人的当事人直面相向，为了追求高效，一般直接将国家意志渗透到社会生活中的每一个角落，这种与个人缺乏沟通与对话的平台，缺乏产生程序性证明的制度空间。此时为法定证据制度，为了限制法官的自由裁量权，对证据的取舍与证明力的大小，均由法官单方作出决定。由于法定证据制度对证据证明力直接作出规定，因而法官只能机械地适用证据法条，在刑事诉讼中丧失了依据证据判明案件真相的机会，在这种模式中，重实体、重秩序，轻程序、轻权利，由于程序的价值没有得到肯认，程序性证明被压制。

① 睡虎地秦墓竹简整理小组编著：《睡虎地秦墓竹简》，文物出版社 1978 年版，第 246 页。

三、宪政式诉讼与刑事程序性证明的回归

宪政式诉讼是对现代两大法系的诉讼模式的基本诉讼规律进行综合评估后的总结，在现代社会中，国家权力与公民个人的权利重新分化与整合，在诉讼民主、人权保障与司法公正与效率等多元价值的糅合下，大致上形成一个相对平衡的态势。程序在其中起着举足轻重的作用，程序价值被提升到了前所未有的高度，程序性制裁与程序性无效制度的先决条件是对程序行为的合法性问题进行裁判，围绕程序性问题进行证明是其中的核心因素。

在宪政式诉讼中，随着人权运动的发展，被害人、被告人重新获得了刑事诉讼的主体地位，其地位的上升使其与政治层面的诉讼民主化浪潮相互呼应，成为牵制国家机关追诉权的一支重要的力量，刑事诉讼呈现出理性、公正与人道化的特征。被告人的权利保障是自资产阶级革命以来，人们在刑事司法中最为关注的问题，在宪政式的诉讼中，被告人的权利获得了前所未有的发展，其中主要有公正审判权、辩护权、律师帮助权、程序选择权、不自证其罪特权等以及与之相关的一些配套制度。从法律效力上看，很多国家已经将被告人的权利保护上升到宪法的高度，国际性的人权公约也已经确立了被告人权利保护的最低限度的标准；被害人在现代社会以公诉为主的诉讼模式中的地位较为尴尬，正如有的学者所说，三方构造为主的现代刑事诉讼法理，消解了被害人与犯罪嫌疑人、被告人之间的冲突，被害人变成了一个追究犯罪的工具。[①]20 世纪 70 年代，世界范围内发起了“被害人权利保护”运动，提升了现代社会中各国被害人在刑事司法中的地位，1982 年通过了《美国被害人证人保护法》，英国也于 1996 年开始实施一项规定被害人权利的被害人特许状，1996 年起先后通过了《英国被害人宪章》、《英国为正义发言》等保护被害人权利的法案，获悉信息的权利、量刑参与权等是其中重要的权利。[②] 在大陆法系国家，被害人在刑事司法中地位也得到进一步肯定，《俄罗斯联邦刑事诉讼法典》第 292 条第 7 项进一步规定：“被害人及其代理人，在控辩双方辩论结束而法庭退入评议室之

① ［德］汉斯·约阿希姆·施奈德：《国际范围内的被害人》，许章润等译，中国人民公安大学出版社 1992 年版，第 417 页。

② 谷青：“英国被害人参与刑事司法程序概述”，载《中国司法》2006 年第 3 期。

前，有权以书面形式向法庭提交他们对解决本法典第299条第1项－第6项所列问题措辞的建议，所提措辞建议即为量刑建议。”《日本被害人保护法》也规定了被害人求刑权，增加了被害人的量刑影响陈述权，对于被害人所作的陈述，法院应当在量刑中考虑被害方陈述的内容。加强了被害人对于定罪与量刑的影响，其主体地位得到了尊重。①20世纪末，出现了“修复的正义理论”，该理论的目的在于修复被犯罪行为所破坏的犯罪人、被害人以及社会之间的关系，被害人在此种程序中的地位举足轻重。②诸如：刑事和解、刑事调解等一些新的元素的注入为刑事司法中的被害人带来了新的生命，也为刑事诉讼注入了新的活力。刑事程序性证明制度正是通过为国家机关的权力运作设定条件而达到弱化追诉权的目的，主体力量对比的变化相对强化了被害人、被告人的力量，相对弱化了国家机关的追诉力量，使双方力量趋于平衡。民主国家的产生，使各国均对其统治的合法性基础日益重视，权力在法治社会中被驯服，国家机关刑罚权也被控制在一定的限度内。一方面，通过程序制约国家权力，程序既不单纯取决于规范，也不单纯取决于事实，更不是一种固定的仪式，甚至也不宜过分强调其过程侧面。程序的对立物是恣意，因而分化和独立才是程序的灵魂。③在刑事司法中，侦诉分离、控审分离使不同的司法职能由不同的机关处理，各机关在自己的职权范围内独立实现其价值，这种分立源于权力的分立与制衡的思想，国家机关与国家机关之间的相互监督是一种较为有效的监督方式，因为国家机关均有国家的强制力作为后盾，在各自的职权范围内，拥有至上的权威。这种制度设置为诉讼民主与公正提供了基本的保障。另一方面，通过权利制约权力，如上所述，国家已经认识到个人权利对于国家权力运作的重要意义，国家对于被害人与被告人主体性地位的肯认，不仅能够监督权力滥用，而且还可以赋予权力运作以有效性，提升司法的可接受程度。市民社会的兴起，使刑事诉讼这一方面的制约显得尤为重要。当然，程序也是权利制约权力的制度平台，两者相辅相成，共同防止国家司法机关滥用权力的行为。

① 宋世杰：《外国刑事诉讼法比较研究》，中国法制出版社2006年版，第174-207页。
② 刘远：“量刑原理探究”，载《甘肃政法学院学报》2009年第9期。
③ 季卫东：《法律秩序的建构》，中国政法大学出版社1999年版，第3-86页。

诺内特、塞尔兹尼克将法律分为压制型法、自治型法、回应型法。[①]有学者结合这一分类标准将刑事诉讼分为：国家本位型、程序本位型、目的本位型[②]。从本质上看，刑事诉讼也经历了从强制性到交涉性、从形式性到实质性的转变过程。国家本位型的司法相当于前述纠问式的司法模式，司法权未从政治权力中实现有效的分化，刑事诉讼只是为政治服务的一种工具，程序的威慑力强于其交涉力呈现出暴力性的特征，程序的正义性与正当性功能受到抑制。在程序本位型的司法中，刑事司法程序是社会制度的正当化的一个层面，程序价值被提升到相当高的程度，程序民主、独立以及程序的理性化特征成为获得公众认同的基础。在宪政式诉讼中，刑事程序性证明成为程序正当化的一个基本过程，地位平等的主体在克服了强力的干涉后，针锋相对，对程序的合法性问题进行证明。事实上，对程序性问题的裁判还将影响案件实体事实的证明力。在这里，程序是实体之母的价值再次得到印证，程序性制裁和程序性无效制度的确立提供了强有力的保障，并大大激发了主体进行程序性证明的积极性，这一过程本身即具有程序民主与理性的色彩。

第二节　刑事诉讼目的对刑事程序性证明的影响

刑事诉讼的目的是一个基本的刑事诉讼理论范畴，刑事诉讼的目的对于刑事诉讼制度的存在样式及诉讼权利有重大的影响。刑事诉讼的目的具有统摄刑事诉讼各阶段的作用，规范各个诉讼参与者的刑事诉讼行为，刑事审判程序是整个刑事司法的核心，刑事程序性证明同样受制于刑事诉讼的目的。“一个国家的统治阶级以什么目的作为刑事诉讼的最终归宿，将直接影响着一个国家刑事诉讼的基本构造、职能及刑事诉讼主体的权利和义务等相关制度的设计”。[③]

① [美]诺内特、塞尔兹尼克：《转变中的法律与社会》，中国政法大学出版社 1994 年版，第 31 页。

② 孙万胜：《司法权的法理之维》，法律出版社 2002 年版，第 77-119 页。

③ 陈卫东主编：《刑事诉讼法资料汇编》，法律出版社 2005 年版，第 1 页。

一、控制犯罪目的观与刑事程序性证明

该说以我国《刑事诉讼法》第1、2条为依据。学者认为，“实际上我国奉行的是以安全为核心的刑事诉讼目的体系，以有效控制犯罪作为基本目标”。[①]控制犯罪目的观的本质在于将刑事诉讼作为实现国家刑罚权的工具，这种观点极易造成对人权的漠视。有的学者直接从刑事诉讼法的立法目的和任务界定刑事诉讼的目的，在同一意义上使用刑事诉讼目的与刑事诉讼法的目的，宋英辉教授将刑事诉讼目的分为根本目的和直接目的两个层次即是采取了这种研究进路。[②]两者的区别在于：刑事诉讼法的目的可以直接见诸于刑事诉讼法，各国的历史传统、刑事政策、诉讼的价值取向等因素均可决定刑事诉讼法的目的，因而刑事诉讼法的目的各国并不相同，而刑事诉讼的目的则应溯源于诉讼的本质特征，因而各国刑事诉讼的目的具有趋同性；刑事诉讼法的目的是静态意义上的法律规定而刑事诉讼的目的则还应包括动态意义上的刑事司法实践，因为静态意义上的法律的滞后性，必然会产生原有的法律无法解释的现象，动态意义上的司法实践则会推动刑事诉讼法的发展和刑事诉讼法目的观的转变，而这种转变只能从诉讼的本质及诉讼目的上去探求；刑事诉讼法是国家法律的组成部分，因而刑事诉讼法是统治阶级的意志的体现，刑事诉讼法目的指的是国家从事诉讼活动所要达到的目标，至于公民进行诉讼所要达到的目标，这一概念并不关心，而刑事诉讼的目的则关注所有参与刑事司法诉讼主体的主观意志形态和其司法利益诉求。两者的相同点在于其刑事司法的性质相同，这一点使其区别于其他所有的解纠程序[③]。显而易见，直接将刑事诉讼法的目的作为刑事诉讼目的的观点极易使诉讼程序从属于国家的政治意识形态，程序极易丧失维护人权的功能，程序性证明制度也不可能在控制犯罪的观念中有广泛的存在空间。

二、正当程序目的观与刑事程序性证明

正当程序本身不可能作为我们所追求的最终目的，正当程序只是为我

① 徐静村主编：《刑事诉讼法学（上册）》，法律出版社1997年版，第51-71页。
② 宋英辉：《刑事诉讼目的论》，中国人民公安大学出版社1995年版，第58页。
③ 樊崇义主编：《刑事诉讼法学》，中国政法大学出版社1996年版，第53页。

们提供了一种实现目的的制度平台。在刑事普通程序中，如果将纠纷的解决作为刑事诉讼的目的，国家机关将一改以往“重实体、轻程序”为查获所谓的犯罪事实不惜一切代价、不惜手段的毛病，将会立足于对社会冲突的研究和解决。而程序正是一种最好的解决纠纷的方案，如果主体对程序性问题发生争议而不能得到及时的解决，则有可能因为程序的不公将矛盾放大，因为国家机关适用程序处置犯罪行为时，是国家权力与个人权利最直接的针锋相对，在刑事司法中，整个司法制度的价值追求则会因此而前功尽弃，所以现代各国均对国家机关在司法过程中的程序行为的合法性提供专门的合法性的论证与说明，这一点构成程序的有益组成部分，程序也因此成为一个完整的自组织系统。在刑事简易程序和恢复性司法中，尽管程序并不以完整的模态予以展现，简易程序是对普通程序的简化，因效率因素的注入而使程序的简化具备了正当性，当事人权利的放弃必须以相应的利益的补充为对价，简易程序的出现无疑是对传统的程序正义观的否定之否定。恢复性司法一改传统的以正当程序为标准的刑事追诉模式，将对犯罪的处理让渡给个人，通过被害人和犯罪人协商，用解决民事纠纷的方式来处理刑事案件，在一定程度上是对刑事诉讼正当程序原则的巨大冲击。由于恢复性司法强调非正式的、以协调和对话为基础的程序解决犯罪问题的重要性，这就使它的批评者们担心：恢复性司法缺乏对正当程序原则的关注，因而会不可避免地给犯罪人的程序权利和实体利益造成损害。[①] 恢复性司法程序中自认的存在将使辩护制度丧失存在的基础，在司法实践中，律师被认为是达成和解协议障碍因素而被排除在外，使被告方在恢复性程序中律师帮助权的丧失，自认的免证效力直接违反了无罪推定原则，以有罪推定为基础，正如反对恢复性司法的学者所担心的，上述两者的结合可能使被告人在缺乏经验而社区力量又相当强大的情况下，极有可能导致被告人因恐惧而被迫承认自己是犯罪人、因担心在正式的刑事审判中被误判，而违心地认罪等情况的出现。

法治国家刑事诉讼法之所以称为“动态的宪法和人权保障法”，主要原因在于其对于犯罪嫌疑人、被告人权利的重点保障，伴随着被害人权利运动的兴起，在多元化的刑事司法方式中侧重于嫌疑人、被告人人权保障的

① 狄小华：“复和正义和刑事调解”，载《政法论坛》2003年第3期。

重心发生了位移，被害人的人权保障同时受到关注。在恢复性司法中，重新对被害人的个人利益进行审视，对于被害人的人身、财产损失，仅靠国家单纯惩罚犯罪是难以恢复的。国家和公共利益的基点是公民个人利益，但是它不能涵盖也不能代替公民个人的利益。传统的司法以国家为了实施刑罚权而由追诉机关发动的追诉行为为主，面对强大的国家机关，被告人的人权保障尤为必要。在恢复性司法中，国家退居幕后甚至放弃刑事追诉权，这就使被告人权利遭受国家机关侵犯的可能性大大减少而代之以被害人和被告人的协商解决，被害人对诉讼进程乃至案件实体结果有重大的影响力，双方当事人经过协商，被告人可以在被害人面前充分体谅被害人的心情，从而加深对自己行为的反省，这实际上起到了甚至超过了刑罚的作用，产生了教育挽救作用。通过协商，被害人也能因被告人的悔罪和积极赔偿而由开始的极度憎恨而慢慢演变为谅解，消除了复仇心理，防止了以恶制恶的循环怪圈。因而，在这种程序中，作为人身权利和财产权利受到侵害的被害人的人权保障重要意义日益突显。

三、人权保障目的观与刑事程序性证明

在各种刑事诉讼目的观中，人权保障占有举足轻重的地位，这点也顺应了人权保障的世界性趋势。但我国学者在刑事诉讼中论及人权保障时，并没有从理论上进行细致的论证，并没有厘清刑事诉讼中的人权保障与一般意义上的人权保障有何区别，正如有学者指出的，对于刑事诉讼目的的研究未从宪法和宪政的角度解释和说明现代社会诉讼制度的真正目的。诉讼目的与宪法和宪政结合的深度和广度还有待拓展。[①]程序性证明制度的目的在于通过控制程序性证明过程特别是国家机关的程序性证明行为而达到限制公权滥用的效果，这一目标与人权保障的价值追求深度契合，所以，在各种诉讼目的观念中，均可见人权保障的影子。

四、发现真实目的观与刑事程序性证明

有学者主张：刑事诉讼的目的应当是“发现法律真实、保障人权”。[②]不

① 夏锦文、许少波：“解决冲突与保护人权：论诉讼的目的——基于诉讼法哲学的研究”，载《学海》2006年第5期。

② 李长城：“刑事诉讼目的新论”，载《中国刑事法杂志》2006年第1期。

可否认的是：所有类型的司法制度均不否认对案件事实的追求，但诉讼证明的回塑性证明性质使真实在刑事证明的过程中往往较难实现，因而，对真实的追求有时也让位于对价值的选择。不同的真实观也可以决定程序性证明的地位，客观真实观以认识论为基础，追求案件的客观真实，程序处于附属性的地位，程序性证明并不彰显，法律真实观追求法律构成要件范围内的事实，即经过法律的正当程序则认为真实，这种观念重视程序，程序性证明过程的正当性成为一种重要的衡量真实的标准（此部分可见证明标准部分关于事实观对证明标准的影响的相关论述）。

五、解决纠纷目的观与刑事程序性证明

诉讼的本质决定诉讼的目的，以不同的视角审视诉讼的本质，将出现不同的诉讼目的观。为了解决传统的诉讼目的在解释多元化的刑事司法时的失语状态，应对多元化的刑事司法对传统的诉讼目的观的冲击，必须对诉讼目的观重新进行诠释，必须从诉讼的本质中探求能够包容多元化的刑事司法审判模式的诉讼目的。

刑事诉讼的存在基础在于刑事诉讼的内在属性和国家、社会以及一般成员对于刑事诉讼的需要，有了冲突才有了诉讼，诉讼的过程是对各种利益进行权衡和取舍的过程。有冲突就会有选择，法律的主要作用正是对相互冲突的个人利益和社会利益进行调和和调整。笔者认为，诉讼的本质在于交涉与合意，刑事诉讼的目的在于通过交涉合意达到纠纷的解决。“诉讼产生于社会冲突”，所谓冲突，是“一种相互对立的互动行为方式，指两个或两个以上的个人或团体以压倒对方为目的的行为”[①]。人的社会性决定了人的群居性，人与人之间的交往成为了一种生活的常态，而自然界中物质资源的有限性，使共同生活的人之间极易发生为争夺资源的冲突，这种冲突发生在自然人和自然人之间、社会组织和社会组织之间，或者自然人和社会组织之间。当冲突达到一定程度时可能产生违法性和社会危害性。有学者认为，在任何一个有秩序的社会中，冲突都具有一定的反社会性，与社会秩序的要求是相悖的。[②]也有学者从历史发展的动态过程角度肯定了冲突

① 王康：《社会学词典》，山东人民出版社1988年版，第177页。

② 顾培东：《社会冲突与诉讼机制（修订版）》，法律出版社2004年版，第39页。

对社会发展的积极意义，认为纠纷与秩序具有融合性，纠纷主体谋求解决纠纷的过程，实质上也是确定和创新新秩序的过程。[①]不管人们在纯理念上对冲突或纷争的看法如何，解决、消弭冲突或纷争都是人类社会共同的追求。对纠纷的解决一种是来自国家的权利，将诉讼的本质看成是行使国家刑罚权的活动，或认为由国家权力而非冲突主体来解决社会冲突是诉讼的本质，把国家权力解决冲突与私力救济区别开来，强调国家权力单方面的作用，但不能解释在国家出现之前的人类社会根据习惯法通过代代相传的仪式惩治违反族规或教规的社会现象，对诉讼的认识局限在国家行为的正当性方面，显然过分限缩了诉讼所指的实在本质。这种关于诉讼本质的观点产生的诉讼目的即为惩罚犯罪实现国家刑罚权的目的观，这种观点已经受到了大多数学者的批判。实际上，诉讼不一定只是来自国家的权力，而是可能同时来自社会的公共权力。[②]诉讼在本质上是在冲突的个体之间或个体与社会之间发生冲突时，通过社会权威主持的公开程序或文化仪式实现惩戒或妥协的规则与途径，是以大众通约的语言通过直观性对话进行沟通的方式。这些不同的程序或文化仪式是社会群体沟通的必要手段，也是社会必须存在的确立权威或权威话语的方式。[③]

以解决纠纷与诉讼效率的刑事诉讼目的观促成了上述的多元化的程序形式的存在，刑事程序性证明在上述的诉讼形态中实质上占有更为重要的作用，因为上述诉讼形式表明：一国刑事诉讼对诉讼结果的追求让位于对处理案件的过程的关注，被害人与被告人交涉互动，促成案件的良好的解决，赋予了主体程序选择权，适用这两种程序的重点分别在于赋予被追诉者与被害人的自由选择权，国家机关必须证明不存在适用程序的强制。特别是对于恢复性司法因其本质在于对公诉权的让渡，所以必须对其适用的条件进行严格的把握，程序性证明主要体现在其启动程序中，国家机关必须保证主体选择的自愿性。这是当今世界刑事诉讼程序发展的一个重大的趋势。

① 田仁孝:《民事纠纷处理论》,信山社1994年版,第33-34页。转引自刘荣军:《程序保障的理论视角》,法律出版社1999年版，第4页。

② 江伟主编:《民事诉讼法》，中国人民大学出版社2000年版，第4页。

③ 樊崇义主编:《诉讼原理》，法律出版社2003年版，第75页。

六、价值目的观与刑事程序性证明

刑事诉讼目的是一个不同于诉讼价值但受制于诉讼价值，并用于指导具体的制度建构和司法实践的概况，司法实践则反作用于诉讼目的并可以推动诉讼目的的转变和更新。刑事诉讼是一个由多元价值混合而形成的一个司法制度体系。在这一制度体系之中，各种理念、原则、利益关系相互交织运行并需要不断地平衡与协调。“刑事诉讼无法像一束箭，可直中目标；相反地，它需要时间以对相反性质的目的加以深思熟虑地权衡，并且自始即赋予了辩论性的架构，使得不同的观点及各项可能的状况均能被顾及。”①

将刑事诉讼价值作为刑事诉讼目的对程序性证明的影响。这种观点以法本身的价值目标作为刑事诉讼的目的，上述价值论者以法的自由、平等、公正和安全等价值直接作为刑事诉讼的目的，但是刑事诉讼目的与刑事诉讼的价值是两个不同的概念。从表面上看，学者习惯于用自由、平等、公正和安全等表述刑事诉讼的价值，如果将之同时作为刑事诉讼的目的则会使两者至少在形式上混同，刑事诉讼价值是相对于刑事诉讼目的更高层次的概念，从词源上看，目的是指主体以观念的形态存在于人的大脑中，并通过一定的行为达到的结果，价值则是客体的属性对于主体需要的满足，诉讼目的与诉讼价值是两个不同的概念。陈瑞华教授认为价值有三重内涵：价值观念、价值目标、价值评价标准，刑事诉讼的价值内涵超出了刑事诉讼目的的内涵。刑事诉讼价值除有刑事诉讼活动的这一含义以外，还有诉讼的意味，而观念和标准毕竟不同于目的。同时，刑事诉讼价值尽管也带有较强的主观色彩，但就其存在方式来看，确实具有一定的客观性和公认性。直接将价值作为目的是目的价值观在目的问题上的反应。将刑事诉讼价值不管是自由和安全，还是秩序、公正和效益，视为刑事诉讼的目的，笔者将之称为价值目的观，价值目的观将刑事实体目的所蕴涵的价值理念作为刑事诉讼的目的和刑事诉讼制度存在的正当性和合法性根基。其理论逻辑在于国家通过刑事诉讼揭露、证实和惩罚犯罪维护社会的秩序与安全，进而确保公民的个人自由，自由和安全等价值也成为刑事诉讼制度存在的正当基础和终

① [德]克劳思·罗科信：《刑事诉讼法》，吴丽琪译，法律出版社2003年版，第6页。

极目的。直接将实体价值作为刑事诉讼目的会导致程序工具主义盛行。[①]在程序工具主义盛行的背景下，不可能有程序性证明的存在空间。

第三节　证明制度的构成要素对刑事程序性证明的影响

证明制度的构成要素是证明制度发挥功能的基础，证明主体的能力、证明对象、证明标准、证明责任的配置，体现了一国在程序性证明制度上的价值取向，也决定主体在程序性证明与裁判中的效果，而此点也决定主体进行程序性辩护与程序性证明行为的主观动机及对司法制度的信赖程度。

一、证明主体对刑事程序性证明的影响

证明主体对程序性证明的影响取决于主体的证明能力。主体的证明能力，从狭义上来理解是指诉讼主体在刑事诉讼过程中，能够决定和通过自己行为影响诉讼进程的能力，与其所能够运用的司法资源成正比。从广义上来理解，则是指国家对于不同的诉讼主体的权力与权利的配置，证明主体在刑事诉讼中的能力应从国家权力与权利配置的层面进行对比才对刑事程序性证明的研究有意义，其典型的表现为控辩双方在刑事程序中的地位，狭义的证明主体的能力要受制于广义的诉讼主体能力。刑事程序性证明的强度与成功与否及程序性证明制度的成熟与否直接受制于程序性证明中证据的质量与数量，而证据的质量与数量由诉讼主体的证明能力决定。主体对刑事程序性证明的影响主要通过程序性证明活动影响程序裁判者的心证来实现。

（一）当事人证明能力对刑事程序性证明的影响

当事人证明能力主要包括当事人的取证能力、举证能力、质证能力。当事人获取证据的能力的强弱，由当事人个人的取证能力与法律规定当事人在取证行为中的权利决定。当事人运用证据的能力则包括举证能力、质证能力，由

① 万毅："刑事诉讼价值评论"，载《法学论坛》2003年第5期。

当事人自己的个人法律素养与获得律师帮助的能力决定。

1. 当事人获取证据的能力对刑事程序性证明的影响

当事人获取证据的能力的强弱由当事人个人的取证能力、法律规定当事人在取证行为中的权利、帮助当事人进行取证的律师在刑事诉讼中的取证能力决定。具体来说，影响当事人取证能力的因素主要包括当事人的人身自由受限制的程度与法律规定当事人在取证行为中的权利。为了保证刑事诉讼活动的顺利进行，各国的法律中均规定了对特定的嫌疑人采取一定的限制人身自由的强制措施。一旦人身自由受到限制，则意味着主体本人的取证行为成为不可能。为了应对因此种情况的出现对辩护权的侵害，大多数国家的法律均规定了相应的制度以保证嫌疑人的调查取证行为，保释制度和律师帮助权的保障均可以缓解这一制度带来的矛盾。对于没有被采取人身自由强制措施的犯罪嫌疑人，能否进行取证则要看其是否具有取证的法律依据，法律规定当事人的取证权利是当事人取证能力的另一种表述。在此问题上，两大法系有不同的规定，英美法系国家规定了双线的调查取证模式，承认辩方的调查取证权；而大陆法系国家将调查权主要赋予了国家机关。帮助当事人取证的律师在刑事诉讼中的取证能力，律师介入的程度与律师调查取证权在各国的法律中有不同的规定，例如，在侦查阶段，大陆法系国家辩护律师调查取证在法律上不存在障碍，而律师很少实施，证据保全制度和阅卷制度可以改善律师取证能力的不足；英美法系国家辩护律师调查取证的积极性较高，但其取证能力无法与控方相提并论，强制证人出庭和证据开示制度可以弥补其缺陷。两大法系国家辩护律师在侦查阶段调查取证问题上既存在共同点，又存在差异，形成差异的原因是多方面的。实际上两大法系国家辩护律师囿于法律规定、调查能力和取证能力等条件的限制，律师调查取证所起的作用有限，但法律上都有相关措施来弥补其不足[①]。

2. 当事人运用证据进行证明的能力对刑事程序性证明的影响

当事人运用证据的能力则包括举证能力、质证能力，由当事人自己的法律素养与获得律师帮助的能力决定。刑事辩护包括自己辩护与律师辩护，自己辩护的过程中，运用证据的能力主要由个人的法律素养决定，律师辩

① 余为青："侦查阶段辩护律师调查取证权的比较法考察"，载《中国刑事法杂志》2009 年第 3 期。

护则受制于律师个人的能力，实际上取决于个人聘请律师的经济能力。指定辩护也有着重大的作用，不管是自己辩护还是律师辩护，刑事程序性辩护均是现代法治社会辩护制度中的一个重要侧面，也是在进行辩护过程中的一个重要技巧。在重程序的英美法系国家，因为进行程序性辩护否决实体而获得胜诉的案件较为普遍。

（二）国家机关介入诉讼的力量对刑事程序性证明的影响

作为诉讼主体的国家机关介入诉讼的程度与方式，受诉讼模式与犯罪观的影响，但其外在的表现则是控、辩、裁的力量对比。在英美法系国家，消极的法官作为中立的第三方，不会主动提出诉因和干扰控辩双方的诉讼行为，控方的当事人身份使其在程序中的权力受到较大的牵制，努力实现对控辩双方程序性权利进行平衡设置，因而在这种制度中，包括程序性问题在内的各种问题均可以通过正式的裁判的方式予以解决，其中自然包括程序性裁判与程序性证明；在大陆法系国家，犯罪控制观使国家的警察机关、检察机关、法院承载了太多的价值，为了实现国家控制犯罪的目的，三机关有义务依职权追诉犯罪，追寻案件实体真实是其中最重要的一个方面，在这种观念中，被追诉人存在沦为被追诉的工具的危险，因而传统的大陆法系国家也没有赋予被追诉人太多诉求程序性权利的机会，相较而言，程序性裁判与程序性证明在传统大陆法系国家也不及英美法系国家发达。

二、证明对象对刑事程序性证明的影响

（一）证明对象决定刑事程序性证明活动的启动

在我国的理论界一直存在关于程序性事实是否是证明对象的争论，肯定论者主要承认诉讼的本质在于对程序性争议与实体性争端的解决，从程序法的重要性的角度进行论证；否定论者则从实体性事实与程序的重要性程度的角度，立足于实体法事实，将程序法事实作为从属性事实，划归司法认知等非严格证明的范畴，同时也由于被告人在程序性证明中的证明责任的问题，否定将程序法事实作为证明对象。[①] 显然，如果从诉讼价值层面进行分析，这两种观点体现出了两种价值取向，肯定论者肯认程序的价值与意义，将程序置于与实体相同的重要地位，否定论者则将程序置于从属

① 陈一云主编:《证据法学（第二版）》，中国人民大学出版社 2000 年版，第 137 页。

性地位。能否将程序性事实作为证明对象直接影响程序性裁判在刑事审判中发生，当然这一过程以国家对程序价值的认同与相应的程序性裁判机制的设计为背景，但是必须明确的是：虽然国家在制度层面存在关于程序性裁判的设计，但在司法实践中，还依赖于诉讼主体的程序性权利主张，其他国家的程序性裁判一般由当事人的程序性动议引发。

（二）证明对象决定刑事程序性证明与程序性裁判的范围

社会生活的复杂性与犯罪行为的多样性决定案件事实的多样性，而刑事诉讼过程从某种意义上正是对案件事实的证明过程，同时也由于证明对象源于生活世界的复杂性，很少有将证明对象在法律中明确规定的法例，不可规定性并不代表其不重要，但并不是所有与案件有关的事实均需要证明，证明对象划定了证明的范围，也决定了裁判的范围。毫无疑问，刑事程序性证明的范围也由刑事程序性证明对象的范围决定，刑事程序性证明的证明对象本质在于划定关涉权利与权力的程序性行为，外在表现为程序性权利主张、程序性权力主张、程序性争议。对于程序性证明对象范围的具体确定，属于法官证明评价活动的范畴，依赖于法官的自由心证予以裁量，具体的程序性主张与争议是属于待证事实，还是属于免证事实、司法认知，抑或是属于推定即可以解决之事实均由法官自由裁量。法官可以直接采认相关程序性事实无须当事人进一步的证明，例如，其他国家的无因回避制度，在法律规定的回避次数限度内，当事人可以提出回避的申请，并无须说明理由，法官则可以直接要求被申请回避者退出法庭的审理过程。而对于需要进一步证明之程序事项，法官则有权按照证明责任的分担原则要求承担证明责任的一方进行进一步的证明，例如，对于强制措施合法性证明，各国的规定均较为慎重，必须进行严格的证明过程和程序性裁判活动，法官才能作出程序合法性的裁判。

（三）法官刑事程序性裁判对证明对象的影响

如前所述，证明对象决定了程序性证明的启动与范围。事实上，法官的刑事程序性裁判与证明对象之间是作用与反作用的关系，法官刑事程序性裁判构成对作为证明对象程序性权利诉求的肯定，“无救济则无权利”缺乏程序性裁判的程序主张将沦为空谈，缺乏程序性证明的程序性裁判将沦为武断专行，程序性裁判是对纳入证明对象的程序性主张的一种制度上的回应，正是因为有了这种制度的回应，才推动了当事人通过程序维护自己合法权益的动机，才使国家机关的追诉权力限制在一定范围内并时时受到有效的监督，才使国家刑事司法制度中的证明对象更趋合理。通过程序性事实与实体性事实为主的多元化的证明对象的设置，避免单一化的以实体事实为目标的证明对象所造成的忽视程序侵犯人权的追诉行为的发生几率。

三、证明标准对刑事程序性证明的影响

（一）证明标准对刑事程序性证明理论的影响

一种完善的证明理论体系包括证明主体、证明对象、证明标准、证明责任等制度，对刑事程序性证明理论的研究离不开证明标准的研究。证明标准界定了承担证明责任的主体进行证明时需要达到的程度，在英美法系的刑事诉讼中，设置证明标准的目的在于为发现事实真相建立一种正当性和合法性的保障，以保护公民的生命和自由。[①] 证明标准设定了主体认定事实时，证明需要达到的程度，对于“度”的把握，受制于不同背景下的人们哲学认识观，“排除合理怀疑”、“事实清楚，证据确实、充分”均是一种经典的表述，在刑事程序性证明中坚持一种什么样的证明标准，是特定历史条件下的一种价值取舍的结果。

英美法系国家的刑事证明标准中所体现的可能性与确定性思想为刑事证明过程——人对案件事实的认识过程提供了较为恰当的理论解释。[②] 英美法系国家以不同的诉讼阶段结合人的认识规律，由浅入深地设置了依次递进的证明标准，刑事程序性证明标准涵括其中，形成了环环相扣的证明标准体系。大陆法系国家以证明对象结合法官的心证程度作为划分证明标准的依据，分为严格证明与自由证明，将大部分程序性事项作为自由证明的对象，法官对于程序性事项享有较大的自由裁量权，这与以职权主义为背景的大陆法系国家对国家机关的高度信任程度息息相关。相较而言，由于英美法系国家有专门的证据法设定了具有层次性的证明标准，因而使其程序性裁判能够较好地按照法律事先设定的程序进行，能够保持程序方面的一致性，大陆法系国家采用抽象概括的方式，因而其程序性证明呈现出较

① Barbara J.Shapiro,“Beyond Reasonable Doubt‘And’Probable Cause”——Historical Perspectives on the Anglo-American Law of Evidence, University of California Press, 1991, p.252.

② 熊秋红：“对刑事证明标准的思考——以刑事证明中的可能性和确定性为视角”，载《法商研究》2003年第1期。

为模糊的样态，而且主要依靠裁判者的自由裁量，因而有较大的随意性。

（二）证明标准对刑事程序性证明实践的影响

对刑事程序性证明标准研究的最终立脚点在于推动刑事程序性立法与司法实践，提升程序在整个司法中的地位，程序性证明标准的研究无疑将会使刑事程序性证明具有更强的可操作性。

具体来说，刑事程序性证明标准的作用主要体现在对于程序裁判者与承担证明责任主体和社会公众等不同主体身上：其一，对于裁判者来说，证明标准是其形成心证的尺度，很多时候称之为“认证标准”，使之与举证、质证等不同的主体的诉讼行为相区分，裁判者的认证是其基于控辩双方对程序性问题的证明与质证或者自己基于职权的调查确定程序性证据的证明力的诉讼行为。源于人类由浅入深的认识规律与程序的阶段性，刑事程序性证明标准也具有层次性的特征，诸如立案的标准、逮捕的标准、起诉的标准、审判的标准等，法官认证的标准即是审判的标准，包括实体性裁判与程序性裁判两个层面。其二，对于控辩双方当事人来说，在刑事程序性证明中，国家的警察与检察机关有可能成为程序性证明的被告方，而被追诉的犯罪嫌疑人则处于实质意义上的原告方，刑事程序性证明责任的配置与证明标准的设计与国家追诉权力的合法性与正当性有着紧密的关系。而不管证明责任配置于何方主体，达到了证明标准，则其程序性证明行为就会成功，随之而来的程序性裁判中也会获得胜诉，反之，则会败诉。证明标准引导当事人根据不同的证明对象按照证明标准提出或多或少的证据，并在其所提供的证据资料与证明对象之间建立逻辑关系并以此说服裁判者作出对其有利的裁判。其三，对于一般的社会公众来说，刑事程序性证明标准的作用主要在于为其提供评价程序公正性的依据，并将整个证明过程展现于社会公众的视野中，使程序体现出公正性的外观，提升程序的可接受的程度。

四、证明责任对刑事程序性证明的影响

如前所述，通说的观点认为：证明责任包括双重内涵，大陆法系国家称为主观的证明责任与客观的证明责任，英美法系国家称为提出证据的责任与举证责任，在两者的关系上我国学者提出了投影说与并列说，投影说认为：证明责任存在的意义决定提供证据责任的存在意义，提供证据责任是证明

责任的派生或投影。[①] 并列说则认为：两者之间应该是平行关系，因为从规范的对象与当事人的举证动因上看，两者均有独立存在的意义。[②] 笔者主要采用并列说的观点进行论证（原因前已述及此处略），以下主要分析两种证明责任对于刑事程序性证明的影响。

（一）主观的证明责任对刑事程序性证明的影响

主观的证明责任是指事实主张者必须提供证据推动诉讼进程的责任，说明其事实主张的责任，是一种重举证行为轻举证结果的责任，或者说是一种推动诉讼进行的责任。当然如果主张者能够用充分的证据说明其事实主张，也能发生证实案件事实的结果，法官也可认定此一事实。在刑事程序性证明中，提出程序性主张者或者发生程序性争议后，程序性权利主张者必须证明基本的程序性事实的存在，以使法官接受并进行以程序性事项为标的作为实体判决先决条件的程序性裁判，即使不承担程序性证明责任的当事人提出程序性权利主张，如果其能够证实其所主张的程序性违法事项，裁判者也可以依此作出程序性裁判而不必等待真伪不明状态的客观证明责任的出现。主观的证明责任立基于案件真实、有利于案件事实的发现，程序性证明中主观性的证明责任的意义在于推动程序性裁判中的控辩双方积极举证，证明程序性事项的真伪。主观证明责任的目的在于使法官对案件事实获得正确的心证，并努力避免真伪不明的情况发生，裁判所依据的事实与客观真实的距离越近越有利于实现正义。[③]

（二）客观的证明责任对刑事程序性证明的影响

客观的证明责任是一种结果责任，其适用的情形在于案件事实真伪，当主观证明责任不能达到发现案件的事实真相时的一种真伪不明状态，真伪不明是裁判者对系争的事实的存在与否无从把握的主观心理状态。其临界点在于：上限为程序法律在不同的阶段所设立的证明标准，下限为法官对于当事人所主张的系争事实的存在获得了相反的心证，裁判者正是在这两个临界点之间悬而未决。[④] 案件事实可能处于悬而未决的状态，而法官的判决不可能久拖不决，迟来的正义非正义，法官正是通过承担证明责任者

① 陈刚：《证明责任法研究》，中国人民大学出版社 2000 年版，第 28、33 页。

② 刘哲伟："证明责任再释义"，载《青海社会科学》2005 年第 5 期。

③ 段厚省：《证明评价影响因素分析》，法律出版社 2009 年版，第 86 页。

④ 魏晓娜、吴宏耀：《诉讼证明原理》，法律出版社 2002 年版，第 292 页。

的责任分担来终结案件。刑事程序性事实同样也是发生于过去的案件事实，其重要程度并不亚于实体性事实，而由于认识主体、认识客体、认识时间的局限真伪不明的情况也有发生，因而刑事程序性证明也需要客观的证明责任实现对真伪不明状态的解决。

（三）证明责任对刑事程序性证明的意义

主观的证明责任是行为意义上的推进责任，寻求案件事实的合理证明，客观的证明责任则在于追求案件定纷止争的效果，两者的完美结合才是现代意义上的完整的证明责任的内涵。在刑事程序性证明中，证明责任配置于不同的主体，体现了刑事诉讼法的价值取向，证明责任使真伪不明的案件得以有效的处理，客观上提升了诉讼效率。刑事程序性证明责任主要由实施程序的国家机关承担，体现了人权保障的理念，证明责任阻碍了代表国家的侦查机关、检察机关滥用职权的行为，国家追诉机关掌握了国家的强制追诉的权力。考虑到权力均有滥用的可能，法律同时规定：在启动这种程序设定时，必须要有法律根据和事实根据，否则就会承担不利的诉讼后果。这一点具体体现在：在程序启动前，程序的申请者必须证明程序性条件的存在，在程序的进行中，必须证明继续实施某种程序（如强制措施）的必要性的理由，一旦失去条件必须解除其正在实行的强制措施，否则即为一项程序性违法事实。从某种意义上讲，程序性争议是对前一阶段采取程序的条件方面的争议，因而可以认为是前一阶段证明责任的延伸。

第六章

我国刑事程序性证明的现状及问题分析

对我国相关制度的分析与研究是解决问题的关键，我国学者对于证明的研究较多，形成极大反差的是专门研究程序性证明者并不多见，这与程序性证明的地位极不相称。作为程序性证明核心的诉讼条件、强制措施与强制性措施及非法证据排除的相关规定中，并没有遵循正当程序的司法化逻辑，其原因较为复杂，既有理论方面的原因也有实践方面的原因，其中主要有法律规定的缺陷、行政化处理机制、程序性证明力量失衡等方面的问题，这些因素源于对程序性证明的性质与地位的认识的偏差，程序性证明的司法现状是上述因素共同作用的结果。

第一节　我国刑事程序性证明理论的渊源

一、我国刑事程序性证明的理论现状

在所有关于证据与证明的著述中，直接将刑事程序性证明作为研究对象者并不多见，笔者以题名为检索项，以程序性证明为检索词，匹配选择精确项进行检索，检索从 1979 年至 2010 年 9 月 28 日的所有期刊网上的文章，经检索共有三篇文章和一篇硕士论文研究了此问题。孙记在其硕士论文《刑事诉讼证明概念新论》中提出程序性证明这一概念，并将其作为与实体性证明相并列的概念，作为刑事证明的概念的外延。随后，中国政法大学封利强博士发表的一

篇文章中对程序性证明的内涵、不同阶段的程序性证明主体、程序性证明的对象、程序性证明的规则等几个方面进行了研究。2007 年 5 月孙记又在《北方法学》上专门撰文对刑事程序性证明进行研究，并从司法变革的宏观上的需要与微观的制度建构层面进行了论证。吉林大学闵春雷教授在 2008 年 5 月的《法学研究》上，发表了一篇文章，从程序性证明之内涵、程序性证明之意义、程序性证明之构成要素、程序性证明之实现路径等几个方面进行较为细致的研究。2010 年安徽大学的一篇硕士学位论文也以之为题，但基本内容方面没有超出前述的范围。将检索项改为全文，其他不变，重新进行检索，可以发现有 69 篇论文，经过一一比对后发现，除了前述的四篇外，其他部分论文中只是在研究证据裁判、证据规则、程序性裁判等内容时无意识地用到程序性证明这个词组，但并没有相关的论证，因而不能将这些内容归为对刑事程序性证明的理论研究中。换言之，在研究其他内容时只要论证与程序性证明功能对等的内容，即使没有明确地采用程序性证明这一概念，也能够将其归入到对刑事程序性证明的研究内容中进行总体的评价。上述的结果表明，刑事程序性证明还没有成为我国学者关注的重点。陈瑞华教授在研究刑事证据法的体系和功能时，认为刑事证据法主要规范有关证据能力的规则和司法证明的各种规则，其中司法证明的规则的首要问题即司法证明的范围与对象，明确提出无论是实体上的事实还是程序上的事实，都需要用证据加以证明。[①] 在其另一篇文章中又重申与定罪量刑有关的实体法事实与需要作出司法裁决的程序性事项均为法定的证明对象。[②] 卞建林教授在研究刑事证明的主体时，认为作为证明主体的被告人应当就其所主张的程序性事实承担证明责任，因为这类事实举证难度不大，通常不会直接影响到被告方的实体性权益，其证明标准与证明后果均不及实体法事实严格。[③] 在卞教授另一篇文章中，提出了在非法证据排除规则中的证明责任应该按照“谁主张、谁举证”的举证责任分配原则。对于司法实践中主要由辩方提出非法取证行为的主张，考虑到辩方对非法证据的举证能力的弱势地位，提出了降低辩方对于非法取证的证明标准和通过相关配套制度的建立和健全的方案，虽然这也不失为一种行之有效的方法，但也有

① 陈瑞华：“从‘证据学’走向‘证据法学’——兼论刑事证据法的体系和功能”，载《法商研究》2006 年第 3 期。

② 陈瑞华：“刑事诉讼中的司法证明规则”，载《法学论坛》2003 年第 4 期。

③ 卞建林、郭志媛：“刑事证明主体新论——基于证明责任的分析”，载《中国刑事法杂志》2003年第1期。

值得商榷的地方。因为如果由被告人承担证明国家机关程序违法行为，则存在较大的难度。龙宗智教授在研究刑事证明责任时，提出了审前程序中的证明责任的问题，他认为刑事诉讼中审前程序的证明责任是审判空间发生的证明责任的延伸，是一个延伸空间以及延伸责任的问题，弹劾制侦查模式下的司法机关三方组合的诉讼构造正是以证明责任规范作为支撑和动力。[①] 左卫民教授很早就提出，由于法律对有关程序法上的事实的证明责任缺乏明确的规定，可能会导致司法实务界在具体证明责任分配标准上的不统一，可能会产生司法不公。[②] 何家弘教授则认为，在程序法事实应否成为证明客体的问题上，是否被称为证明客体并不重要，因为当事人所主张的程序性事实也需要用证据加以证明，因而其与案件事实相较而言，为相对次要的证明客体。显然何教授这里使用的案件事实指实体事实，在该文后面的论述中，提出了刑事案件中作为证明客体的案件事实的具体内容，包括犯罪嫌疑人、被告人有罪或无罪的事实，罪重或罪轻的事实，以及应否承担刑事责任的事实。[③]熊秋红研究员则在研究审前程序中的律师辩护权时，认识到人们通常将辩护的内涵局限于实体性辩护，将发现案件实体真实作为其最重要的诉讼价值，忽视了其中的程序性辩护。辩护的本质在于特定的主体从事实与法律两个层面对指控进行反驳，提出证据证明有利于己方的案件事实的存在，并向有利于己方的方向发展。这里的“事实”与“法律”是指“程序法事实”与“程序法”，辩护权的发展以程序性权利的不断增多为显著标志，辩护也是一个从单纯的实体性辩护到实体性辩护与程序性辩护并存，乃至程序性辩护逐渐呈超越之势的演变过程。[④] 程序性辩护的过程是一个以程序性事实为基础并提出程序性主张并进行证明与反驳的过程，程序性辩护的存在以程序性证明为基础。宋世杰教授在研究刑事诉讼的证明标准时，将证明标准置于刑事诉讼运行过程中，发现存在一个独立于实体证明标准的程序证明标准，并且认为，两者在理论上独立，但两者又不可截然分开。在相互关系上，程序证明标准和实体证明标准是形式和

① 龙宗智：“刑事证明责任制度若干问题新探”，载《现代法学》2008 年第 7 期。

② 左卫民、赵勇：“中国刑事证明责任之现状及改进——兼论两大法系相关法理论”，载《四川省政法管理干部学院学报》2001 年第 4 期。

③ 何家弘：“论司法证明的基本范畴”，载《北方法学》2007 年第 1 期。

④ 熊秋红：“审前程序中的律师辩护权”，载《法律科学》2004 年第 5 期。

内容的关系，程序证明标准是实质内容，是实现实体证明标准的载体，程序证明依赖于其可操作性和现实性等品格推动诉讼进展以发现真实，这一过程体现了程序正义，当然程序性真实必须接受实体真实的检验和衡量，受实体真实监督，两者存在一种和谐的关系，任何对两者和谐关系的背离均会产生司法的不公。程序证明标准的价值在于实现实体证明标准及与人性相一致，从而为人所接受的那些品质，与诉讼基本观念和基本价值关系密切。[①] 这种论述从一个侧面证明了程序性证明的存在，因为既然存在程序证明标准，作为其前提的程序证明的存在则是毋庸置疑的。

二、对我国学者观点的评析

通过以上对学者观点的综述，可以看出，刑事程序性证明在我国基本的理论脉络。事实上，陈瑞华教授在刑事证据法的体系和功能一文中没有明确提出审前程序中的程序性裁判与程序性证明的问题，而是将审判程序作为论证的基础，也就是说没有明确程序性证明制度的时间与空间范围，因而只能借助于审判程序的功能拓展来解释。例如，其在论及证据法的功能时，提出证据法对于证据资格、效力以及司法证明的规定会对审前程序的侦查和审查起诉活动产生一系列重要的影响，但是认为这种影响是通过对法庭审判过程的规范而间接实现的，对于审前的警察与检察官的侦查与起诉活动的合法性会在法庭上因证据的可采性审定而间接地被排除。在其专门对程序性裁判与程序性辩护的文章中，则很好地解决了上述问题，明确了程序性辩护的性质与程序性裁判的制度空间，程序裁判是程序性辩护的制度空间，依赖于一种独立的司法审查程序，在此程序中警察、检察官、法官诉讼行为的合法性变为裁判对象，具有独立的诉讼当事人、独立的诉讼请求和裁判对象、独立的证据规则、独立的听证机制以及独立的裁判方式。程序性辩护是一种新的独立的诉讼形态，其目的主要在于制裁程序性违法并为被侵权者提供权利救济，程序性辩护使辩方的辩护活动更为积极主动。[②] 以事实为基础的程序性证明是程序性裁判制度中程序性辩护的基础，因为在现代社会中，不管何种性质的裁判，在裁判者面前，证据是对话的唯一

① 宋世杰、彭海青："刑事诉讼的双重证明标准"，载《法学研究》2001 年第 1 期。

② 陈瑞华："程序性辩护之初步研究"，载《现代法学》2005 年第 3 期；陈瑞华："程序性制裁制度的法理学分析"，载《中国法学》2005 年第 6 期。

语言系统，但证据均需要进行证明。卞建林教授的论文肯定了程序性证明的存在，但是由于该文从被告人独立的程序性权利事实的角度得出被告人承担程序性证明责任的一个侧面，对于程序性权利与程序性权力交融的事实，即程序性违法（程序性权利与程序性权力争议）事实,如果完全由被告人承担证明责任，则不利于人权保障，也不利于程序正义的实现，存在程序性裁判的国家的司法实践表明对于程序性事实的证明完全由被告人承担的法例也很鲜见。至于两种解决被告人举证能力不足的方案，笔者认为：其一，通过降低辩方举证的证明标准的做法，不能改变辩方承担证明责任的事实，只要被告人对于其所主张的程序性权利主张需要其自己承担证明责任，就很难激发其通过程序主张维护程序权利的积极性，程序性辩护就可能落空；其二，建立相关的配套制度，诸如律师帮助权等方案的实质在于增加辩方的权利，但是正如有学者提出的质疑，在现有的诉讼权利都无法保障的情况下，扩大权利保障的外延和范围，甚至继续设定新的诉讼权利条款均会面临困境。[①] 因而解决问题的方案不能只是增设权利，其根本路径在于确立基本的权利救济机制即程序性裁判机制，而程序性裁判中程序性证明必不可少。龙宗智教授所努力进行解释的正是刑事诉讼中审前的程序性证明，龙教授之所以对程序性证明作出这种解释，原因在于其所坚持的诉讼证明观，为了保持其理论的一致性，才试图将程序性证明纳入传统的审判程序之中进行解释，方法就是拓展审判的外延，将证明作为审判阶段独有的现象并使之与传统的查明相区分，并将侦查机关等查明主体剔除出外，将审判限定为刑事实体审判阶段，这种研究思路的好处在于有利于对诉讼主体的研究和程序向当事人主义方向发展，其缺陷在于忽视了刑事程序性裁判与程序性证明，如果将审判的外延界定为刑事实体性审判与刑事程序性审判，在实体性审判发生前，也就是传统的审判观念之外，进行程序性审判与程序性证明则是理所当然的现象。何家弘教授将证据法的基本功能界定为以认识论为主、价值论为辅的样态，因而查明事实真相是证据法的首要目的，以这种观点为背景的论证立脚点在于实体方面的案件事实，虽然其并没有明确否定程序的意义和价值，但程序只能退居其次，程序性证明只能出现在“当价值论的功能比认识论的功能更为重要的时候，或者说，当其他的社会价值比准确认定案件事实更为

① 陈瑞华：“增列权利还是加强救济？——简论刑事审判前程序中的辩护问题”，载《环球法律评论》2006年第5期。

重要的时候"[①]。宋世杰教授的观点虽然可以从其所主张的程序证明标准的侧面肯定程序证明的存在，但美中不足的是，在其第一部分研究证明的双重性时，将证明分为一般证明与程序证明，并将诉讼证明作为程序证明之一种，可见其采用了广义上的程序证明的概念，这里的程序证明大致上相当于其他学者经常用到的司法证明，而在第二部分中其又将程序证明与程序证明中的实体证明相并列，而事实上，按照其在第一部分所使用的程序证明概念，两者之间应该是一种包容关系，因而这里出现了逻辑上的不周延性。事实上，其在第一部分所提出的程序证明包括笔者所认为的实体性证明与程序性证明，因为其没有作出这种区分才陷入混乱，可以认为，其所论证的实体证明即是笔者所论证的实体性证明，其所论证的程序证明即为笔者所论证的程序性证明。

由此可见，上述学者均是在论述相关的制度时将刑事程序性证明作为一个论点以论证自己论题的价值，但这些学者存在一个共同的前见就是将正式的审判程序作为司法证明的理论背景，因为这一前见的存在。刑事程序性证明的理论意义没有被充分挖掘，这也导致刑事程序性证明只能是学者研究中的一个附属性命题，而很难成为一个独立的论题，并进行系统全面的研究，这一点不利于程序地位的提升和程序价值的展现。但是上述学者的研究，也从一个侧面说明了刑事程序性证明在刑事司法中的存在。毫无疑问，正是因为有了上述这些学者的理论铺垫才有了程序性证明这一概念的出现，他们抽象出刑事程序性证明的概念、内涵、特征、意义与价值及基本的制度构成。因为刑事程序性证明有不同于实体性证明的价值取向与制度逻辑，并且在我国有较大的现实意义与理论意义。

第二节 我国刑事程序性证明的司法现状

作为制约权力与维护诉讼主体程序性权利的制度性保障，刑事程序性证明应该贯穿于刑事诉讼的始终，尽管我国还没有完善的刑事程序性裁判、程序性辩护与程序性证明制度的存在，但为了识别我国司法理论与实践中存在的问题

① 何家弘："论司法证明的基本范畴"，载《北方法学》2007年第1期。

和进行系统化的研究，笔者仍然从诉讼条件的程序性证明、强制措施与强制性措施中的程序性证明、非法证据排除中的程序性证明几个侧面进行研究。

一、诉讼条件中的程序性证明

国家机关启动刑事诉讼程序一般均需要具备一定的条件，必须达到一定的证据标准。为了达到这一标准，国家的追诉机关必须进行一定的实体性证明和程序性证明，其性质不能简单等同于我国学者所认为的以自向证明为基础的司法查明，可以以是否提出抗辩或出现争议作为区分的标准。如果对国家机关启动诉讼的行为没有提出抗辩与争议，此时的程序性证明体现为学者所认为的自向证明，此时的程序性证明隐而不显；如果提出争议或者抗辩，则必须由中立的法官对是否符合程序性条件进行程序性裁判，由实施程序行为的国家机关承担程序性证明的证明责任。因为程序的启动与推动所需具备的条件必须纳入三方的诉讼架构才有意义，其理由在于：程序的启动必定会对被追诉人的人身和财产权益造成一定的影响，相对的被追诉方有权利对国家机关的追诉行为的合法性提出质疑，专门的国家监督机关也应该依职权对作为其监督对象的追诉行为的合法性进行监督，正是这一点使刑事诉讼行为不同于行政治罪活动，追诉机关必须证明程序的启动与推动符合法律在特定阶段的条件。

根据我国刑事诉讼法的规定，立案是刑事诉讼活动开始的标志。从性质上讲，立案是法律赋予公安机关、司法机关的一项重要职权，立案是侦查、起诉、审判等程序的前提，立案程序具有输入功能与屏蔽功能，国家正是通过立案程序将犯罪行为注入正式的国家司法机器中。同时，国家也为这种追诉权的滥用提供一种程序救济手段，以防止不得或不应启动的诉讼程序。[①]“我国设立立案制度的初衷是通过国家公安、司法机关内部的立案审查，排除不应立案的情形，以防止和减少冤假错案，保障公民的合法权益不受侵犯。”[②]基于上述的制度功能与目标定位，我国刑事司法的启动采取了一种相异于大多数国家以事实行为为基础的程序启动方式，而是将之作为一种制度性行为，由专门的国家机关启动[③]，这使我国对于刑事诉讼的

① 宋英辉、吴宏耀主编:《刑事审判前程序研究》,中国政法大学出版社2002年版,第117、121-132页。

② 陈光中、徐静村主编:《刑事诉讼法学（修订版）》，中国政法大学出版社 2000 年版，第 269 页。

③ 樊崇义等:《刑事诉讼法修改专题研究报告》,中国人民公安大学出版社 2004 年版,第 340-343 页。

启动程序进行监督的必要性更强于没有采用此种方式的国家，法律设定“有犯罪事实，需要追究刑事责任”，既是程序启动的条件，也是在程序启动之后进行的监督与审查的标准，也是被追诉人、被害人提出程序异议的标准。从表面上看，这一标准是一种考证实体证据的证明标准，但是其本质在于通过一种对于犯罪事实存在与否的评价，作为程序启动合法性的标志，因而，其仍然为一种程序性证明行为。而且，根据无罪推定的原则，对实体证据的评价也只能发生于审判阶段，此时的证明符合笔者所论述的程序性证明的特征。也就是说，立案的任务主要在于对程序性材料的审查。但是我国采用了一种实质性证明标准，为了达到这一标准，侦查机关一般通过称为“初查”的侦查手段进行查证，但这种“初查”活动与在侦查后的调查行为很难予以准确区分，因而带来理论上的困境。事实上，两者并无实质的差别，“程序倒挂”与侦查性措施中的自我授权极易造成对公民权利的漠视。

公诉案件大致还可以分为侦查与侦查终结阶段、审查起诉与提起公诉阶段、审判阶段等，1996 年《刑事诉讼法》修改时，在不同的阶段，法律规定了一定层级的证明标准。但总体上看，不管是法律还是相关的司法解释，从侦查终结始到执行为止的所有程序中，证明标准基本上均为“犯罪事实清楚，证据确实、充分”，均是从实体的层面规定证明标准。由于没有对需要证据证明的程序性辩护与程序性事实方面的规定，如果当事人就程序本身的合法性提出质疑则无所适从。

二、强制措施与强制性措施中的程序性证明

一般认为，在我国的刑事诉讼法中，强制措施专指对人身进行限制的拘传、取保候审、监视居住、拘留、逮捕等五种强制措施。事实上，其他国家一般将刑事诉讼中的强制措施分为：对人的强制措施、对物的强制措施、对隐私的强制措施，这个范围与我国学者所使用的强制措施与强制性措施的范围大致相当，因而笔者也以此范围为标准，将两者放在一起一并考察。

虽然刑事强制措施与刑事强制性措施的目的在于保证诉讼活动的顺利进行，但强制措施与刑事强制性措施的运行以对嫌疑人的人身权益或者财产权益的一定程度的限制为代价，这是不争的事实。刑事程序性证明的本质在于将程序本身纳入诉讼化的轨道，以验证程序的合法性和维护人权，是一种对于强制措施的诉权制约机制。笔者将重点考证强制措施的启动机制与发生争议之后的

救济机制，分析其中的诉讼架构与权利和权力的关系。从总体上看，我国刑事诉讼法中的强制措施包括限制或剥夺公民人身自由的拘传、取保候审、监视居住、拘留、逮捕五种强制措施和主要在侦查过程中所采用的限制公民人身权利、财产权利、隐私权利的搜查、扣押、勘验检查、秘密监听、通缉等强制性措施。在拘传、取保候审、监视居住、拘留、逮捕五种强制措施中，除了逮捕需要经过检察机关进行批准外，其他的几种都可以由公安机关自行决定，缺乏中立的第三方的程序性审查；至于公安机关进行该项强制措施时，对于其所需具备的条件的证明，只能算做一种公安机关内部的自向证明，而缺乏中立的第三方对此问题的终局裁定，所以这与笔者所讨论的其他国家的程序性证明存在差异。因为我国刑事诉讼法中只将逮捕作为最为严重的强制措施，因而采用了决定机关与执行机关相分离的制度，即公安机关无权决定适用逮捕程序，必须通过检察机关的批准或者法院的决定。就扣押制度来说，根据《刑事诉讼法》第 114 条的规定，对于“能够证明犯罪嫌疑人、被告人有罪或者无罪的物品和文件”，侦查机关有权决定实施扣押，由县级以上侦查机关的负责人批准，而且现场指挥人员也有权对于在勘验、搜查的过程中发现的与案件有关的物品、文件在需要扣押时决定实施扣押。可以认为，我国现行的扣押制度的设计是不存在严格意义上的程序性证明的，因为程序性证明是以三方构造为基础，而我国现行的扣押的决定权与执行权完全掌握在侦查机关手中，法院在此时根本无权对这一过程进行审查，对于侦查机关这一行为的监督只能依靠检察院的监督与侦查机关的自我约束，检察院的监督在此时也不能发挥应有的效力，《人民检察院刑事诉讼规则》第 234 条第 2 款规定：“不能立即查明是否与案件有关的可疑的财物和文件，也可以查封或者扣押，但应当及时审查。经查明确实与案件无关的，应当在三日以内解除查封或者予以退还。”但在司法实践中，不管该物品是否与案件事实有关，扣押是常态，扣押之后怠于审查违背了法律的规定，侵犯当事人的合法权益的情况时有发生。现行法律设计的由公安机关负责人审批的制度，实质上是一种侦查机关的自我授权方案，虽然法律规定了“用以证明犯罪嫌疑人有罪、无罪的”作为扣押的条件，也是具体承办案件的人员必须向机关负责人进行自向证明后进行扣押的基本条件，但是由于这一条件过于模糊，给办案人员太大的自由裁量权，自我授权的本质使扣押的随意化现象严重。就监听措施来说，除了在国家安全法和警察法中较为原则性的规定了技术性侦查措施外，尽管秘密监听在刑事司法实践中已经较为普遍地被适用，但刑事诉讼法中缺乏具体的涉及公民隐私权的监听措施的规定。

三、非法证据排除中的程序性证明

虽然我国刑事诉讼法中没有明确规定完整的非法证据排除规则，缺乏与非法证据排除规则相关的配套措施，但是在司法实践中，由于非法取证行为而产生的冤假错案造成了较大的影响，理论界和实务界一直在思索遏制刑事非法取证的路径。其他国家的非法证据的排除规则及程序性制裁理论一直是我国学者关注的理论焦点，我国的非法证据排除规则主要体现在相关司法解释上。

（一）理论界对于非法证据排除规则的态度

在我国，法学界对是否确立非法证据排除规则存有较大的争议，大致上有绝对否定说、绝对肯定说、折衷说、排除加例外说四种观点。[①] 对程序性制裁理论的价值，我国主流的观点持肯定的态度。陈瑞华教授在其一系列的文章和专著中对制裁理论进行系统的研究，基本上确立了程序性制裁理论的基本内涵与外延及其价值。[②] 非法证据排除规则是其中最为重要的一个方面，其他学者对于程序性制裁理论的论述基本没有超出这个范围，也有少数学者对其价值提出了质疑：有学者结合我国非法证据排除规则的局限性主要论证我国程序制裁的局限性，认为我国非法证据排除规则采取集体责任或国家责任形式，存在理论上“过度威慑”和实践中“威慑不足”悖反，无法发挥制度的功能，应通过对责任主体、威慑功能和利益流向这三个方面的完善，划定程序性制裁和实体性制裁的边界来发挥程序的作用。[③] 另有学者也结合非法证据排除规则对程序制裁的理论内涵的自洽性、理论的前瞻性等方面进行研究，实践中的程序性制裁机制对隐形违法侵权行为、消极性违法侵权、随意性违法侵权行为、没有起诉或没有审判的案件治理效果欠佳的现状作出了研究，提出应重估程序性制裁之价值与局限，构建一套针对程序性违法的综合治理机制。[④] 还有学者专门针对非法证据排除规则，以该制度在美国的发展史为背景，论证排除规则与警察自由裁量权之间的矛盾关系和非法证据排除规则在遏制警察非法行为方面的局

① 甄贞主编：《刑事诉讼法学研究综述》，法律出版社 2002 年版，第 262-264 页。

② 陈瑞华：《程序性制裁理论》，中国法制出版社 2005 年版，第 106-107 页。

③ 陈虎：“程序性制裁之局限性——以非法证据排除规则为例的分析”，载《当代法学》2010 年第 2 期。

④ 林喜芬：“‘程序性制裁理论’的理论反思——以非法证据排除规则为分析焦点”，载《南京师大学报》2010 年第 3 期。

限，主张应重新界定非法证据排除规则的目的。[①]笔者认为，非法证据排除规则在其他国家的发展历程表明，与任何其他的制度一样，非法证据排除规则有其优点也有其理论的不足，被非法证据排除规则所排除的证据的范围是一个动态的发展过程，随着社会治安形势、刑事政策等的变化而变化，并且应当由程序裁判者出于综合利益的衡量而决定。非法证据排除规则只是遏制非法取证行为的一种方案而不是唯一的一种方案，不可能使用一种制度解决所有的程序问题，可以质疑非法证据排除规则在某一方面的局限性，但其在刑事诉讼中的制度价值不容怀疑。从长远来看，对于一直以来"重实体、轻程序"观念盛行，缺乏程序性救济制度的我国来说，非法证据排除规则显得尤为重要。

（二）非法证据排除规则中的程序性证明

相比较而言，1996 年的《刑事诉讼法》较为抽象地规定了严禁以非法方法获取证据，但并没有明确规定因此而获得证据之效力；1998 年的《刑事诉讼法》的司法解释，更进一步明确规定用此种手段获得的言词证据不得作为定案的根据。[②]可以看出，不管是刑事诉讼所确定的对于非法取证行为的禁止原则，还是 1998 年"两高"所制定的适用较为普遍的司法解释，均和其他国家的非法证据的排除规则存在差距，其原因在于 2012 年我国修订《刑事诉讼法》之前所规定的非法证据排除规则不具有可操作性：其一，从规则角度讲，相关的法律规定只有假定而没有关于法律后果的规定，只规定了实体性规则而没有实施性的规则，因而是一种不完整的规则；其二，从其内容上看，上述规定只是从原则上禁止了非法取证行为，对于违反规定后有权提出排除非法证据的主体、提出的时间、证明标准、证明责任及其制裁措施与救济程序均没有明确的规定；其三，从其具体的排除范围来说，上述的司法解释仅涉及了非法的言词证据，对于非法获得的言词证据的排除程序并没有规定，对于非法获得的物证没有过多的规定。针对上述的情况，2010 年 5 月 30 日最高人民法院、最高人民检察院、公安部、国家安全部和司法部联合发布了《关于办理刑事案件排除非法证据若

① 马明亮："非法证据排除规则与警察自由裁量权"，载《政法论坛》2010 年第 4 期。

② 详见《刑事诉讼法》第 50 条："审判人员、检察人员、侦查人员必须依照法定程序，收集能够证实犯罪嫌疑人、被告人有罪或者无罪、犯罪情节轻重的各种证据，严禁刑讯逼供和以威胁、引诱、欺骗以及其他非法的方法收集证据……"《最高人民法院关于执行 < 中华人民共和国刑事诉讼法 > 若干问题的解释》第 61 条规定："严禁以非法的方法收集证据。凡经查证确实属于采用刑讯逼供或者威胁、引诱、欺骗等非法的方法取得的证人证言、被害人陈述、被告人供述，不能作为定案的根据。"

干问题的规定》，吸收了理论界与实务界的一些研究成果，对非法证据排除规则作了更进一步的规定。学者对此毁誉参半，有学者认为，该规定确定了在非法证据排除中的多元利益衡量的原则，对非法证据的范围作了更进一步的明确的规定，较好地平衡了控制犯罪与保障人权、实体公正与程序公正、真实发现与程序正当等不同利益①；也有学者认为，该规定构建了非法证据排除规则的具体操作程序，丰富了刑事诉讼的证据规则，发展了证据排除规则的理论。②

笔者认为，其进步意义值得肯定，其中最为重要的一点就是初步确立了对于非法证据的程序性证明程序架构，增强了我国非法证据排除规则的可操作性。

1. 确定了排除非法证据程序的启动主体

人民检察院在审查批捕与审查起诉中，可以行使检察监督权排除非法言词证据；被告人起诉书副本送达后开庭审判前，被告人及其辩护人在开庭审理前或者庭审中可以提出供述非法的动议；法庭对于控辩双方提供的证据有疑问的，可以宣布休庭，对证据进行调查核实。

2. 确定了排除非法证据的时间

在检察院审查批捕与审查起诉的过程中及起诉书副本送达后开庭审判的过程中，辩方均有权提出排除非法证据的动议，由法官审查。在第二审程序中，对于第一审人民法院没有审查被告人及其辩护人提出的审前供述是非法取得的意见。

3. 确定了排除非法证据的证明责任

规定了由国家机关承担非法取证的证明责任，明确由控方对被告人审判前供述的合法性负举证责任。但是，启动这一程序的初步责任在辩方，辩方有义务提供初步的证据，就涉嫌非法取证的人员、时间、地点、方式、内容等相关线索或者证据作出说明。这样规定并不是让被告人承担证明责任，可以理解为让被告人承担主观的证明责任或者行为意义上的证明责任；而是为了防止程序申请权的滥用，明确非法证据的争点，节约司法资源。

但从程序性证明制度的相关理论进行分析，其也存在不足之处：

1. 检察机关作为程序性裁判主体的问题

作为追诉机关的检察机关在审查批捕与审查起诉中，有权排除非法言

① 宋英辉、王贞会："我国非法证据排除规则及其适用"，载《法学杂志》2010 年第 7 期。

② 杨宇冠、孙军："构建中国特色的非法证据排除规则"，载《国家检察官学院学报》2010 年第 4 期。

词证据，其裁判者与追诉者身份的重合，使这一阶段的非法证据难以构成三方的架构，能否真正基于中立的立场进行程序性裁判值得怀疑。

2. 在排除的对象上的问题

虽然与传统的非法证据排除规则相比，将言词证据的范围由犯罪嫌疑人、被告人口供的范围扩大到包括证人证言和被害人陈述之上，但是由于我国证人出庭率较低，对于非法取得不利于被告人的证人证言，一般由被告人提出。但还存在一种情况，即对其他人的非法取证行为即使违法，但没有侵犯犯罪嫌疑人、被告人的权利，被告人也不会要求排除，只能由检察机关基于客观义务进行非法取证行为的审查。

3. 缺乏侦查阶段的非法证据排除相关规定

在我国，侦查阶段非法取证行为是最为严重的阶段，对侦查阶段的非法证据排除没有相关的规定，规定主要集中在审前起诉程序和审判程序中，对侦查阶段的非法证据主要通过审查起诉与审判阶段的事后审查，其有效性值得怀疑，可能出于对侦查阶段侦查行为的封闭性、保密性及在此阶段程序性裁判主体问题的考虑，这次修改没有将非法证据排除规则适用到侦查阶段，这显然是犯罪控制观念在司法中的表现。为了解决司法实践中侦查人员不出庭作证而使法官对侦查阶段事后审查搁浅的问题出现，本次修改专门规定了讯问人员出庭作证的义务，其效力与效率显然不及直接将非法证据排除规定延伸至侦查阶段。

4. 非法证据排除的配套措施与救济程序存在问题

任何一种制度均有相关的配套制度相互支撑，证据开示制度、律师辩护制度、同步的录音录像、证人出庭作证制度、质证过程的实质化等是非法证据排除规则的配套措施，这些措施均有待于进一步明确。

2012 年修订的《刑事诉讼法》延续了 2010 年《关于办理刑事案件排除非法证据若干问题的规定》的规定，在我国的刑事诉讼法中全面建立了非法证据排除规则。《刑事诉讼法》第 56 条、第 57 条、第 58 条分别规定了程序启动、法庭审查及调查、举证责任的分配、法庭的审理程序等，针对先前存在的问题，在实施性规则上有所加强，但仍然存在一些缺陷。正如有的学者所认为的，审判阶段当事人及辩护人、诉讼代理人申请启动非法证据排除程序在司法实践中仍然存在困难。对于启动的主体范围、启动的标准、启动的阶段均存在进一步完善的地方。[①] 非法证据排除规则中法庭调查程序的启动、法庭初审、控方举证制度设计的合理性和有效性值得怀疑；在程序的启动方面，被告人提供初步证据的证据能力不足，缺乏实体上的相应的保障机制；控方证明方面，举证手段的有效性存在障碍。[②] 有学者则从非法证据排除规则的运行环境入手，研究程序失灵的深层原因，诸如，公检法三机关之间的关系、以审前程序为重心的诉讼结构、实质真实主义、审理与裁判相分离的制度等因素均可能使修正后的非法证据排除规则名存实亡。[③] 有学者则认为，由于实体构成性规则和程序保障性规则的匮乏，我国尚未实质性确立非法实物证据排除规则。[④]

第三节 我国刑事程序性证明存在问题的原因

寻找问题的原因是解决问题的关键，我国程序性证明相关制度存在问题的深层次根源在于传统刑事法观念中的“重实体、轻程序”的观念，程序价值在很长一段时间被忽视，此点前文已经论及，本节主要从此种观念影响下的制度因素入手进行分析。法律规定不健全、对程序性证明的性质认识不清、结构方面采用行政化的自我授权方式解决程序性争议，导致程序异化，限缩了程序性证明制度的发展空间，控辩双方的证明力量不平衡也压制了程序性证明的产生。

一、对刑事程序性证明的性质认识不清

性质是事物的本质属性，刑事程序性证明从本质上看，是一种诉讼行为，其目的在于对程序主张的证明。我国传统的观念将刑事诉讼法作为实施刑法的工具，导致刑事程序性证明附属于刑事实体性证明过程之中。虽然程序性问题也可以作为二审和再审改判的对象，但是由于我国程序价值没有受到应有的重视，对程序性证明的认识仅限于实体的范围内才有意义，即程序性证明表现为对实体事实的举证、质证、认证过程。以案件程序性证明的实体事实为背景，

① 宋英辉、叶衍艳：“我国审判阶段非法证据排除启动程序问题研究”，载《法学杂志》2013 年第 9 期。

② 周媛：“关于非法证据排除制度的实践反思”，载《河北法学》2013 年第 8 期。

③ 王超：“论法院难以排除非法证据的深层次困境”，载《社会科学》2013 年第 7 期。

④ 闫永黎、张书勤：“论非法实物证据排除规则的建构”，载《中国刑事法杂志》2013 年第 7 期。

而无独立的存在意义。我国的刑事诉讼法中除了几种特定的违反程序性规定的诉讼行为，如审判组织不合法，违反公开、回避等规定可能会导致案件发回重审外，其他的程序性违法并不必然导致程序性无效，是否影响实体公正是评判程序是否有效的标准。在这种观念中，程序性证明仅具有工具意义，而不具有独立的存在价值。受程序价值观的影响，程序性证明在我国的刑事司法中的性质也没有被明确的认识到。事实上，程序性证明超越了案件实体真实的意义，因为现代社会设置程序的目的是控制权力，程序主张与程序争议发生于公民个人与国家追诉机关之间，证明过程的公正性显得尤为重要，程序证明过程本身即为程序，一国法治发达的程度并不能简单地以客观真实的符合程度作为衡量的唯一标准，程序性证明过程的公正性也是衡量程序法治的标准。刑事程序证明的本体论意义即为程序控权架设了一个制度空间，诉讼的公正正是因程序性证明过程的公正性体现出来，人们也因此相信由此而产生的实体结果。

二、刑事程序性证明的行政化倾向导致程序异化

刑事程序性证明的行政化倾向所导致的程序异化限缩了程序性证明制度的发展空间。根据前面的论证，刑事程序性证明应该贯穿于整个诉讼过程，根据我国学界通说的观点，一般将公安机关界定为行政机关，而将检察机关与法院界定为司法机关，因而学者在研究司法行政化的倾向时，具有行政性本质的公安机关采用行政决定的方式实施刑事执法行为不足为奇，也没有成为学界问题域。法院司法行政化倾向是学者研究司法行政化时重点批判的领域，这种情况在以实体真实与实体裁判为主的诉讼模式中，问题隐而不显。但随着诉讼民主化浪潮高涨，程序权利意识的觉醒推动了人们对程序权利的重视，程序性裁判随即成为人们关注的对象，人们在重视实体结果的同时也关注形成结果的过程。而程序性裁判并不局限于刑事审判阶段，在审前阶段，同样会发生程序性争议与程序性裁判。程序性裁判必须遵循司法过程的性质，按照司法的逻辑处理程序问题才是最好的解决之途。在我国刑事司法中，对于程序性问题，特别是在刑事审前程序中的程序性问题，大多数采用行政决定的方式进行，行政决定的方式通过缩减中间程序（辩论程序与监督程序）和程序主体（由三方主体变为二方主体）加快了决策的过程，虽然有利于提升司法的效率，却因为法益受程序影响的人没有获得参与程序决策的机会不利于人权保障，具体来说，出于对

合法法益的维护，国家发动了对犯罪的追诉行为，立案、侦查、起诉等刑事程序的直接目的在于制止犯罪，维护公共安全与公共秩序。从此意义上看，似乎与行政的功能相当，但当这种机关承载了刑事诉讼的职能后，具备了司法权的属性。刑事侦查是刑事诉讼的组成部分，是运行中的司法权，必须受到刑事诉讼的规则和原则的约束。[①] 事实上，在现代法治国家的刑事诉讼制度中，均对打击、控制犯罪所主要依赖的行政权力设置了障碍，司法权是其中最为重要的制度保障，例如，对于审前强制措施的司法令状主义、非法证据排除规则、诉讼无效等程序性制裁、预审程序等。而我国目前的程序行为，特别是审前程序缺乏司法审查的行政化制度设计是一个较为严重的问题。司法行政化是造成我国刑事诉讼程序异化的主要原因。

其一，公安机关行政管理与刑事侦查职能双重职能合一。在司法实践中，极易发生以罚代刑、以劳代刑、以赔替刑，混淆两种职能的结果是对人权的侵犯。在司法实践中，公安机关在日常的管理活动中极易出现采用“从人到案”的侦查模式启动刑事司法程序的情况，这种启动方式是对“以事到人”的立案程序启动刑事司法程序的背反，是程序行政化的典型表现。行政与司法具有不同的制度逻辑，行政化并不能取代司法执法的司法化。

其二，侦查行为行政化的典型表现还在于对强制措施与强制性措施的自我授权。除逮捕需检察机关批准外，对于其他的诸如拘传、拘留、取保候审、监视居住等强制措施和搜查、扣押、鉴定、查询、冻结等强制性措施均是公安机关负责人采用内部行政审批的方式自我决定。这种方式侧重于对控制犯罪与诉讼效率的追求，但却以人权价值的减省为代价。

由于审判程序本身存在司法不独立的问题和重实体轻程序的倾向，使通过审判程序纠正审前程序性问题的制度设计很难实现。这种现状客观上压制了程序相对方的调查取证机会和程序性辩护的可能。前述的行为均构成对于刑事诉讼法律规定的违反，缺乏司法审查的行政化决定方式是问题的根源。为了解决这一问题，一方面，可以通过事前的司法审查使问题高效地解决；另一方面，主要通过非法证据排除规则予以事后救济，但正如前述，我国目前的非法证据排除规则还存在较大的问题，例如，仅对于非法的言词证据予以排除，对非法的实物证据则可以采用，从法规的角度审视则表现为缺乏实施性规则。

① 张雄：“刑事侦查行政化取向之法律效果浅析”，载《上海公安高等专科学校学报》2005年第2期。

三、诉讼主体程序性证明力量失衡

诉讼主体程序性证明力量的失衡源于控辩双方的力量失衡，在刑事诉讼中，控辩平等是现代法治社会基本的诉讼机制，而事实上，这种平等只是程序架构上的形式的平等、机会的均等，作为个人的犯罪嫌疑人、被告人很难与作为追诉方的国家机关实现真正的平等。相较于实体性证明而言，程序性证明的力量失衡的问题更为严重，因为在实体性证明中，犯罪事实是发生于过去的事实，公安机关、检察机关的追诉行为的发动必须立基于证据之上，否则即为滥用追诉权。尽管犯罪嫌疑人最为清楚自己是否实施犯罪行为，但其没有义务对此作出证明，被告人只需进行基本的防御，证明国家追诉机关提出的证据的疑点，存在合理的怀疑即可脱离被追诉的境地，证明责任由国家承担，这种责任的分配方案能够使控辩双方在力量上基本对等。但是在刑事程序性证明中，因为基本的程序性行为由国家机关实施，在欠缺有效的制度保障的情况下，国家机关是否掌握了足以推动诉讼进程的案件事实证据，辩方将不得而知，辩方如果等到国家追诉机关调查欠缺事实基础而发动的违法的程序性行为、侵犯合法程序性权益的证据，则存在较大的障碍，控辩双方在程序性证明中的地位发生了大的转变，由原来的“官诉民变为了民告官”其难度可想而知。具体来说，造成诉讼主体程序性证明力量失衡的因素有以下几点。

（一）程序性法律知识能力的欠缺与不平衡

其一，从传统上讲，“重权力、轻权利”、“重实体、轻程序”的观念使民众缺乏程序权利意识与程序保障观念。我国几千年来的文明史表明，以君主专制为表征的权力文化观，立基于传统自然经济的基础之上，自然经济难以产生平等的权利观念，而专制政治制度也压制权利的诉求。直到今天，权力观仍然是潜藏在人们意识深处阻碍法治化进程的一个重要方面。在这种传统的文化中，不可以存在以制约国家专制权利运作的程序法治，司法与行政的同构使国家公权力弥漫于整个刑事司法中，权利因子并不彰显。步入现代社会后，我国承继了大陆法系职权主义的传统，惩治犯罪维护社会秩序一度成为刑事司法的重要目标，理论和实践过多地关注案件的实体结果与客观真实，其结果是长期忽视程序本身所具有的内在价值，以程序权利的丧失为代价。事实上，为取得案件客观真相而不惜代价时，法所蕴含的一切价值包括人的尊严、人之为人的基本权利也随之丧失了。在这种传统之下，人们也难以产生程序意识，更难有系统的程序保障机制和程序制约机制的观念。

其二，从法律发展路径上看，现代社会中存在司法精英化与司法大众化之间的矛盾，使公民日益远离法律。一方面，由于法律是一种高度专业化与复杂化的技巧，法治化需要专门的法律职业者运用专业的法律技能与法律思维操纵法律机器，因而需要法律精英化；另一方面，任何法律均需要作用于实际的社会生活中，为民众所使用，所以也必须为大众所知悉。司法的精英化使法律及法律职业日益远离人们的日常生活，法律的复杂性加大了学习法律的难度，而且社会能够投入到对普通公众法律教育资源的局限，普通的公众获得法律知识的机会也相对有限，这在客观上造成了国家机关的程序操作者与作为个人的犯罪嫌疑人、被告人的法律知识的差距。

其三，从法律规定上看，程序法本身的不健全也无法为公众提供完整、系统的程序法律知识。公民的程序权利主张取决于公民对程序法律的知悉程度，法律由权利与义务构成，权利诉求必须有法律依据，完备的程序法律是公民主张程序权利的基本条件。但长期以来，我国的程序法律没有受到应有的重视，程序法律不健全，相关的程序性权利规定的疏漏之处较多，与其他国家和国际性人权公约相比，还存在较大的差距。有的学者认为，单从程序法律规则本身进行考证，我国大多数程序性条款缺少制裁部分即实施性规则，这就使刑事诉讼法所规定的各项权利很容易落空。其中的问题如审前程序缺乏中立的第三方进行司法审查、犯罪嫌疑人的程序选择权与沉默权的缺失、不健全的律师帮助权、非法证据排除规则的不完备。这些问题的存在，一方面，使普通的个人很难把握我国的刑事司法制度；另一方面，即使掌握了刑事诉讼法律的规定，也很难在程序行为中使自己处于有利的境地，只能被制度性地沦为被追诉的对象。

（二）程序性证据调查取证能力的不平等

相较于强大的国家机关而言，作为个人的犯罪嫌疑人、被告人及其律师的调查取证能力总是较为有限的，不论哪一个国家的司法制度，客观上都存在这种问题，但两大法系共同的做法是：在法律中设置平衡控辩双方调查取证能力的制度缓解这一问题。在大陆法系国家，尽管这些国家相信国家权力机关与权力运作的有效性，采用的是“单轨制的侦查模式”，法律没有规定辩护律师在侦查阶段调查取证权，但司法实践中并不禁止律师的调查取证，由于律师能够运用公权力来获取证据，证据保全制度和阅卷制度使律师能够较为全面、较为容易获得所需要的证据，因此，大陆法系国家的律师自行调查取证的积极性不高；在英美法系国家，尊崇个人主义传统，普遍对政府持不信任的态度，控辩双方均有权进行调查取证即所谓的双轨制的调查制度，虽然律师有较高的积极性调查取证，但是律师调查取证能力还是存在不足，证据开示制度的设立在一定程度上可以缓解这种矛盾。[①] 相较于实体性证据而言，程序性证据的调查取证更为困难，因为实体性证据控辩双方的证明行为共同指向作为个人的犯罪嫌疑人的犯罪行为与案件事实的存在与否，程序性证据的证明行为的证明对象则主要转向了国家机关的程序性违法行为，程序性证据的证明能力更难于实现平衡。在我国的刑事司法中，秉承了大陆法系传统，侦查程序采用了单轨制的模式，侦查程序也限制了嫌疑人及其律师的调查取证权。由于人身自由等方面的限制，嫌疑人为自己取证的可能性极小，一般均由辩护律师代为调查取证。我国《刑事诉讼法》第 41 条规定，辩护律师对证人和被害人及被害人提供的证人的调查取证权，均有严格的限制，对于一般证人的调查取证，需要经过证人的同意，对于被害人及其提供的证人的调查取证则采用“许可加同意”的方式，即需要经人民检察院或者人民法院许可，并且经被害人或者其近亲属、被害人提供的证人同意。在司法实践中，作为受害人的被害人及其提供的证人在心理倾向上很难提出有利于被告人的证言，因为这一条规定没有明确调查取证是否包括程序性证据，按照法理应该包括对程序性证据的调查取证。与实体性证据不同之处在于程序性证据一般需向作出程序性行为的国家机关提出，这种证据关涉国家机关相关人员的利益，如果国家机关不予配合，这种调查取证权很难实现。新修订《律师法》删除了 1996 年《刑事诉讼法》中对于律师调查取证中的“同意”和“许可”等内容，律师仅凭“两证”（律师执业证书和律师事务所证明）就可实施调查取证。2012 年修订的《刑事诉讼法》有些许进步，但仍维持了律师调查取证中的“同意”和“许可”等做法，作为《刑事诉讼法》下位法的《律师法》在司法实践中的效力值得怀疑。会见权与阅卷权均为调查取证提供重要的线索，2012 年的修改中进一步明确了会见的相关规定，除了危害国家安全犯罪、恐怖活动犯罪、特别重大贿赂犯罪案件需要侦查机关的许可外，律师凭三证即可以与在押的犯罪嫌疑人、被告人会见和通信；但此时律师只能了解案件有关情况，提供法律咨询等，自案件移送审查起诉之日起，才可以向犯罪嫌疑人、被告人核实有关证据，但必需注意的是核实证据并不等

① 余为青：“侦查阶段辩护律师调查取证权的比较法考察”，载《中国刑事法杂志》2009 年第 3 期。

于调查取证，而对于程序性证据来说，此阶段的调查取证权尤为重要。关于阅卷权，法律规定，辩护律师自人民检察院对案件审查起诉之日起，可以查阅、摘抄、复制本案的案卷材料，其他辩护人经人民法院、人民检察院许可，也可以查阅、摘抄、复制上述材料。但是为了防止法官预断，截断审前程序和审判程序的关系，在我国1996年的刑事司法改革中，检察机关起诉时采用了所谓的"复印件主义"，由于证据开示制度的缺失，辩护律师能够查阅的证据范围实际上相对狭小。为了解决此问题，2012年修订的《人民检察院刑事诉讼法规则（试行）》将应当向人民法院移送的范围修改为起诉书、案卷材料和证据；对人民检察院不予采信的有利于被告人的证据材料，需要证人出庭作证的，应当向人民法院移送拟出庭证人名单；作为证据使用的实物不宜移送的，应当移送其清单、照片或者其他证明文件。毫无疑问，此次修改大大拓展了律师阅卷的范围，但程序性证据的相关问题还需进一步明确。

四、刑事程序性证明的相关法律规定的缺陷

（一）刑事程序性证明法律规定结构方面的缺陷

法律规则是法的基本构成要素，法的功能和作用正是通过法律规则的执行和适用而体现的。[①] 刑事程序法治也是规则之治，程序规则的明晰性、可操作性、结构合理性是衡量一国程序科学性的重要指标。根据基本的法理，规则由假定、处理、制裁三部分组成，刑事诉讼法律规则的构成要素，也必须符合规则的法律逻辑结构。但是纵观我国的刑事诉讼法律条文，在我国的刑事程序法中，与刑事程序性证明有关的法律条文的规定均不完整，缺少制裁部分。正如有的学者的研究结果，刑事程序规则由两部分构成，即实体性规则和实施性规则。刑事诉讼中的实体性规则，并不同于实体法中的实体内容的规则，从性质上看，其所规定的仍然是程序内容，是程序性实质意义上的内容，即诉讼行为所必须具备的条件，典型的结构为"如果甲，那么乙"；实施性规则，是指对实体性规则的具体实行行为的程序性规定，以及违反规定的法律制裁[②]，这种结构可以通俗的表述为"谁来做，怎么做，如果不做该怎么办"。只有同时具备实体性规则与实施性规则才是一项完整意义上的程序规则。我国现行大部分程

① 李龙:《法理学》，人民法院出版社2003年版，第61页。

② 锁正杰:《刑事程序的法哲学原理》，中国人民公安大学出版社2002年版，第39页。

序性规则的结构均不完备，例如，我国《刑事诉讼法》规定了“严禁刑讯逼供和以威胁、引诱、欺骗以及其他非法的方法收集证据”，但是由于这一规定对于刑讯逼供等非法方法收集证据的行为的证明责任没有作出明确的规定。在司法实践中，一般由作出程序违法主张的被告人承担证明责任。虽然在程序违法的证明中，国家机关与被告人的角色发生了转换，但由被告人承担证明责任的做法不尽合理：其一，从证据分配的一般法理来说，有违方便举证的原则，在此种情境下，被告人一般处于人身自由受限制的境地，调查取证行为极为困难，国家机关距离证据较近，易于举证；其二，从国家公权运作的规律来说，国家机关也有义务证明自己行为的合法性；其三，从需要调取的证据内容来说，被告人调取的是公安机关、检察机关的程序违法的证据，必然受到办案人员的极力抵制，被告人处于弱势地位；其四，尽管规定了法官在判案时不能将这种证据作为定案的依据，但是，在审前程序中的程序违法行为直到审判时才得到纠正，耗费巨大的司法成本，不利于人权保障。

（二）程序性证明中证明责任、证明标准相关规定的欠缺

毫无疑问，程序性证明责任与证明标准的配置是解决不同主体调查取证能力不平衡问题的一个重要方法，但是我国的刑事诉讼法中，在证明责任分配与证明标准的设置上，出于对无罪推定以及保护被告人权利的考虑，虽然规定了国家追诉机关的证明责任，而且规定了较高的证明标准，即“事实清楚、证据确实充分”，并且我国传统的诉讼法观念认为刑事诉讼中的被告人不承担证明责任；但上述观点是侧重于实体性证据的解说，程序性证明的证明责任与证明标准则没有明确规定。在学者的论述中，肯定被告人在程序性问题的证明责任是一种较为普遍的观点，通说也倾向于承认被告人对某些事实承担着证明责任①，只是对于被告人承担程序性证明责任的性质，学者有较大的争议。有学者认为，在我国刑事司法中，控方举证的证明规则给控方带来了较大的负担，而且在某种程度上激发了侦查机关、公诉机关对口供的依赖性，使之与制定规则的目的背道而驰，在特定的案件中，有可能使保障被告人人权与司法效率与效益价值均丧失，因而应该修正证明责任分配规则，其中应将被告人主张的程序性事实的证明责任转移给辩方承担，其性质是转移而非倒置。②被告人对其主

① 宋英辉、汤维建主编：《证据法学研究述评》，中国人民公安大学出版社2006年版，第322-323页。

② 蔡永彤：“幽灵抗辩之对策：刑事诉讼被告人证明责任再研究——兼论证明责任分配规则的本土化展开”，载《法治论坛》2010年第1期。

张的抗辩事由，包括程序抗辩事由，负有行为意义上的证明责任，而非结果意义上的证明责任。[①] 针对一些特殊的犯罪案件和某些特殊情节应从刑事政策、证据的距离、证明对象、证明的难易程度及公平的角度考虑，如果证明责任由被告人承担，则更有利于发现案件事实真相，符合公平、效率等原则，被告方应当承担有限的证明责任，其中包括程序性事实，但仅限于提出初步证据的责任，而且被告人承担证明责任的证明标准应当低于控方的证明标准。[②] 在刑事程序性证明的证明责任的分配与证明标准的设置上，我国还存在巨大的调整空间，应该根据基本的诉讼法理与特定时期司法实践的要求进行价值的取舍与选择。

（三）刑事程序性证明配套制度的法律规定的缺失

在现代法治社会中，任何一种制度均不可能孤立独行，两大法系融合的趋势使各种诉讼制度中技术化的因素趋同的倾向日益明显，其结果不仅仅表现为法律数量的增加，更体现出法规质量的提高，规则的复杂性、细密性、完整性及法律适用条件的严格性促进了程序法治文明的提升。刑事程序性证明的动力在于主体可以从程序性证明中获得实体利益与程序性利益，上述关于实体性规则与实施性规则的论证是刑事程序性证明本体的论证，但是实效的发挥还依赖于相关配套的法律制度的完善。刑事程序性证明直接相关的制度包括程序性辩护制度与证据开示制度。

其一，程序性证明与程序性辩护是两个极易混淆的概念，两者的不同之处在于笔者所倡导的以正当程序为基础的程序性证明是一种三方的架构，涉及三方主体；而程序性辩护则是指被告方以程序性行为违法为由提出的积极抗辩，除了有些国家可能通过国家机关依职权（客观义务）发现的程序性违法外，程序性辩护是引起程序性裁判与程序性证明的重要因素，程序性证明是程序性辩护的制度空间。由于我国的刑事诉讼中规定的程序性制裁极为有限，因而程序性辩护的效果也不明显，这一现象导致司法实践中当事人及其律师选择程序性辩护也不多见。这一点需要完善程序性法规中的程序性违法的制裁性规则，以刺激当事人进行程序性辩护的积极性。

其二，除了事前的司法审查外，在事后的程序性裁判的程序性证明中，控

① 陈卫东、谢佑平主编：《证据法学》，复旦大学出版社 2005 年版，第 138 页。

② 夏良田："刑事被告证明责任的必要性和有限性"，载《西南民族大学学报》2009 年第 1 期。

辩双方对于程序性证据信息的获取能力也存在较大的差异，为了保证正式的程序性裁判中程序性原被告双方平等武装，必须在正式的程序性裁判前进行证据信息的交换，这也有助于避免不必要的裁判行为的产生，这是出于诉讼经济的考虑。在程序性证明中，由于程序性违法行为主要由国家的追诉机关实施，相较于实体性证明而言，对证据信息的占有量的不平衡性体现得更为明显，作为个人的当事人取证更为困难，因而程序性裁判之前的证据信息交流显得尤为重要。例如，在英国，程序争议一旦发生，被追诉方可以选择提出证明争点的漏洞或者新争点进行辩护，但是，一旦作出程序性辩护的选择，则必须提出证明上述主张所依据之初步证据。但这种辩护是其权利不是义务，同时也出于对平衡双方力量的考虑，对于其掌握的初步证据的开示不宜作强行的规定，程序性被告即国家的公权机关则必须开示其程序行为合法性及要素事实的存在依据。

第七章

我国刑事程序性证明制度的建构与完善

相关制度的完善与建构是研究的直接目的，但不是理论研究的终点，本章通过对我国程序性证明的价值目标的选定、诉讼机制的选择、构成要素方面的微观建构，提供了一种现实国情下的可供选择的方案。倡导将人权保障作为程序性证明的价值目标的基本观念，应当通过证明对象、证明责任、证明标准等的设定促成主体程序性证明力量的平衡，实现从行政化向司法化的转变。在程序性证明中，法官应当坚持能动主义的司法立场以实现实质正义与程序正义，回应社会对正义的诉求。

第一节　我国刑事程序性证明的价值目标：人权保障

价值是建构具体制度的前提，必须重新审视程序性证明制度的价值，程序性证明的价值超越了程序本身的价值，产生了“波及效应”。一方面，程序性证明通过维护主体的程序性权利构筑了程序性证明的制度基础；另一方面，程序性证明过程本身的交涉性增强了司法制度的可接受性，程序性裁判主体的能动司法同时维护了法律的形式正义与实质正义，而所有这一切的实现均以人权保障的价值目标为核心和立脚点。

一、研究刑事程序性证明价值目标的意义

在刑事诉讼中，证明是指对案件事实的证明。在已有的研究中，大多数学者因此而将证明的直接目的界定为寻找案件事实，而证明的价值目标则为以客观真实为基础的案件公正，这种思路极易造成将证明等同于对实体性的证明，而忽视程序性的证明，将诉讼的目的与诉讼的价值与证明的目的与证明的价值混用，混用的结果造成证明理论研究的落后，证明理论沦为诉讼理论的附庸，难以形成系统的证明体系，程序性证明及其价值在刑事司法中的作用不能得到有效的发挥。

（一）证明的价值必须独立于诉讼的价值

刑事诉讼的整个过程可以看做不同的主体运用证据证明案件事实的过程，在此意义上，诉讼的目的与诉讼的价值与证明的目的与证明的价值似乎可以等同,但诉讼不同于证明,诉讼的价值不能等同于证明的价值。其一，两者的研究路径不同，诉讼的价值是从宏观制度架构的角度研究刑事司法，其重点在于权利与权力的运作与权力的制衡，彰显出诉讼的公正与效率；而证明则是从微观的主体角度研究刑事司法的价值，其重点在于通过主体对案件事实的举证、质证、认证过程彰显程序的价值。其二，两者价值实现的依据不同，虽然公正与效率可能成为两者的最终目标，但是由于研究的侧重点不同，因而其价值基础也有差异，诉讼价值的实现立基于国家的宏观司法制度的完善与变革，而证明价值的实现需要主体证明能力的平衡与协调。其三，两者的研究角度不同，诉讼是指当事人通过行使诉权而解决纷争的活动，侧重于对主体之间关系的研究，而证明所解决的实体性和程序性事实问题则是诉讼的基础。其四，两者也不能截然分开，因为证明的过程必须纳入到刑事诉讼的架构中才符合程序正义的标准。

（二）程序性证明的价值必须独立于实体性证明的价值

刑事诉讼证明的本质在于通过已知的事实运用推理的技巧探知未知的事实，因而事实是证明过程的基础，不同国家、不同时代的事实观决定了人们对证明的态度。在英美法系国家，普遍的观点认为，程序是实体之母，程序权利优于实体性权利，并且将程序性权利上升到宪法的高度，人们相信经过法定的程序所得出的结果，程序是国家权力正当化的基础，突出程

序性证明的作用；在大陆法系国家的法律观念中，人们倾向于对社会秩序的维护，将希望寄托在国家机关的职权行为上，而国家机关职权行为的正当性建立在案件事实的基础上，刑事程序侧重于实质真实的发现。在现代社会中，两大法系的司法制度呈现出相互借鉴与融合的趋势。诉讼证明包括实体性证明和程序性证明，“重实体、轻程序”的法律传统使程序性证明被长期忽视。随着法治化进程的加快，在我国的刑事司法中，程序的价值日益提升，其直接的结果在于程序性权利受到重视，对于违反程序的行为也将进行程序性制裁，而程序性证明是程序性辩护和程序性制裁的基础。程序性证明理论的提出和建构有利于型构完整的证明体系，纠正人为地割裂“证据论”与“证明论”的研究现状，将证明活动纳入诉讼法定程序的轨道，提升证据法的品格。

国家刑罚权的实施必须建立在案件事实的基础之上，因而各法治国家均通过赋予特定的司法机关一定的具有强制力的调查手段获取案件事实，程序正是这种强制力正当化的依据。正是在此意义上，刑事程序是以发现案件事实为基础的“工具价值”和刑事程序本身的正当性的伦理价值相结合的结果。现代社会中，工具价值让位于多元价值。程序负载了发现案件真实与统治合法性等多元化的价值期待，程序本身在刑事司法运作中的地位日益凸显，程序的价值在理论与实践中被不断发攖，学者从不同的侧面对程序的价值进行诠释，其结果在于程序本身成为人们证明的对象，其中以程序性事实为基础的程序性主张与程序性争议成为问题核心。程序性证明理论的提出和建构有利于将程序性裁判制度向审前程序延伸，实现程序控权的目标；有利于司法证明对象中的程序性事实的实质化，使程序性裁判对案件的实体处理产生实质性的影响；有利于从根本上解决长期以来我国刑事审前程序缺乏司法审查和司法控制而产生的一系列的程序性违法问题。在程序性证明的场域中，公民的程序性权利诉求得到回应，证明过程本身可以增强程序可接受的程度。

二、刑事程序性证明的价值取向

（一）程序性裁判过程的交涉价值与证明过程的可接受性

原始的诉讼作为一种解决纠纷的机制，各方主体平等，裁判者居中，没有受到外力强制与干预，虽然这一解纷机制蕴含了诉讼的本质，即各方平等交涉促成问题解决，但它却容忍当事人的自然冲动，隐藏了一种危机，也就是当事人可能在利害冲突中直面相向，使矛盾更加尖锐。自国家产生后，刑罚权作为一种“必要的恶”是国家暴力最直接的体现，它直接对公民人身和财产进行侵犯甚至剥夺，而在社会中每个人都是潜在的嫌疑人，都有被追诉的可能，因而有必要对这样一种必要的恶予以警惕。刑罚的适用必须经过正当的程序，“正是程序决定了法治与恣意的人治之间的区别”。正是在此意义上，可以认为刑事诉讼是“活着的宪法”是“人权保障法”。程序是刑罚的宣示者。以何种方式宣示国家刑罚权的存在是刑事程序理性与否的标准，也是程序本身正当化、合法化的标志和司法权威的基础。在中国社会转型时期，在公民权利日益突显的今天，在刑事诉讼中，应当关注程序的交涉机制，这一机制具有丰富的理论基础和现实意义。通过完备程序条件也就是满足合理交涉所必须具备的条件，使控辩双方能够平等获取诉讼所必须的信息，个人行为都是自主决定的，因而在这一信息获取与交涉及行为选择过程中法官获得应有的权威、程序价值亦得到应有的体现、法律也被公民自愿遵守与信仰，更为重要的是通过对交涉合理的认识有助于人们观念的转变，从技术理性的角度推动我国刑事司法的改革，交涉合理能够构成一个完整的理论体系，它能够涵括正当程序中包括法官中立、控辩平等等一系列技术构成。它优越于正当程序之处在于能够从动态角度，在交涉中寻求个案公正。理想与现实之间总有距离，理想的程序设计在现实中往往会带来出乎意料的结果。交涉使实质正义与形式正义统和在交涉程序之中，通过缩减中间环节和扩大参与机会的方式，在维护普遍性规范和公共秩序的前提下，按法的固有逻辑去实现人多元的价值期望。

司法权本质上是一种判断权，是法官自主性判断与交涉性判断的辩证统一，是事实判断与价值判断的辩证统一，是在法官对控辩双方信息掌握的基础上作出的一种判断。刑事诉讼中存在两种交涉过程：其一,法官居中，控辩双方依据证据进行交涉，这是显在过程；其二，法官依据历史传统，现实需要、公共政策、法的正义理念和通过对控辩双方交涉过程中所获取的信息分析的基础上对案件作出判断，并说服当事人和社会公众缓解社会冲突和压力，维护社会秩序，这是潜在的过程，也是易被忽视的过程。交涉性判断使判决的结果远离法律的强制力，通过证明主体与裁判主体的交涉互动，各主体的权利诉求均在程序性证明过程中得到满足，其他主体也通过这一过程进行视界融合，判决因此获得了社会认同的基础。[①]

通过完善程序，保证合理交涉的达成，用法律独有的方式提出一个平等对话的平台，以供人们交涉协商解决他们的冲突，交涉机制能够促成社会正义原则在解决纠纷中的适用。在这一过程中，当事人的意志在形式上得到完全尊重和体现，这就使当事人在司法权运行过程中获得了一种心理满足，对于当事人在心理上接受司法裁判具有积极的促进作用。通过交涉过程形成的判断不仅得到当事人的同意和接受，在更高层次上，应得到社会一般人的接受。司法机关若在因交涉合理而推动的公正程序上获得公众信赖，也即表明自己解决纠纷的决定获得了民众认同，拥有民众支持的力量，也即获得极大权威，这一权威能产生的司法信任感在社会上广泛存在，那么判决效果就超越了当事者，蔓延到社会，普遍的司法信仰由此而生。

（二）刑事程序性证明与追诉权、司法权的有效性

刑事诉讼的发展过程为强制力占主导、强制力与交涉力并存、强制力弱化交涉力占主导。在国家本位型司法中，司法权附属于政治权之中，所有的司法行为均是为了满足政治权力的需要，而不存在自主的价值追求。程序正当化功能被抑制，国家以暴力宣称刑罚权的存在。此时刑事司法表现为形式非理性和实质非理性特征；程序本位型司法是对国家本位司法的扬弃，在此阶段，刑事诉讼遵循目的－工具主义要求，在遵循形式合理的前提下最大限度地追求实质合理。对人类行为而言，在目的已确定的前提下，理性意味着选择有效的行动方案作为实现目的手段，如果选择的手段不能或干脆没可能实现目的则表明该选择缺乏理性。公正程序正是一种理性化的优选机制。在这一阶段，为了对法律漏洞进行补充引入了价值判断，对实质合理也予以关注。司法过程并不是一个把形式化的普遍性概念和范畴简单适用案件事实的过程，而是一个由司法决策者把其对实质正义的理解适用于案件的过程。但从总体上看，在这一阶段当形式合理和实质合理发生矛盾时，体现为形式合理优先，即司法追求法律之内的正义。这样司法权的封闭性得到了维护。同时对当事者的权利也予以一定的尊重和维护。但程序本位型司法权关注法律判决结果的正当性、合法性，并不关注判决结论在社会效果方面的正当性。一个法治社会司法程序通过对形式合理和

① 孙万胜：《司法权的法理之维》，法律出版社2002年版，第27页。

实质合理不懈追求，司法正义的实现是有可能的，并且，现代西方法治皆以此为限。但是，任何美好的制度设计如果缺乏公众参与，它最初所追求的目的必将变形。程序本位型刚性结构使审判日益精细与复杂，使贫穷者望而却步，日益丧失必要人文关怀近乎残酷，这就孕育了以交涉理性为表征的目的本位型司法的产生；目的本位型司法制度正是通过为主体间提供交涉的平台促成交涉合理化，获得社会认同的基础。司法判决的过程（程序）只能决定其自身是否具备合理性，而社会主体对制度的认同或者说制度的说服力或受信任的程度要受到交涉理性的检验。[①] 正当化（公众对制度的认同）只能是产生于法律程序之内，成立于法律程序之外的法律——社会过程，也正是通过这一过程司法程序回应了现代多元社会的多元价值诉求。用公式表示为：诉讼程序正当化 = 形式合理 + 实质合理 + 交涉合理。

（三）我国刑事程序性证明与人权保障价值契合

将刑事程序性证明的价值从程序性裁判过程的交涉价值到证明过程的可接受性与追诉权的有效性发展到人权保障，旨在在我国建立一种以人权保障为核心的刑事程序性证明理论。人权是一个有争议的概念，刑事诉讼中的人权保障在学界也没有形成统一的认识，我国刑事诉讼法将惩罚犯罪与人权保障作为基本任务。很多学者在研究此问题时均是结合这一条规定进行论证，大致上可以将学者的观点概括为三类主体、三个层面进行研究。三类主体主要是指当事人、其他诉讼参与人和一般社会公众的人权，三个层面则是指抽象意义上的人权、实体意义上的人权、程序意义上的人权。李心鉴先生认为，刑事诉讼中的人权保障是指对被告人及其辩护人、自诉人、被害人、证人等诉讼参与人、一般公民的合法权益及诉讼权利的保护。[②] 陈光中先生认为，刑事诉讼中的人权保障的内涵在于通过公正的程序，对犯罪的合法、有效的打击，保护公民的人身、财产、生命等合法权利，以实现实体公正与程序公正。[③] 樊崇义先生认为，惩罚犯罪、保护人民是刑事法律对人权保障的体现，这是实体层面的人权保障，保护当事人及诉讼参与

① 孙万胜：《司法权的法理之维》，法律出版社 2002 年版，第 77-119 页。

② 李心鉴：《刑事诉讼构造论》，中国政法大学出版社 1992 年版，第 138 页。

③ 陈光中："坚持惩治犯罪与保障人权相结合、立足国情与借鉴外国相结合"，载《政法论坛》1996 年第 6 期。

人的诉讼权利则是程序层面的人权保障。[1]有学者对抽象意义上的人权观和实体意义上的人权观持批判的态度，提出程序层面的人权保障才是刑事诉讼语境的人权保障，具有明显的合理性和优越性，应当成为刑事诉讼人权问题研究的基点。程序意义的人权以被追诉人的人权保障为核心，具有人权保障的现实性与可评价性，正是程序使作为被追诉人的弱小的个人有了抵御国家权力滥用的有力武器，被追诉人正是因此而有可能成为与国家追诉机关相抗衡的诉讼主体。[2]

可见，大多数学者主要是在刑事诉讼的目的与任务的层面谈论人权保障，还有一种将人权保障作为刑事程序价值的观点：人权保障与法律价值有着密切的关系，是现代社会中关于正义、自由、平等等法律价值的普遍的表达用语。人权既可以作为一种道德价值，也可以作为一种实在权利，刑事程序人权保障包含了刑事程序价值与刑事诉讼法中规定的公民的诉讼权利，是实然层面与应然层面的结合。[3]笔者深以为然，刑事程序性证明正是从实然的层面规制了国家追诉权力的运行以维护被追诉人的人权，在刑事程序性证明的过程中，对程序性问题的裁判过程是多方主体交涉互动的结果，这一过程必须符合法治社会正当程序的技术构成才有意义，程序性证明的结果不仅使国家的追诉权、司法权获得了有效性，更为重要的是使刑事司法的运作呈现出人权保障的特征，人的尊严与价值在刑事追诉中得到了尊重。

第二节 我国刑事程序性证明的模式与诉讼机制选择

程序法治化是我国刑事司法的必经路径，通过宪政精神所蕴含的控权机制以牵制国家追诉机关滥用追诉权的行为是一条最好的路径，而权利与权力的平衡则从公民权利的角度提供了另一条控权路径，其基础在于市民

① 樊崇义：《刑事诉讼与人权保障》，见陈光中、江伟主编：《诉讼法论丛（第2卷）》，法律出版社1998年版，第70页。

② 林劲松、毕慧：“语义与语境：刑事诉讼中的人权保障”，载《浙江社会科学》2005年第5期。

③ 锁正杰：“刑事程序价值论：程序正义与人权保障”，载《中国法学》2000年第5期。

社会，所以宪政式诉讼模式是我国未来程序性证明的最好的模式选择。在具体的实施中，需要进一步调整主体程序性证明力量而促成程序性裁判中的“程序性原被告方”的力量平衡。在缺乏具体的法律规定之前，法官采能动司法之立场，以实现实质正义与形式正义，通过此种方案回应社会对正义的诉求。

一、刑事程序性证明的模式选择：宪政式模式

未来的刑事程序性证明制度的发展过程是以人权保障为核心的制度建构过程，宪政式诉讼模式是最终的制度选择。其理由在于以下几个方面。

（一）我国现行的司法模式中存在不利于刑事程序性证明发生与发展的因素，阻碍了诉讼法治化的进程

在我国封建社会纠问式的诉讼中，被告人是被国家机关追诉的诉讼客体，因而控辩双方的力量不可能平等。新中国成立后，我国的刑事司法制度借鉴了革命根据地的司法实践经验与苏联刑事诉讼制度和模式，秉承了大陆法系职权主义的传统，刑罚权的实施甚至被认为是国家对犯罪行为发动的一场战争。在上述的诉讼模式下，控辩不平等是典型的特征与常态，控辩力量平等不可能成为司法制度的问题。毫无疑问，这种制度有利于查获犯罪事实、实现实体公正、提高司法效率与维护社会秩序，但是其以牺牲被追诉者的人权为代价，刑事司法呈现出专制的特征。随着国内经济体制转轨与国际人权运动日益高涨，我国也于20世纪末，在法律制度中注入了人权保障的基因，“国家尊重和保障人权”载入宪法是其中的标志性事件，在刑事法中也吸收其他国家的先进经验，先后制定了与人权保障有关的制度,这也成为提高辩方权利促成控辩平等的有利契机与前提条件。但是，从总体上看，虽然我国现行的刑事诉讼法律制度吸收了当事人主义诉讼模式的审判方式，但在审前程序的权利与权力配置上，侧重于国家机关依职权主动地查获犯罪，限制被追诉者的辩护权与调查取证权，控辩双方调查取证能力还存在调整的空间。

我国的刑事司法秉承了大陆法系职权主义的传统，因而在权力的制衡方式上有着与大陆法系职权主义相似的因素，国家机关在刑事司法中占有主导地位，案件事实主要通过国家机关依职权主动查明，犯罪嫌疑人和其他当事人只是帮助国家机关获取案件证据信息的工具。在这种理念下，一方面会

造成国家权力的扩充，另一方面则会使相对方权利日益萎缩。1996 年刑事诉讼法修改时引入了当事人主义的因素，虽然使这种状况有所改观，甚至我国大部分学者认为，我国现行刑事诉讼法所构建的诉讼模式虽然吸收了大量当事人主义的有用因素，但仍保留了职权主义的一些特征，形成了一种具有中国特色的混合式诉讼模式。[①] 但是这些不同法系国家刑事司法的技术性因素的引入，并没有在我国产生预期的结果，我国传统司法中的一些根深蒂固的因素阻碍了司法制度改革向着预定方向发展的趋势。国家机关在刑事司法中的权力仍然没有受到有力的限制，权力滥用、违法司法的案件不在少数，其中暴露出的问题值得反思。相较于其他国家，我国缺乏司法审查制度，在权利制约权力模式中，权利保障性制度的缺乏，也使刑事司法牵制国家公权的意图落空。以强制措施的刑事羁押为例，因刑事羁押措施直接剥夺了公民人身自由，因而相对而言，是最为严重的措施。强制措施必须被限制在一定的范围内，比例原则是其他国家适用强制措施时必须遵循的基本原则，对适用强制措施的法官保留原则也使强制措施受到事前的司法审查与事后的非法证据排除规则的约束。但是，我国的强制措施除了逮捕需要经过同属于追诉机关的检察机关批准外，对于其他的强制措施与强制性措施的适用，公安机关均有权自行决定，而无须经过中立的法官签发令状，由于审前的程序中律师的活动受到限制，因而权利的制约也显得无力。变相拘禁、滥用取保候审、留置盘问等“法外”刑事强制措施也被不正常的适用。

在上述的权力结构中，刑事程序性证明很难有发展的空间，因为刑事程序性证明主要是要求国家机关对其程序性行为在事前和事后进行合法性与正当性的证明，否则不得进行有关的追诉行为，这一点对于重视实体与追求司法效率的国度来说，显得尤为重要，实践中却较为困难。在我国的刑事司法中，逮捕需要由检察机关进行审查。有学者认为我国的逮捕程序中具备了三方的结构，被追诉人是一方、要求实施逮捕的公安机关为一方、检察机关则相当于中立的裁方[②]。在这种机制下，程序性证明也只是公安机

① 陈光中：“坚持惩治犯罪与保障人权相结合立足国情与借鉴外国相结合——参与刑事诉讼法修改的体会”，见中国法学诉讼法学研究会编：《诉讼法学理论与实践（1996 年卷）》，中国政法大学出版社 1997 年版，第 10-11 页；另参见龙宗智：《刑事庭审制度研究》，中国政法大学出版社 2001 年版，第 120 页。

② 李心鉴：《刑事诉讼构造论》，中国政法大学出版社 1992 年版，第 151-155 页。

关单方向检察机关证明符合逮捕的条件，由于检察机关所具有追诉职能，其中立性值得怀疑。除此之外，在正式的刑事审判程序中，理论上，可以对非法取得的言词证据进行排除，对非法取得的实物证据做何处理在刑事诉讼法中没有明确规定，司法机关的司法解释对此作了进一步的规定，《最高人民法院审理刑事案件程序的具体规定》第45条规定“严禁以非法的方法收集证据。凡经查证确实属于采用刑讯逼供或者威胁、引诱、欺骗等非法的方法取得的证人证言、被害人陈述、被告人供述，不能作为证据使用……”对于通过上述方法获得的几种言词证据的排除以查证确实为条件，因而对非法取证行为的程序性证明是其中的应有之意。但这条规定由于没有明确证明责任、证明标准、排除的对象也仅限于刑讯逼供或者威胁、引诱、欺骗等非法的方法，对于其他违法方法取得的言词证据，如非法逮捕、拘留后的被告人的供述，犯罪嫌疑人提出与律师会见的要求被非法拒绝后，犯罪嫌疑人供述的可采性没有规定。可见，非法言词证据的排除在我国的操作性并不强，对于被追诉者来说，希望通过程序性证明和程序性辩护获得对非法证据的排除而获得胜诉的可能性极小；在二审程序，《刑事诉讼法》第227条将违反公开审判、违反回避制度、审判组织不合法、剥夺或者限制当事人的法定诉讼权利，可能影响公正审判等违反程序的情形作为发回重审的理由；在再审程序中，将认定事实、适用法律上的错误作为提起审判监督程序条件，毫无疑问，适用法律应当包括程序法律，其法律依据同样为《刑事诉讼法》第227条的内容，因为既然第二审人民法院可以据此发回原审人民法院重新审判，在再审程序中也可以据此发回重审，这样可以提高对程序法重要性的认识。[①]

（二）现代社会中，其他国家的刑事程序性证明模式提供了可以借鉴的资源，宪政式诉讼是各国程序性证明制度的普遍的模式选择

在国外，自从美国学者帕卡提出犯罪控制模式和正当程序模式之后，“模式”一词即被广泛使用。因为刑事程序性证明内置于不同法系、不同国家的司法制度中，因而其与学者讨论的诉讼模式有着天然的联系，当代关于刑事诉讼模式的理论中，英美法系国家的当事人主义模式、大陆法系国家职权主义模式及日本、意大利的混合式诉讼模式的分类法是较为成熟的并

① 陈光中主编：《刑事诉讼法（第2版）》，北京大学出版社、高等教育出版社2005年版，第391页。

得到大多数学者所认可的一种理论[①]。事实上，国外的学者作出这种分类的初衷是用一种类型化的分类方法以便于区分两大法系的制度特点。借鉴的结果是两大法系诉讼模式相互融合的趋势，正是因为有了这种理论的分类，才有了随后的相互借鉴与融合的说法。但是，在我国司法改革的过程中，学界存在一种夸大不同模式的异同，忽视其共同点的研究倾向。一直以来，国内都有关于适用当事人主义诉讼模式还是职权主义模式或者混合式模式的论争，正如有的学者对这种分类提出的质疑，如果本身就不存在纯粹的对抗式诉讼或审问式诉讼，又何来交融和借鉴呢？尽管两大法系诉讼模式与诉讼价值观有较大的差异，但各国的司法中均将重点放在平衡控辩双方的权力与权利上。事实上，传统的大陆法系国家也关注犯罪嫌疑人和被告人的权利，而英美法系国家也重视国家的权力的运用，对抗式诉讼和审问式诉讼的划分只是一种理论的分类，在事实中并不存在。[②]笔者认为，基于上述因素的考虑，采用任何现有的关于诉讼模式的分类的概括均会存在问题，可以考证权利运作的模式，将宪政式诉讼模式作为对现代社会程序性证明模式的概括，以此绕开传统的以诉讼主体的地位作为分类基准的职权主义与当事人主义的分类所带来的理论困境。特别是自20世纪中叶以来，随着人权运动的兴起，使两大法系的司法制度中的共性因素更加明显。刑事司法中的权利与权力分立与制衡是世界各国均需要解决的问题，努力寻求两者间的平衡应该是各国共同的趋势。从权能平衡的角度审视，可以认为，英美法系国家均奉行个人主义传统，对国家与政府持怀疑的态度，对公权力的制约主要通过赋予个人权利来实现；而在大陆法系国家则对国家机关持肯定的态度，国家公权力的制约主要通过权力机关内部制约来实现，以实现对滥用公权力侵犯人权行为的制止。但从总体上看，两大法系的共同做法是均在司法中寻求国家公权与个人权利的最佳的平衡点，权能平衡应该是最好的结果，因为只有这样才能在秩序与人权之间找到平衡。分析两大法系在此问题上的共同的发展趋势能为我们找到确定刑事程序性证明结构的基本方法。

（三）选择宪政式能解决我国理论与实践的困局

关于诉讼模式在国内学者的研究中，在用语上并没有完全达成统一，

① 李心鉴：《刑事诉讼构造论》，中国政法大学出版社1992年版，第70页。

② 徐美君："刑事诉讼改革的路径选择"，载《中国刑事法杂志》2010年第6期。

早期学者夏勤先生根据原告、被告与审判官关系和地位的不同，将诉讼模式分为弹劾式与纠问式，其采用了诉讼方式这个概念。[①]也有学者根据不同诉讼主体在刑事诉讼中的地位、诉讼权利和义务及相互关系采用刑事诉讼形式这一概念；[②]也有学者将不同主体的诉讼地位和诉讼的基本形式称之为诉讼结构；[③]李心鉴将控诉、辩护和裁判三方的法律地位和相互关系称之为诉讼构造。[④]但上述研究的共同点在于：研究的对象是不同诉讼主体在刑事诉讼中的地位、权利和权力关系。研究刑事程序性证明模式的焦点也是对刑事程序性证明过程中的诉讼主体的地位、权利与权力关系的研究。结合刑事程序性证明在其他国家的制度实践与发展规律。有学者据此得出我国刑事司法也应该走混合式模式之路，事实上，由于传统与现实需要的不同，没有完全相同的司法制度。司法制度的改革是一项社会系统工程，不能简单从其他不同法系的国家引入一种技术性因素之后就认为我国也走上了混合式诉讼模式。一方面，如前所述，从职权主义与当事人主义走向混合式诉讼模式有可能是一个不恰当的命题；另一方面，要使一种引入的制度发挥实效，必须有相应的国民基础和配套制度。没有必要争论我国的司法制度到底属于职权主义，还是当事人主义，或者应该走向职权主义还是当事人主义，还是混合式诉讼模式，我国的司法传统存在相异于两者并有自己显著特征的因素，这些因素是不能忽视的制度存在。在司法改革中，从其他国家借鉴相关的技术性因素寻求不同主体的权能平衡并使之发挥实效，是我们努力改进的方向。因为只有在宪政式诉讼中，法的各项价值最有利于得到实现。

追寻刑事程序性证明过程中的权能平衡具有较大的现实意义。刑事程序具有阻碍国家公权力运作的作用，正是在此意义上，才有“动态的宪法”之称。刑事司法中的公权运作必须以程序法律为依据，否则必为非法，程序性证明主要将国家机关的程序行为置于程序裁判的平台上使之合法化，程序本身即为一个自组织系统，程序的合法化过程证明了自身的正当性。这一点

① 陈瑞华:《刑事诉讼前沿问题》，中国人民大学出版社 1999 年版，第 13 页。

② 陈卫东、张弢:“论我国的刑事诉讼形式”，见《诉讼法学论丛（1986-1987）》，中国政法大学出版社，第 35 页。

③ 陈光中主编:《外国刑事诉讼程序比较研究》，法律出版社 1988 年版，第 5-6 页。

④ 李心鉴:《刑事诉讼构造论》，中国政法大学出版社 1992 年版，第 70 页。

在我国传统的司法制度中并不存在。程序性证明对于解决我国程序违法行为有较大的作用。

二、刑事程序性证明主体力量的平衡机制

这里的证明能力不是证据的证明能力，而特指诉讼主体运用证据进行证明的能力，主体证明能力的强弱取决于主体的调查取证能力。在我国刑事司法中，控辩不平等的核心在于主体调查取证能力的不平衡配置，因为庭审胜诉的几率倾向于证据信息多者，庭审话语权也取决于主体对证据的掌握与运用。在整个刑事司法过程中，主体程序性证明能力的平衡取决于以下两个方面。

（一）需要通过调整主体的调查取证能力来达到主体的证明能力的平衡，问题的关键在于提升辩方的调查取证能力，而辩方的调查取证能力的加强则主要依靠律师帮助权的落实而实现

具体来说，律师帮助权包括保障律师帮助权的知悉权。权利的实现依赖于主体对权利的积极主张，正如德国著名的法学家耶林所认为的，为权利而斗争不仅是对自己的义务，而且是对社会的义务，将这种论述推广开来适用于所有的权利的实现。由于个体的法律水平参差不齐，并不是每个嫌疑人均知道律师帮助权的存在，在此种情况下，需要国家机关主动告知犯罪嫌疑人有权获得律师帮助，应该更进一步在立法中明确国家机关关于律师帮助权的告知义务和犯罪嫌疑人的知悉权。可以将现行《刑事诉讼法》第 96 条的规定改为“犯罪嫌疑人在被侦查机关第一次讯问后或者采取强制措施之日起，可以聘请律师为其提供法律咨询、代理申诉、控告，侦查机关有义务告知嫌疑人律师帮助权，没有告知此种权利而取得的证据无效”，扩大律师在刑事司法中的权利。被追诉者在刑事诉讼的各个阶段都有权请求由其选择的律师提供法律的帮助，联合国 1990 年《关于律师作用的基本原则》对此作出了规定。在我国刑事诉讼中，侦查阶段律师的身份不明确，根据法律的规定，律师在此阶段只能向其当事人提供法律咨询、代理申诉、控告，有限的会见权，为当事人申请取保候审的权利。此时律师不能进行调查取证、对于侦查人员对其当事人的询问也无权在场。对此，法律必须明确：从程序开始律师就有权以辩护人的身份介入诉讼，以维护其当事人的合法权益；缩小会见时侦查机关可以派员在场的有关规定的范围，充分保障

律师的合法会见权；充分保证侦查机关讯问时的律师在场权，讯问时的律师在场权可以减少刑讯逼供发生的可能，律师在场权可以及时制止侦讯人员的违法侵权行为，将侦讯工作置于律师的监督之下，此阶段律师的介入也可以收集程序违法行为的证据，为程序性裁判中获得程序性辩护的成功作准备；律师的阅卷权是律师获得辩护资料的重要来源；获得法律援助权。联合国 1990 年《关于律师作用的基本原则》第 3 条、第 4 条规定："各国政府应确保拨出向穷人并在必要时向其他处境不利的人提供法律服务所需的资金和其他资源。律师专业组织应在安排和提供服务、便利和其他资源方面进行合作。"我国刑事司法中的指定辩护适用范围较小，只限于审判阶段和三种特定的案件，与其他国家和有关国际性的条约存在较大的差距，应该修改我国关于指定辩护适用范围的限制。从长远来看，在整个刑事诉讼过程中，对于所有因经济困难而无力聘请律师的嫌疑人，国家均有义务为其提供专业的律师的帮助，拓展指定辩护的适用空间，这是我国辩护制度未来的发展之路。一方面，在刑事审前程序中，律师的介入可以为权利制约权力提供知识方面的保障，是对国家程序违法行为进行监督的一个重要方面；另一方面，通过对因剥夺律师帮助权而采取之程序行为的无效制度可以阻碍程序违法和保障人权，侵犯被追诉人获得律师帮助权获得的证据应被排除。律师帮助权是一项具有宪政意义的程序性基本权，可以限制国家权力的滥用和保障公民的基本权利，其重要性不言而喻。[①] 对于这一项重要的程序性权利，特别是在程序性违法最严重的刑事审前程序的侦查阶段，律师的介入在一定程度上可以阻止程序滥用维护人权，但客观上也可能给侦查机关的取证行为带来不便。面对强大的国家机关，律师的介入需要明确的法律的授权与完善的程序保障制度。由于我国现行刑事诉讼法对于此阶段律师的身份不明确，所以"依法剥夺律师帮助权"的行为时有发生，在没有律师参与的情况下，侦查机关实施的侦查行为极有可能侵犯嫌疑人的人身和财产权益，因为对于非法剥夺律师帮助权的侦查行为，现行刑事诉讼法缺乏程序性制裁方面的规定，法律应该明确规定对于侵犯被追诉人律师帮助权而获得的证据应被排除；从移送审查起诉之日起，律师能够以

① 周宝峰："宪政视野中的刑事被告人获得律师帮助权研究"，载《内蒙古大学学报(哲学社会科学版)》2009 年第 7 期。

辩护人的身份介入，但是强制指定辩护只适用于审判阶段的三种特殊的案件，对于因经济困难或者主体身体方面的缺陷，世界各国的司法制度中均设置了指定辩护制度。相对而言，我国的适用范围较小，应结合我国的国情，适当扩大指定辩护的适用范围和适用阶段，对于违反指定辩护制度的程序行为需要设置程序性制裁措施，适用非法证据排除规则或者法院直接撤销起诉或裁判的裁定，只有如此，才能保障当事人辩护权的实现，平衡控辩双方的程序性权利。

（二）需要通过具体证明制度的配置，平衡程序性原告与程序性被告方的力量，赋予作为个人的当事人程序主体的地位，使其获得足以制约国家机关的力量，避免个体在程序中沦为孤立的被追诉的客体和受侵害的对象

举证责任的分配使控辩双方的程序性证明能力达到实质意义上的平衡。在刑事程序性证明的过程中，程序性行为的实施者主要为履行国家追诉权的公安机关、检察机关，国家机关的客观义务使其必须对自己实施的程序性行为的合法性进行证明，国家机关的调查取证能力实际上也强于辩方，由举证能力较强的一方承担证明责任也较为合理；犯罪嫌疑人有可能处于人身自由受限制的不利境地，在律师帮助权相对不足的情况下，辩方取证较为困难，国家机关承担程序性证据的证明责任相对于辩方来说更为容易。在具体的证明标准的设置上，需要作出有利于当事人的倾斜，就被追诉者来说，一般需要承担提供初步证据的责任，这种责任仅能作为提出动议引起程序性裁判的因素，宜作为一种程序性权利而不宜作为一种义务，因而对初步证据不宜设定过高的证明标准，否则极易使当事人丧失通过程序性诉求获取权益的信心；而对于可能实施程序性违法的国家机关来说，则必须提供足够的证据证明其程序行为的合法性，否则可以作出存在程序性违法的推断。

三、刑事程序性证明裁判方法选择：能动主义的司法立场

以法官在刑事审判中评价证据作出裁判时所受限制的程度的差异为标准，可以将司法判决分为司法能动与司法克制，这两个概念的理论背景源于三权分立的关于立法权、行政权、司法权分属三个不同机关行使的制度设计。根据三权分立的制度理念，法官只能在立法机关所确立的法律限度内进行司法，任何超越法律限度的意图均是对司法权的僭越，但是法律本

身所固有的缺陷使法律不能及时跟随时代的发展，静态的法律总是存在不能适应动态社会的问题。在法律不能及时跟进的情况下，有些法治国家采用了一种由法官根据宪法的精神，解释法律、适用法律、拓展法律的司法模式，这种司法方法就是司法能动主义。严格按照法律和先例所确定的准则行事是司法克制主义的典型表现。有学者认为，司法能动主义是指法官基于自己对公共政策及其他因素的指导,脱离先例作判决的一种司法理论。①也有学者认为，司法能动主义法是法官在审理案件的过程中，为应对当下的社会现实与社会演变的趋势，可以通过法律解释脱离先例与成文法的规定，以弥补先例与成文法之漏洞的一种判案方法。②还有学者认为，司法能动主义是司法主体为实现法律效果与社会效果，积极行使司法权，主动采取多种手段解决法律纠纷的司法活动的总称。③

司法能动主义在美国从最初的干预国会的经济立法、推进自由放任的经济政策开始，到反对种族歧视、维护种族平等、拓展公民权利，及现今发展到从权力制约到社会自治的各个领域。④这种历程表明：从其内容上看，司法能动以权力制约与公民权利为基本内核；从其方法上看，在司法与行政的政治角力中，在维护其基本的政治框架的前提下，通过司法审查的运用将符合时代发展的权利观念注入案件中，以推动社会的发展。但是，也必须关注其发展的趋向：司法能动主义的产生与发展在于法官通过司法审查权探寻宪法的宏旨与精神，突破法律的界限进行能动司法，其在西方社会发展的趋势是日益超越甚至脱离与司法审查的事实联系，更加回归能动的本来含义，成为一种普遍的司法哲学。⑤这种趋势使人们将这种哲学引入我国的刑事诉讼成为可能。笔者研究司法能动主义的目的在于探求司法能动主义作为司法方法推动司法回应社会的正义诉求的能力，以及司法能动主义的方法与技巧，希望能够为我国司法制度中面临的问题提供一个解决的方案，当然我国的人民代表大会制度下的“一府二院制”有着不同于“三

① 薛波：《元照法律英美法词典》，法律出版社2003年版，第748页。

② Henry campbell Black，Black Law Dictionary，6th ed'west publishing co，1990，p.847.

③ 姚莉：“当代中国语境下的‘能动司法’界说”，载《法商研究》2011年第1期。

④ 李桂林：“司法能动主义及其实行条件——基于美国司法能动主义的考察”，载《华东政法大学学报》2010年第1期。

⑤ 顾培东：“司法能动的蕴含”，载《法律适用》2010年第2、3期。

权分立”的政治架构的优势，立法本身体现了人民的意志，以人民当家作主为依归，人的权利与尊严在立法之初就得到了充分的体现，反映了民众的意志。没有必要也没有可能完全照搬西方社会中实际上为“司法立法”的司法能动主义，但是司法能动主义在运用司法回应社会的需求方面方法与技巧则存在值得学习的地方。现代社会中，权利的发展一般皆源于自身政治经济社会体制的发展，也有可能是对国外权利价值观的回应，但内因是根本的原因。我国现阶段，权利意识不断觉醒，程序意识不断提高，程序价值观念在人们的意识中不断得到拓展，正是因为有此背景的存在，程序性违法的问题才被理论界与实践界共同的关注。从长远来看，构建程序性裁判制度是司法制度进一步发展的必然趋势，在司法制度中，需要有中立的裁判者对程序性问题进行司法裁判；从短期来看，在不对现行制度进行大的变革的情况下，可以通过两种方案解决程序违法的问题，但均依赖于司法能动主义哲学。

正如学者所指出的，司法能动的蕴含在于：主张赋予法院或法官在司法过程中更强的主导地位，尤其是赋予法官在实体及程序方面更大的自由裁量空间，突出法院或法官对于案件最终解决的决定或影响作用，肯定司法（机构）、立法的正当性和可能性，强调司法的社会意义，主张在司法活动中超越单一的法律维度，综合、统筹、全面地分析和考量对象所关涉的各种因素，合理平衡各种诉求和利益关系，恰当解决各种规则及价值的冲突。司法能动在我国兴起的原因在于：克服法律固有属性或特性所附随的缺失和局限，司法与政治的融合等因素。[①] 刑事程序性裁判过程也是一个司法过程，正如前文的论证，从某种意义上看，程序性裁判与程序性证明甚至有着超越于实体与程序本身的价值蕴含，程序性裁判过程需要通过程序证明过程的内部证成与外部证成以实现司法制度功能建构，程序性证明过程也必须遵循法律论证的三段论式的结构，程序性法律作为大前提、程序性事实作为小前提，由此推出程序性判决结果，由于我国的程序性法律并不健全，司法能动有着更为重要的意义。虽然我国存在法律职业化与能动司法的矛盾，但也并不是不可逾越的障碍，可以通过渐进的方案实现程序性法律的完善与发展，应在程序性证明及裁判中引入能动主义的司法立场，这种立场是

① 顾培东：“能动司法若干问题研究”，载《中国法学》2010 年第 4 期。

在我国现实国情下，司法应对社会正义诉求的最好方式。其一，我国现行的制度设计对于程序性违法问题主要通过检察机关的检察监督权来实现，可以在抽象的检察监督权中注入检察机关程序性裁判权的制度基因，赋予检察机关类似于国外的司法审查权的方式对国家机关的程序性违法行为进行审查。在制度不变的情况下，只能依赖于检察机关根据刑事司法控制权力与保障人权的宗旨进行能动的司法（程序性裁判），但必须首先剥离检察公诉权与监督权合一的问题。其二，在审前程序法官无法介入的情况下，可以通过在审判程序中运用法律所赋予的非法证据排除规则拓展对违法取证行为的制裁力度，推动程序性裁判制度的发展；从长远来看，则需要中立的程序性法官参与审前程序，进行程序性裁判。在程序性裁判中，需要程序性裁判者根据诉讼的基本目标与价值，进行综合衡量，将特定的诉讼行为与程序的整体利益进行动态的协调与权衡，最终实现控制犯罪与保障人权的价值目标，以期平衡诉讼中各主体的利益，从而确立程序行为的效力，实现司法公正，虽然我国不存在以三权分立为背景的司法审查与违宪审查制度，但可以对其他国家的能动主义司法立场所采用的司法方法予以借鉴，可以通过剥离能动主义司法的背景制度而采能动主义司法之能动本义，在法律缺乏程序性证明的规定下，由法官秉承公平正义之理念对程序性问题作判决。

四、刑事程序性证明与刑事实体性证明的互动

需要说明的是，笔者虽然研究与倡导刑事程序性证明，但是无意否定刑事实体性证明在理论与实践中的积极作用，因为刑事实体性事实是刑事司法的最基本的目标追求，各国对于实体性事实的证明模式有着较为成熟的制度基础，即使标榜“程序优先”的英美法系国家的司法制度中也不排斥案件的实质真实，只是在两者发生矛盾与冲突时才遵循正当程序得到的结果。古今中外的刑事司法制度中，刑事证据模式从神示证据到法定证据再到自由心证的证据模式演变，恰好说明了人类在刑事司法制度中，在不同阶段与自身认识能力相对应的真实观，而法律的正当程序及正当程序指引下的刑事程序性证明则起源于英国古代《自由大宪章》，是西方古代“法的统治”观念与自然法学说的产物，只是在英美法系国家的司法制度下，对事实的证明必须纳入法律正当程序的限度之内，即实质的必须统合在形式的正义之中，两者相辅相成，虽然两大法系在刑事诉讼中有不同的事实观，

但不管哪个国家均不拒绝案件的真实，正如波斯纳法官所认为的“事实认定是法律适用的基础，事实认定采用证据裁判主义，因而证据法的地位不仅重要且具有独特性”①。正如有学者所认为的：在当事人主义模式下，裁判结果的正当性主要来源于程序的正当性，而不是实体的正确性。裁判事实被认为是当事人争斗的结果，而不是法官依职权反复查究的结果。既然是当事人自己争斗的结果，当然就无所谓是否符合客观真实。在职权主义模式下，当事人推动诉讼进程的能力十分有限，其影响诉讼结局的能力亦受到严格的限制，从而裁判中认定之事实的可接受性也就主要来源于该认定与客观事实相符合这一属性，而不是来自程序的正当性。②

在英美法系国家辩护律师通过辩护的技巧赢得诉讼的例子也不少见，只要经过了正当的程序，就接受由此而产生的结果，有时甚至不惜以牺牲实体真实为代价，辛普森案件是其中的最为典型的代表，虽然人们可以通过血迹、DNA 鉴定等高科技的方法获得可能的案件的真实，但因为取证的程序违法，重要证据不能排除合理的怀疑等因素，该案被宣告无罪，尽管人们对于该案件存有怀疑，但由于经过了正当的程序，人们也接受了该程序的结果；在大陆法系国家，有着与英美法系国家不同的事实观，司法的公正性在很大的程序上取决于法官通过自由心证所认定事实与客观事实的一致性，换而言之，客观事实是大陆法系司法制度中的很重要的制度目标，对客观事实的获得正是通过以控辩双方为主体的实体性证明而获得，当然在职权主义为标志的大陆法系国家，法官在司法中也会依职权调查相关的证据，这一切均围绕实体而展开。

我国的刑事司法制度虽然秉承大陆法系的传统，但在具体的制度上与两大法系均存有较大的差异，我国有着较为独特的法律传统，独特的实体与程序观念。因为刑事实体性证明与刑事程序性证明必须围绕实体事实与程序事实展开，不同的事实观决定对证明方式的侧重与选择，在刑事实体性证明与刑事程序性证明的关系上，笔者主张应当顺应我国刑事司法理论中关于实体与程序关系的较为成熟的“并重论”的观点。与此观点相适应，刑事实体性证明与刑事程序性证明两者也应当“并重”，“并重论”的观点

① [美]理查德·A.波斯纳：《证据法的经济分析》，徐昕等译，中国法制出版社2004年，第6页。

② 易延友：“证据法学的理论基础——以裁判事实的可接受性为中心”，载《法学研究》2004年第1期。

并不排斥在不同的历史时期根据人们在理论与实践中对实体性证明与程序性证明的重视程度而作出适当的调整、侧重与平衡。需要说明的是，正如前面的论述，不能简单地认为实体性证明与程序性证明就是一种具体证明方式或者是一种技术性的操作流程，实体性证明与程序性证明代表两种不同的价值取向及一系列的相关的制度建构。由于我国相当长一段时间忽视程序价值，忽视刑事司法实践中的程序性权利的保障，随着程序观念的转变，必然推动司法制度的转变，当然这一转变的最为直观的结果就是在刑事诉讼法中的更为精细的程序性操作流程的设置。因此，我们应在坚持实体性证明与程序性证明并重的前提下，结合我国当前社会转型时期社会矛盾的特征及权利诉求，顺应建构法治中国对人权的司法保障的时代要求，提升刑事司法中程序价值的地位，推动程序性证明的制度建构，使刑事证明更加精细、科学与完整。事实上，我国 2012 年修订的《刑事诉讼法》已经有所体现，《刑事诉讼法》第 54 条规定：采用刑讯逼供等非法方法收集的犯罪嫌疑人、被告人供述和采用暴力、威胁等非法方法收集的证人证言、被害人陈述，应当予以排除。收集物证、书证不符合法定程序，可能严重影响司法公正的，应当予以补正或者作出合理解释；不能补正或者作出合理解释的，对该证据应当予以排除。本条规定中对于非法的言词证据直接排除的方式，而对于非法的物证、书证等实物证据则以是否“严重影响司法公正”作为法官自由裁量的标准，表面上看，这是一种具体的证据排除规则，实际上，这也是结合不同的证据类型对刑事实体与程序价值的取舍与选择，在此过程中，必然会发生相应的实体性证明与程序性证明。

第三节　我国刑事程序性证明正当化路径：从行政化向司法化的转变

程序性证明正当化的基础为正当程序，但程序性证明的行政化倾向使程序违反司法的本质、脱离程序法治化轨道，使司法程序与人权保障的距离拉大。因此，程序性证明司法化的转变是制度变革的必然选择，必须构建程序性证明的制度空间，使程序性证明与裁判回归司法的本质。本部分从诉讼条件、强制措施与强制性措施、非法证据的排除规则这三个程序性证明中最能体现程序控权的这一核心主题的制度进行论证，以期促成相关的制度转变。

一、我国刑事程序性证明从行政化向司法化转变的必要性

（一）刑事程序性证明行政化所产生的困境

1. 刑事程序性证明行政化使司法日益背离司法的本质

刑事司法是从国家层面设置的一种解决纠纷的手段，其根本目的不是实施国家的刑罚权，而是为刑罚权的实施提供正当性的依据，阻却国家机关滥用追诉权的行为，维护社会秩序和公民的基本人权，正当程序本身提供了公权运作的正当化的依据，程序的正当化依赖于三方架构的诉讼特征，即控辩平等、控审分离、法官中立。尽管在不同的法治国家对程序性问题的裁判由不同的角色担当，但三方结构和脉络极为清晰，国家机关的程序违法行为损害了法治社会的这一制度根基，使程序所担当的权力正当化的功能受阻，程序争议表明主体对程序性行为的合法性产生怀疑，并提出程序性诉求而引发的诉讼。程序性证明的司法化为程序争议提供了一种司法化的裁判方案，一方面，从程序性主张的提出到程序性行为的推进可以通过当事人的积极主动的进行，从程序性证据的调查到程序性判决的作出，原、被告在其中起着主导的作用，因此对于自己努力作用的结果，双方也易于接受；另一方面，与实体性裁判中的法官完全的消极被动不同，程序裁判者必须通过事前的依申请进行司法审查或者定期对国家机关的程序性行为基于客观义务进行审查，及时纠正程序违法行为，程序性违法行为是一类由国家机关作出的侵犯人权的行为，越早纠正越有利于公民合法权益的维护。

各国均较为重视对程序性违法行为的控制，大部分国家通过司法途径予以解决，因为司法本身就是一个自组织系统，各法治国家均对程序违法行为规定了较为严格的制裁措施，即我国学者称为的“程序性制裁”对于程序性问题的制裁，作为一种完备的自组织系统解决程序争议的裁判结构也必须遵循司法的三方结构才合乎司法的正当程序理念。而在我国刑事司法中，程序性证明的行政化倾向由提出程序性主张的主体向作出程序性行为的国家机关进行证明，由该机关自行决定是否存在程序违法行为，这种国家机关自我决定、自我授权的方案割断了程序向社会自我证成其正当性的机会，使程序呈现出专权的特征，这种方式降低了程序性结果的可接受性。

2.刑事程序性证明行政化弱化了人权保障机制

人权保障是现代社会中的基本价值理念，程序性证明过程的行政化使司法程序与人权保障的价值追求渐行渐远。“绝对的权力导致绝对的腐败，一切有权力的人都容易滥用权力，这是万古不变的一条经验，有权力的人们使用权力一直到遇有界限的地方方始休止。”[①] 刑事程序性行为由国家机关实施，而对公民提出的程序异议却由可能实施程序违法行为的国家机关自行决定，由于缺乏第三方监督主体的存在，以追诉权为主的公权力极易寻找借口，突破法律规定的界限，权力运用者将权力作为自己谋取私利工具，权力发生异化，人权则沦为权力的附庸，两者是此消彼长的关系。作为水源的司法权也存在滥用或错用的可能，刑事司法中侵犯人权的问题也大量存在，但存在并不一定合理，为了保证国家刑事司法执法权的合理性，必须通过相应的制度设计制止司法中出现的程序违法行为，以防止侵犯人权行为的发生。我国刑事司法中的人权保障正是在此背景下提出的，2004 年人权保障写入宪法是其中的标志性事件。毫无疑问，作为动态宪法的刑事诉讼法，其中的人权保障最重要，也最值得人们关注。刑事程序行为可能造成对人权的侵犯，而在关于对程序行为本身的合法性的争议中，如若采用行政决定的方式，将使程序行为者既是被告者又是决定者（裁判方），出于自身利益的考虑，非法程序及由此而获得的证据很难被排除，作为相对方的被告人由于违法的证据被定罪将处于不利的地位。以刑事审前程序为例，刑事程序性证明行政化弱化了人权保障机制内容，主要包括：在立案的过程中，不破不立、难案不立、以罚代刑、以劳代刑、以赔替刑、已破不立、低估低立、立案不准的现象时有发生，如果相对方提出程序性问题的异议，则由立案机关的内部监督和检察机关的外部监督予以纠正。但我国现行法律规定的检察机关的监督实际上没有强制力，公安机关对于检察机关的消极对待无能为力，所以监督主要由侦查机关内部监督来完成，相对方只能处于消极等待的状态中，一切处于悬而未决的情形，其中存在的问题不言而喻；在侦查的过程中，违法侦查刑讯逼供时有发生，秘密搜查、违法搜查也不少见，任意扣押冻结与案件无关的物品、文件、存款、汇款，不开取清单，或清单内容不规范、不具体，滥用刑事强制措施，随意没收保证金，

① [法]孟德斯鸠：《论法的精神（上册）》，张雁深译，商务印书馆 1982 年版，第 154 页。

超期取保候审、监视居住,违法适用拘留、逮捕措施,超期羁押现象较为普遍,除逮捕需要检察机关的批准或者人民法院的决定外,其他的侦查机关均有权通过行政决定的方式进行自我授权,这些非法的程序性行为造成对犯罪嫌疑人人权的最大的侵犯。这些规定与人权保障制度背道而驰,如果将犯罪行为作为刑事案件对社会的第一次的人权侵害,国家机关实施的程序违法行为及相关的救济措施则是刑事案件对社会的第二次人权侵害。

3. 刑事程序性证明行政化使司法日益脱离程序法治化的轨道

现代法治国家设置程序的目的是通过"程序来制约权力",程序的本质是限制恣意,国家公权力只有在法定程序的轨道中才符合法治化的标准,法治化是法律所蕴含的价值理念得以实现的过程。刑事程序性证明的法治化是指将程序性问题的证明过程纳入法治化的轨道,以此确定程序性证明制度,指导主体的行为模式与影响主体的观念形态,其核心是对国家刑罚权运作程序的规制。程序本身的价值通过其自身所具有的制度伦理得以体现,但程序性违法则使程序背离了设置程序的制度初衷,国家机关的程序行为脱离了法治化的轨道,则程序为刑罚权的运作提供正当性根据的功能必然受阻。正如日本法学家谷口安平教授所提出的,"程序正义是一种'过程价值',它主要体现在法律程序的运作过程中,是评价程序本身正义性的价值标准"[①]。而程序的正当化也正是立基于程序对人权的保护与人的尊严的尊重。程序本身的不正义必然造成对公民人权的最大侵害,造成对法治观念的最大冲击,法治国家法治化的理念也为程序性违法提供了一种制度内的解决方案,及通过公正的程序解决程序本身的问题。但我国刑事程序性证明行政化倾向则与法治化进程相背离,采用了一种行政化的决定方式,排斥相对方的参与、排斥主体的对抗与交涉,使对程序性问题解决建立在单方武断决定的基础之上。在我国现行的刑事司法实践中,程序规则倾向于对行使国家权力的保障,不利于人权保障,程序的设计与运行通过行政化的方式强化权力、弱化权利,国家机关垄断了对于程序问题的决定权,其他国家的司法审查制度在我国并不存在,缺乏中立的裁判者对程序性问题进行裁判。这种方式难以对刑事诉讼中的侦查权、追诉权等公权力进行有效的控制、抑制其暴力强制性,难以有效维护被裁判者应该拥有的程序

① [日]谷口安平:《程序的正义与诉讼》,王亚新、刘荣军译,中国政法大学出版社1996年版,第47页。

参与权、公正审判权，这种现状使程序性证明中的双方当事人的力量严重失衡，如果程序本身的合法性问题不能得到有效的解决，则必然会波及并影响案件实体判决结果的合法性、正确性及可接受性，则整个司法系统的法治化根基均会被毁坏。

（二）司法化的转变——刑事程序性证明的正当化的必然选择

1. 刑事程序性证明的正当化依赖于司法化裁判机制本身的正当性

刑事程序性证明的司法化转变是程序法治化的必然结果，依赖于司法化的程序性裁判机制的有效建立。与行政化决定方式不同，司法化的程序性证明方式的优点在于：首先，通过中立的程序性裁判者的司法审查和程序性裁判，将国家机关的程序性行为纳入权力制衡的过程，建构了一种权力的制约机制，要求程序行为必须按照法律所规定的时间、空间、方式进行，否则将会承担不利的程序性后果；其次，司法化的程序性证明模式，能够保证主体充分参与程序性裁判的制作过程，对双方当事人平等武装，提供了充分的交流与对话的空间，保障了当事人的人权，因此双方当事人能够遵循由此而产生的结果；最后，程序性裁判的公开性，也使受程序裁判的程序行为及程序裁判过程本身接受到社会公众的检验，程序性裁判结果将会波及社会，社会公众由此产生对司法与法律的信赖。

2. 程序性证明的司法化是公正审判权的应有之意

程序性证明的司法化通过司法裁判的方式解决程序本身出现的问题，保证了公民的公正审判权，这一点也是司法正当化的依据。一般认为，公正审判权源于一些国家的国内法，从英国的《自由大宪章》到美国的《独立宣言》和宪法修正案，在一些法治发达的国家先后确立了该原则，其根本目的在于保障公民的基本人权不受非法侵害，“二战”后，一些国际性的人权公约迅速对之予以确认，《公民权利和政治权利国际公约》将之界定为一国国民所享有的由一个合格的、独立的、不偏不倚的法庭，公正地、及时地裁断其权利义务纠纷或对其刑事指控的权利，并明确了公正审判权的一些基本标准。但是必须认识到：首先，公正审判权并不限于审判阶段。在相关的国际人权公约中，大多规定了在刑事审前程序中受政府行为实质性的影响之日起就能够获得公正审判权保护，一般是从国家公权力作用于公民的人身和财产时开始，《世界人权宣言》第 9 条规定“对任何人不得加以任意逮捕、拘禁或放逐”。《公民权利和政治权利国际公约》第 9 条也规定了“对任何人不得加以任意逮捕或拘禁，除非依照法律规定的根据和程序，不得剥夺任何人的自由”。对于被逮捕或羁押的人“应当被迅速带至法官或其他法律授权其行使司法权的官员面前，并有权在合理的时间内接受审判或被释放”。与此相对，还规定了一系列的配套权利与制度，诸如，知悉权、律师帮助权、及时获得审判、禁止讯供等权利，一方面，这些权利构成公正审判权的权利保护体系；另一方面，对这些权利的违反即程序性违法行为本身也必须经过公正的审判，才是公正审判的应有之意。[①] 其次，公正审判权并不限于实体问题，还包括程序性问题。从本质上看，公正审判权是一种程序性人权，公正审判权保证公民享有对所有侵害其合法权益的行为要求获得法院公开、公正、及时审判的权利，其中包括实体权利与程序权利，公正审判权适用于判定“刑事指控”和确定“诉讼案中的权利和义务”两类案件[②]，刑事司法过程中的程序性权利争议也应该属于公正审判权调整的对象，所以，公正审判权不仅仅包括实体问题的审判，也包括程序性问题的裁判。

二、我国刑事程序性证明的司法化转变

从其他国家程序性证明的理论与实践来看，由中立的程序性法官介入刑事审前程序进行程序性裁判是一种较为普遍的做法，程序性裁判通过事前的司法审查、同步的司法监督与事后的司法救济予以实现。在此过程中，程序性法官起着较为重要的作用，其根源在于司法终局裁判的理念。在事前的司法审查中，尽管两大法系均表现出由法官依申请单方审查，对程序行为的条件予以审查并授权，但这一般是出于对犯罪的控制与对效率的追求，程序性证明表现于国家追诉机关对自己程序性行为的条件的合法性进行证明。事实上，在这种审查中，程序性法官可以自始介入司法审判，但一般并没有对程序性问题采用严格的司法裁判程序。两大法系之所以采用这种方案，其原因在于，大多数国家程序启动于侦查程序，而侦查措施的强制性会造成对公民人身自由、财产、隐私权的侵犯，因而程序性法官的介入必不可少，在大陆法系有些国家，如法国，检察机关对特定的强制处

① 薛竑：“对我国侦查阶段的公正审判权的缺陷分析”，载《公安学刊》2005年第1期。
② 张吉喜：“公正审判权的解释理论初探”，载《甘肃政法学院学报》2009年第7期。

分有决定权，但对于长时间的审前羁押等需要公民承担积极义务的事项均由程序性法官决定是最低限度的正义要求，检察官的程序处分权源于其对法官的不信任与制度设置中检察机关所承担的客观义务；在同步的司法监督中，由法官定期或者不定期主动地对公权机关追诉行为的程序性问题进行同步审查，程序性法官的介入是因为追诉行为是一种司法行政行为而不是一种纯行政行为，而且存在侵犯公民权利的较大可能性，因而设置了程序性裁判，程序性法官有权要求追诉机关对羁押的合法性与必要性进行证明；在事后的司法救济中，由于程序行为已经实施完毕，对其程序进行司法审查源于程序性争议，当主体对程序行为发生争议则可以通过司法裁判予以事后救济，诸如，非法的取证行为、超期羁押等行为均由中立的法官按照严格的听审程序进行专门的程序性裁判。

我国的刑事诉讼法中并没有法官介入审前程序的相关规定，只是规定了法官对于审判过程中发现的违反公开审判、回避制度、审判组织不合法等情况的发回重审的制度，对非法证据排除的规定有较大的改进，使法官有可能通过审判程序排除非法，事实上对程序违法进行司法控制，但审前程序的法官介入仍然是一个没有得到很好解决的问题。在诉讼条件的程序性证明中，一般由国家机关根据分工负责的原则主动进行，缺乏程序性法官的事前与同步的参与，唯有检察机关有可能全程监督，但检察机关的追诉身份及其在监督过程中难以割舍的追诉情结使其监督的实效大打折扣。在侦查过程中，除了逮捕需要经过检察机关的审批外，其他的强制措施与强制性措施均由公安机关自我决定，这种做法不可能产生真正意义上的程序性裁判，程序性证明也不可能存在，因而审前程序中的程序性裁判与程序性法官的介入是我国未来解决程序性问题的根本出路。

（一）诉讼条件中的程序性证明的司法化

1. 启动程序中的程序性证明的司法化

立案在我国的刑事诉讼中处于重要的地位，立案与否涉及当事人的人身自由、财产权益、社会道德影响等，立案不当也会侵犯公民合法权益，并产生严重的社会后果。[①] 根据刑事诉讼法的规定，我国刑事诉讼的开始采

① 彭志刚、王贞会、许晓娟："刑事立案监督中的问题与对策探析"，载《浙江师范大学学报(社会科学版)》2010年第1期。

用程序启动式，即由专门的机关经过专门的立案程序才能开启，其他所有程序均立基于此。为了达到法律中设定的立案标准的即有犯罪事实、追究刑事责任的条件，事实上，在立案之前，侦查机关均会采取一定的调查活动，侦查机关可以进行勘验、询问、查询、鉴定、调取证据材料。虽然法律规定不得采取强制措施，但这些实质意义上的侦查活动的存在，使侦查机关极易绕开立案程序，由于在此阶段缺乏中立的法官的司法审查，程序倒挂与程序违法现象在此阶段极易发生。在司法实践中，由于立案程序负担了太多不必要的功能，不破不立、低估低立、立案不准、已破不立、难案不立等违法现象时有发生。[①] 公安机关一般均采用从人到案的侦查模式，这种模式是对以事到人的立案程序基本要求的悖反，是程序行政化的典型表现。不难看出，以专门的立案程序作为启动程序的标准极易产生一个悖论，即以立案作为程序启动的开始，但为了防止立案的随意性，侵犯公民的人权，有必要设立立案的条件，而立案的条件必须以证据为基础，证据来源于调查，而没有立案则调查的性质难于确定。立案之前的调查活动缺乏程序控制，我国现行《刑事诉讼法》第 111 条规定了刑事立案的监督方式，由检察机关对立案过程中出现的程序性问题进行监督。狭义的监督论者认为，立案监督的内容为检察机关认为公安机关对应当立案侦查而不立案侦查的，或者被害人认为应立而不立提出申请的[②]；广义论者则认为立案监督的范围为，立案监督的内容应当包括应立而不立、不应立而立及立案管辖权的监督，控告人对公安机关的不立案决定不服申请复议、对公安机关作出的复议结果及其他违法行为的监督、对检察院自侦案件的监督、自诉案件的监督。这种纠错方式的根本问题在于监督主体追诉与监督职能上的冲突，因而不可能存在典型的程序性证明。事实上，在理论与司法实践中，检察机关为了完成立案监督的任务均会进行调查即立案监督调查，并可以采取适当的调查措施。我国在对立案问题的监督上采用了检察机关的单向的职权配置，而不是采用程序性裁判方式。对于不立案的案件，虽然规定了还可以通过自诉的方式进行救济，但是自诉的方式需要被害人承担实体与程序两方面的证明责任的规定使这种案件中的权利诉求极易落空。理论界存在一种观

① 黄锐平、朱丽萍、张世杰："刑事立案不实问题"，载《公安研究》2010 年第 7 期。

② 张穹：《人民检察院刑事诉讼理论与实务》，法律出版社 1997 年版，第 353 页。

点，即现行的立案制度既无存在的价值也无存在的必要，应当废除立案程序，建立程序启动后的良好的司法控制体系。[①]

两大法系其他国家的诉讼程序中，大多数国家侦查程序与启动程序重合，但大体上，其他国家的程序启动与推动均依赖于一定的诉因事实的存在，但只要不要求公民承担积极义务，追诉机关有权主动启动诉讼程序，法国以提起公诉作为程序启动的标准。事实上，警察机关在程序启动之前拥有广泛的调查权利，这种程序启动之前的调查行为与我国类似，但是对于特定案件预审法官的介入能够同时实现侦查权与司法审查权。大多数国家与我国的不同之处在于，中立的程序性法官自始就可以介入程序，特别是对公民人身自由等方面的强制措施均需法官的司法审查与授权。

笔者认为，各国在程序启动之时，司法审查的主要意图在于对强制侦查调查取证行为的控制，而对于不涉及公民积极义务的行为，根据诉讼对效率与程序安定的追求，一般不需要进行程序性裁判，除非有关于立案合法性、程序性争议的出现，关于立案合法与否的程序性决定权也不应由承担追诉职能的检察机关实行，程序性问题的终局裁决应由中立的法官解决，此点应是程序正义的底线。在不改变现行立案制度的程序设计的基础上，立案不应负担太多程序之外的功能，立案承载的不应有的功能是我国现行立案问题的根本原因，也是造成违法立案与不立案的根本原因，因而立案的标准不应太高，由立案机关对犯罪事实进行简单的审查后作出立案与否的决定即可，在此阶段除了现行犯等特定的犯罪行为外，不宜采取涉及公民权益的调查行为及强制措施。事实上，在 1995 年修改刑事诉讼法时，有学者曾提出将立案程序作为侦查中的一个步骤，在“侦查篇”中设立，“立案”与“侦查行为的实施”二章。[②]这种观点是对其他国家基本经验的总结，也是解决理论方面难题的一个较好的方案，但却最终没有被采纳。

2. 公诉条件中的程序性证明的司法化

关于公诉条件的程序性证明，主要体现在起诉的条件与不起诉条件及其争议上。在英美法系国家，由于经过不起诉之案件受到禁止双重危险之

① 刘瑞榕、刘方权：“刑事诉讼程序启动研究——对我国现行立案制度的质疑”，载《中国刑事法杂志》2002 年第 1 期。

② 陈光中、严端主编：《刑事诉讼法修改建议稿与论证》，中国方正出版社 1995 年版，第 239-240 页。

约束,因而公诉条件的程序性证明主要体现在对公诉条件的审查上。在英国，可诉罪需要经过治安法院的预审，治安法官对起诉的条件进行审查，因为这是一种程序性请求，因而证明责任在追诉方；在美国，对于存在大陪审团的州，轻罪由检察官作出决定，重罪则直接由大陪审团作出起诉决定，无大陪审团的州则必须经过预审程序，由预审法官对起诉条件进行程序性裁判。大陆法系国家的程序性证明同时体现在对起诉条件的规定与不起诉的制约机制上，一方面，由追诉方承担证明符合起诉条件的责任；另一方面，在不起诉的制约程序中，也存在关于对起诉条件的程序性证明。在法国，对于严重复杂的案件，在检察官提起公诉后，预审法官甚至可以依职权主动收集证据以决定是否向审判法庭移送案件，受害人告诉并成为民事当事人后，可以以私权启动公诉，由预审法官对其申请书进行审查，并决定提交检察官提起公诉；在德国的强制起诉程序中，被害人有权对不起诉决定申请法院裁定，法院有权命令检察机关提起公诉；在日本的准起诉程序中，告发人或者告诉人对于起诉犹豫可向相应地方法院请求将案件交付审判，法院经过审查裁定交付审判即视为公诉已成立。

事实上，虽然其他国家对起诉条件的程序性证明规定了多种救济方案，但预审法官的程序性裁判是其中重要的一个方面，程序性证明也体现在预审法官的程序性裁判中。而我国缺乏相关的规定，从长远来看，应在我国的审前程序中设立中立的程序性法官，鉴于我国公诉转自诉案件的适用的难题及现状，应废除公诉转自诉的做法，可以借鉴其他国家的做法，被害人向法官提出申请，法官依职权审查是否符合公诉条件，再决定是否提交检察机关提起公诉；对于酌定不起诉中的被不起诉人，也有权针对不起诉决定向预审法官提出起诉的申请，而不应由作出不起诉的检察机关进行自我授权，才符合权力分立的基本原则，也是公正审判权的应有之意。

3. 审判条件中的程序性证明的司法化

在起诉之后正式的审判之前，其他国家均存在一个介于两者之间的程序，程序性法官针对可能违法的程序性问题专门作出程序性裁判，以节约司法成本，维护公民的人权。在英美法系国家，英国有专门的中间程序；美国的审前程序中控辩双方可以提出程序性动议，以制止或取消某种已经实施的程序性行为。在大陆法系国家，法国的预审法官对于特定的案件有直接介入侦查与审查起诉的权力，所以对审判条件的审查与之前的审查程序重合，分化并不明显；德国也存在中间程序；日本对于同类问题的处理则在审判准备阶段得到解决。结合前几章的论述,综观其他国家的刑事预审程序，可以看出：其他国家的预审程序的核心价值在于通过预审法官的程序性审查或者裁判制约公诉权、保障人权，实现程序分流以提升司法效率。其他国家共同的特征在于由中立的独立于控辩双方的第三方（程序性法官）进行司法审查与裁判，以决定是否开启正式的审判程序。

1996年我国刑事诉讼法的修改中，为了防止法官庭前预断，对公诉审查程序进行了较大的改革，努力隔断审前程序与审判程序的关系，在审查起诉上采用了现行的学者所谓的“证据复印件主义”。根据1996年《刑事诉讼法》第150条的规定，人民法院对提起公诉的案件进行审查后，对于起诉书中有明确的指控犯罪事实并且附有证据目录、证人名单和主要证据复印件或者照片的，应当决定开庭审判。虽然这些规定有一定的进步意义，但由于过分强调一步到庭，挤兑了对公诉案件在正式的审前程序中进行司法审查与程序性裁判的空间，使审前的程序性证明也不可能有存在的空间。我国的这种做法与其他法治发达国家的审前机制存在较大的差异。审判条件中的程序性证明的司法化主要条件在于：(1）预审程序的司法化需要设置独立的预审法官。我国目前的审前准备程序没有设置专门的程序性法官，而为了防止法官预断，审判案件的法官接触案件的证据范围受到了较大的限制，对于符合起诉条件的公诉，法官有直接适用的效力，因而相较于其他国家，我国缺乏一道介于公诉与审判之间的中间过滤程序，这也使审前的程序呈现出行政化的样态。应该区分实体审理的法官与程序性法官，在起诉与审判之间设立一个中立过滤机制，因为作为追诉权的公诉权也存在较大的可错性与侵犯人权的可能性。这里的预审程序专指介于公诉与审判程序之间的中间程序，预审程序不同于正式的审判程序地方在于其功能并不是为了解决实体性纠纷，而是为了对滥用公诉权的限制与对审判条件的审查，切断公诉程序与审判程序的联系。为了做到公正的审判，必须使预审法官独立于正式审判案件的法官，这也是其他国家的普遍做法。(2）需要在预审程序中平衡双方的程序性力量以使证明力量平衡。其他国家预审程序的另一重功能在于通过预审法官主持的证据开示程序以实现证据信息共享，平等武装防止突袭审判，在审前的程序侦查阶段，尽管各国的诉讼制度作出了不懈的努力，能够实现形式上的平等武装，但不管在哪个国家，作为个人的被追诉者都无法与掌握国家公权的追诉机关相抗衡，这是不争的事实，因而各国在正式的审判之前，通过在预审程序中设置证据开示制度，在调查的结果上实现资源共享、平等武装。这种对证据信息的分享机制在发达的法治国家是一种有效的平衡控辩双方力量的程序性机制，这种机制是实体性证明与程序性证明及其辩护的基本保障。我国应当在设立预审程序的同时设置这种证据信息的分享机制，以保障正式审判的效率与平等对抗，真正实现控辩平等。(3)预审法官的职能只能限定在对程序性问题的解决上。预审法官的立法目标及其制度价值决定预审程序中的预审法官只能对公诉及所有审前程序的合法性进行审查，如，案件的管辖权、起诉的条件、是否存在不追究刑事责任的等情形。从证据的角度来理解，即预审法官只解决证据的合法性问题而不解决客观性与相关性问题，预审法官有权审查证据的形式是否合法，是否依照法定的程序取得等。对于非法的强制措施与非法的取证行为予以撤销和确认因此取得证据的效力。

（二）强制措施与强制性措施中的程序性证明的司法化

由中立的程序性法官对强制措施与强制性措施进行司法审查是其他国家较为一致的做法，这一职能一般由预审法官或治安法官实施。其他国家适用强制措施的决定权及争议发生后的救济权均赋予程序性法官，法官通过行使裁判权对侦查主体的行为进行事前、事中、事后的控制。两大法系其他法治国家人身权与财产权受到同样的法律保护，由中立的法官对程序性争议进行裁判是英美法系国家一贯的传统，英国对于警察的逮捕、搜查、扣押等强制措施与强制性措施的适用除了特殊的例外情况外，均需要治安法官的批准，对于错误适用强制措施与强制性措施所获得的证据还可能会被非法证据排除规则排除。美国也有相似的规定，通过事前的司法令状与事后的非法证据排除规则来实现。大陆法系国家则强调国家机关在司法中的积极作用，传统社会中程序性法官有较强的侦查权，但新近的发展则逐渐消除了侦查程序中预审法官的侦查权，保留甚至强化了其司法审查权。现行德国的刑事司法已经废除了传统的预审法官制度，检察官与警察均是侦查行为的实施者，检察官只是对少数特定的行为具有强制决定力，侦查权主要由法官控制，在强制措施与强制性措施实施之前，必须接受中立的程序性法官的严密的司法审查，必须经过法官的批准。对于因此而获得的证据的效力，法官根据利益衡量的方法进行权衡，有较大的自由裁量权。

日本刑事诉讼法中综合了两大法系的因素，通过改变静态的法律规制为动态的令状主义的授权方式控制强制措施与强制性措施的实施，同时也引入了事后的非法证据排除规则进行事后规制，但实质真实的追求使日本司法制度改革在此问题上的效果大打折扣。①

我国现行的强制措施与强制性措施主要采用一种行政审批的方式，除了逮捕需要检察机关批准外，其他的强制措施与强制性措施无须批准，检察机关自侦的案件如若适用强制措施，这种监督权更是难于实现。通过法律所规定的适用条件即程序法律的规范作用控制公权机关的司法行为，但法定的程序只能从形式上予以静态的控制，而对于实质违法行为则无能为力，侦查程序采用封闭的结构，通过侦查机关的自我控制、自我监督的方式，不符合权力制约的理念。②司法实践也表明，我国现行法律中对于强制措施与强制性措施控制不力，侵犯公民合法权益的现象较为严重，我国司法中对实体真实的追求及三机关相互配合的原则，使潜在的裁判权不能有效的发挥作用，也难于控制强制措施的滥用。我国有学者提出，基于对检察机关作为法律监督机关的宪法定位与长期行使批捕权的经验及过大的司法改革对司法制度所带来的震荡的考虑，应由检察机关作为控制强制措施适用的主要力量。③也有人提出，应由检察机关行使剥夺人身自由和严重限制公民财产权利的刑事强制性措施的决定权。④

笔者认为，检察机关并不能取代中立的法官进行司法审查，因为检察机关追诉权是一种积极主动性的权力，总是存在被滥用的可能，如果由其掌握司法裁判的权力则会使控辩力量失衡，必须在强制措施与强制性措施的适用中，引入中立的法官作为裁断者以形成三方架构，维护强制措施适用中的程序公正。强制措施与强制性措施的实施除了紧急情况之外均必须经过中立的法官进行司法审查，如果程序性争议发生之后，则必须由程序性法官进行程序性裁判。只有在三方的架构中，程序性证明才能真正地发挥作用，相较于强大的国家追诉机关，在程序性证明中，必须通过证明责任、证明标准的倾斜性配置以平衡控辩双方的力量，律师帮助权也必须切实得

① 秦宗文、朱昊：“强制措施外部控制问题探讨”，载《中国刑事法杂志》2009年第9期。

② 宋英辉、吴宏耀：《刑事审判前程序研究》，中国政法大学出版社2002年版，第178页。

③ 秦宗文、朱昊：“强制措施外部控制问题探讨”，载《中国刑事法杂志》2009年第9期。

④ 张智辉、邓思清：“论我国刑事强制性措施制度的改革与完善”，载《法商研究》2006年第1期。

到保障。具体来说，为了防止过激的改革造成对制度的巨大的冲击，可以分两步：第一步，从短期来看，对于强制措施与强制性措施的决定权，改变由公安机关自我决定、自我授权的方式，可以由检察机关统一行使决定权。由具有监督身份的检察机关作为第三方主体介入，可以缓解由公安机关自我授权所带来的弊端，检察机关在我国刑事诉讼中作为司法机关的性质定位也使这种方案在诉讼理论上不存在矛盾；从长远来看，由于检察机关追诉与监督角色冲突，如果由检察机关决定搜查与扣押程序不可避免受追诉身份的影响，其公正性将大打折扣。第二步，在适当的时候，设立专门的程序性法官，由程序性法官进行司法审查，对于其中的程序性争议，则应当在保证程序性证明当事人参与权的前提下，采用公开的听证方式进行程序性裁判。

（三）非法证据排除中的程序性证明的司法化

有关部门不断作出司法解释，但刑讯逼供等非法取证行为依然存在，几乎所有的冤假错案均和刑讯逼供、非法取证行为有关（如赵作海案）。

刑事程序证明中的非法证据排除规则，一方面，依赖于一系列的制度规定；另一方面，也需要相关配套制度的跟进。而其关键的因素则在于正当性的制度建构：在刑事审前程序中，应当设置专门的程序性法官对审前程序中非法证据效力进行认定并进行裁判，以形成三方的结构，控制追诉机关滥用追诉权的行为，而不能由检察机关行使这一权力；在刑事审前程序中，如果对取证行为提出非法取证的质疑，可以由当事人选择直接向程序性法官提出排除非法证据的诉讼请求，程序性法官可以直接介入审前程序进行程序性裁判，但只能限于程序性问题。

具体来说：

其一，关于非法证据排除规则中依申请启动的主体的范围。我国现行《刑事诉讼法》第 56 条第 2 款规定为“当事人及其辩护人、诉讼代理人”，这一范围将申请启动的主体范围从“两个证据规定”的被告人及其辩护人的范围扩大到其他当事人及诉讼代理人身上。笔者认为，纵观其他法治发达国家非法证据排除规则的历史，其制度价值和功能主要在于保护被告人的权利不受公权力的侵犯。不管是从理论还是从实践来看，现代社会中对除被告人以外的，以被害人为主体的其他当事人的非法取证行为并不多见，因而，对于被告人及辩护人以外的其他主体的申请启动权的权利救济的象征意义大于实际意义。

其二，关于非法实物证据的排除。2012 修订的《刑事诉讼法》第 54 条规定“收集物证、书证不符合法定程序可能严重影响司法公正的，应当予以补正或者作出合理解释，不能补正或者作出合理解释的，对该证据应当予以排除”，其实施性规则也需进一步明确，应当进一步明确非法实物证据排除的证明标准以及严重影响司法公正的评价标准。在此问题上，笔者比较赞同有学者提出的：可以借鉴德国刑事诉讼法有关自主性证据使用禁止中的人权保障及国外通行的对宪法性权利的侵犯作为标准，以侵害法益程度的强弱作为是否排除的标准。①

其三，关于非法证据排除规则的保障性措施，应当保证申请主体的非法证据排除规则权利知悉权、律师帮助权。权利知悉权是现代法治社会权利保障的基本前提，在我国现行的刑事诉讼法中，对于排除非法证据的权利告知制度没有较为明确的规定，程序性违法与程序性辩护相对于有着几千年追求实体正义传统的我国的国民较为陌生。由于非法的取证行为一般由国家的公安机关、司法机关实施，如果缺乏律师的帮助，一般的当事人在知悉权都无法保障的情形下，想努力提出适用非法证据排除规则的程序性辩护的可能性极小，但通观我国现行的法律援助制度，并没有明确提出将非法证据排除规则作为法律援助的理由，由此导致此类问题中缺失律师的可能性极大，如此则程序性正义极难实现。如果国家机关不履行告知义务，非法证据排除规则适用中律师帮助权无法保障，则此等权利将形同虚设。

第四节　我国刑事程序性证明的构成要素选择

对程序性证明价值的肯认最终必然会导致微观的、具体的证明制度的变革，对于程序性证明的主体，正如前述，应当立足于主体性理论进行研究，而不应仅仅局限于从证明责任的角度反观之，程序性证明的权属性质的多重性决定程序性证明的主体的广泛性，其目的在于防止程序性主体沦为程序性客体。程序性证明的对象是以法律要件事实为基础的程序性事实主张，出于对诉讼效率的

① 闫永黎、张书勤：“论非法实物证据排除规则的建构”，载《中国刑事法杂志》2013 年第 7 期。

考虑，免证的程序性事实必须被排除出外。程序性证明的责任应当由国家机关承担，但权利被侵害的当事人必须提供初步证据的动议。国家机关必须达到合理根据的证明标准，否则即为程序性违法；对于作为个人的当事人来说，提出初步证据的动议只需证明达到存在违法行为的合理怀疑，使程序性裁判者接受这一动议开启程序性裁判程序即可。

一、我国刑事程序性证明的主体

对我国刑事程序性证明主体范围的研究：一方面，必须考虑到对人权的保障的侧重与对国家公权力的制约的基本意图；另一方面，必须结合程序性裁判的基本程序结构，才能确定刑事程序性证明的主体，只有同时关注了这两个方面的问题才能突出研究程序性证明主体的理论价值。陈瑞华先生认为，对主体问题的研究必须站在诉讼的立场而不是行政的立场，而将控辩裁三方作为诉讼主体，同时还应将主体性问题作为研究的重点、关注被害人的主体问题。[①] 结合前述论证的立场，笔者认为，刑事程序性证明的主体包括以下各方。

（一）作为程序性证明的主体的法官

作为程序性裁判的裁判方，由专门的法官进行程序性裁判是其他国家的一种普遍的趋势。而我国现行制度中，根据《刑事诉讼法》第227条的规定，法官只有在第二审的刑事审判程序中才能够对特定程序性行为，诸如，违反公开审判的规定的、违反回避制度的审判行为、审判组织组成不合法、剥夺或限制当事人法定诉讼权利并影响公正审判的行为，通过撤销原判、发回重审的方式对程序性问题进行司法裁判，这种方案只是解决了审判程序违法的问题，对于审前程序的程序违法问题并没有提供完善的解决方案，法官进行程序性裁判的范围极为狭小，大部分案件的程序性裁判均是通过检察机关的检察监督权得以实现。但是从长远来看，专门的程序性法官介入刑事审前程序中，并对案件的程序性问题进行司法审查及进行程序性裁判是一个必然的选择，检察机关的监督权与追诉权的重合而出现的角色冲突使这种模式有着天然的局限性；对于法官或者审判组织的违法审判行为也应该纳入程序性裁判的范畴。可见，不论是作为程序性裁判的裁判者，还是作为实施违法审判行为的程序性法官均应被当做程序性证明的主体。

① 陈瑞华：《刑事诉讼的前沿问题》，中国人民大学出版社2000年版，第157-158页。

（二）作为程序性证明的主体的检察官

在我国的刑事诉讼中，检察机关同时行使自侦案件的侦查、批准逮捕、起诉及对整个刑事诉讼过程的监督权。在现行的体制下，批准逮捕和检察监督权事实上起到制约程序性违法的作用，但源于追诉权的检察机关处理审前程序的程序性问题的效果并不理想。从性质上看，公安机关、检察机关共同的追诉倾向使这种行政性监督方式只会发生程序性查明，而不会出现程序性证明，所以，在此种情况下，行使监督权的检察机关不具备刑事程序性证明的主体的身份；在检察机关的其他职能行为中，如，自侦案件的侦查、起诉等几种行为，检察机关均有可能出现自身的程序性违法行为，一旦发生程序性争议或者程序性违法则有可能成为刑事程序性裁判中的被告方，因而，检察官是程序性证明的主体。

（三）作为程序性证明的主体的警察

在程序性证明中，行使侦查权的警察是主要程序性裁判的被告方，出于对维护人权与查明犯罪行为，实施国家刑罚权的需要，国家赋予警察包括一系列相应的强制措施与强制性措施在内的侦查权，对被告人实施的限制其人身与财产权利的侦查措施，可能造成对公民的私权最严重的威胁。1996 年刑事诉讼法的修改并没有改变审前程序中的审问式的侦查模式[①]，侦查机关处于绝对的支配地位。由于缺乏有效的监督机制，犯罪嫌疑人也无力对侦查机关封闭的单向审查方式形成有效的权力制约，刑讯逼供、超期羁押、非法搜查、扣押、虐待犯罪嫌疑人等违法取证行为与侵犯人权的现象时有发生。事实上，在刑事司法实践中，司法警察是程序性违法的主要实施者，因而警察是程序裁判中的主要被告方，其应为程序性证明的主体。

（四）作为程序性证明主体的个人的当事人

当事人有权利参与整个程序性证明过程并通过自己的积极的程序主张影响程序性裁判的结果，必须肯认其主体地位。关于被追诉人，传统的狭义论者将证明视为国家专门机关的一种职权活动，因而认为证明主体只能是公安机关、司法机关，刑事司法中的被追诉人不是证明的主体。但是笔者认为，这观点主要从职权的角度论证了证明，没有关注到程序性证明中被追诉人权利保护的重

① 左卫民：“权利话语实践的艰难展开——1996 年中国刑事诉讼法典修改的反思”，载《中外法学》2002 年第 4 期。

要性，而且这种观点结合了证明责任进行分析，如果从证明责任的角度反推证明主体，在理论逻辑上并不恰当，程序性证明也是被追诉人的一种维护自己合法程序性权益的重要权利，并不能因为被追诉人不承担证明责任就剥夺其作为程序性证明的主体资格，被追诉人程序性证明的主体资格是程序性人权保障的应有之意，也是程序性参与权的应有之意。在刑事程序性裁判中，可能受到程序行为侵害的原案的被告人是程序性裁判中的启动者，即“程序性原告”；关于被害人，作为被犯罪行为直接侵害的对象，其为原案实质意义上的原告，案件的处理结果和其有着直接的利害关系，对于国家机关的程序性违法行为理应有权启动程序性裁判机制，并在程序性裁判中就证明程序事实的存在与否作出证明，因为案件的处理结果与其有直接的利害关系，应当肯定其程序性证明的主体地位；关于自诉人与自诉案件中的被告人，在自诉案件中，对于人民法院的程序性违法行为，在公诉转自诉案件中，对于公安、检察机关、法院的程序性违法行为有权要求进行程序性裁判，应肯定其程序性证明主体的资格；关于附带民事诉讼的当事人，我国的刑事诉讼法规定了附带民事诉讼的原被告人的当事人的地位，法律规定了其对于附带民事部分的主体权利，在刑事程序性裁判中，刑事案件的处理结果直接关系到民事部分的赔偿范围，因而对于程序性违法行为，应赋予其程序性证明主体资格，而不应当只限定于附带民事诉讼的范围之内。

不能仅仅从承担证明责任的角度研究程序性证明主体，因为这种路径极易忽视个人当事人的人权，使主体沦为客体，赋予这些主体程序性证明主体资格，一方面能够满足这些主体的权利诉求，另一方面也有利于纠正程序性违法行为，维护国家机关的司法行为权威，保证程序的安定性。

二、我国刑事程序性证明的对象

（一）我国刑事程序性证明对象范围

关于证明对象的范围，学界没有达成共识，有学者认为，证明对象包括实体法事实和程序法事实；[①] 有学者认为，证明对象包括实体法事实、程序法事实和证据事实。[②] 结合学者对证明对象的研究成果，笔者认为，主体

① 樊崇义主编：《证据法学》，法律出版社 2004 年版，第 264 页。

② 宋世杰主编：《诉讼证据法学》，中南工业大学出版社 1998 年版，第 157 页。

的证明行为围绕自己的诉讼主张展开，程序性事实与程序性证据事实均是程序性证明的对象，但只有当这种对象变为主体的主张时才具有程序意义，程序性证明的证明对象是两者作用的结果。刑事程序性证明对象是以法律构成要件事实为基础的程序性事实（程序性证据事实）主张，程序性事实是程序性证明的客观层面，程序性主张是程序性证明的主观层面，以法律要件事实为基础的程序性事实与程序性证据事实，这两者是程序性证明的载体，程序性主张则将静态的程序性事实载体通过诉权的方式向法官作出动态的展现，以期达到理想的诉讼结果，程序性事实只有变为诉讼主体的程序性事实主张才有意义。

1. 程序性主张

刑事诉讼中的主张是指诉讼主体向裁判者提出的法律范围内的事实请求及争议。这里的事实是指法律要件事实，包括实体事实、程序事实及证据事实，因而程序性主张的内涵为程序性请求与程序性争议，外延为程序性事实与程序性证据事实。刑事程序性主张是程序性证明对象的主观层面，事实需要成为程序性主体的主张才能成为程序性证明的客体，程序性主体提出一项程序性主张之时，必须运用程序性法律识别属于法律构成要件范围内的事实，并围绕这一事实提出主张并进行证明；程序性裁判者则通过法律对双方当事人的程序性事实主张进行识别与进一步的裁剪，直至最终形成程序性裁判结果。可以将这一过程用公式表示为：生活意义的事实——法律要件事实——程序性事实与程序性证据事实主张——裁判结果事实，这一过程可以简单地概括为：从事实到主张再回归到事实的过程。主张是指如何行动的见解。[①]

程序性请求一般是指程序性权利主体与程序性权力主体，向程序性裁判者主张己方程序性权利与权力的诉讼行为，至于主张能否成立则依据程序裁判者对程序性证据的具体裁量。程序性权利主体的请求，如沉默权、律师帮助权、回避申请权、辩护权；程序性权力请求则主要是指国家机关在不同的诉讼阶段，对程序性行为合法性的证明以及推动程序的主张，程序性权力的行使会侵犯被追诉人的人身与财产权益，因而程序性权力请求会使程序的运作纳入司法的监控，具体包括符合立案、侦查、起诉、审判的条件、对适用强制措施与强制性措施的请求、对证据的请求等；程序性争议则指程序性请求的相对方对上述请求事项提出了相反方向的证据与请求，程序性争议将会使程序性事实主张暂时

① 《现代汉语词典》，商务印书馆 1983 年版，第 1512 页。

处于悬而未决的状态之中，程序性争议的处理依赖于双方的举证情况与证明责任的分配规则。程序性主张是诉讼向前推进的基本动力，程序性裁判诉讼化的结果使程序性原告与程序性被告的程序性主张（请求与争议）必须在中立的程序性法官面前展开论证、说服。为了使程序性裁判中双方力量平衡，作为个人的程序主体提出程序性主张时，只需向裁判者提出权利存在的初步证据，证明责任主要由国家机关承担。

2. 程序性事实主张

程序性事实成为证明对象是学者的共识性的观点，学者的争论只是在具体的论证角度上。但必须注意的是，事实不会自然成为证明的对象，而必须经过主体的积极的诉讼主张才可能进入裁判者的视野。主体的一切证明行为正是围绕着己方的主张进行。法治社会的形式正义要求实体法事实的证明必须遵循法律的正当程序，法律的正当程序有阻止司法权力滥用维护人权之功效，但是权力运作的结果总是存在违背程序法的行为出现，发生于过去的程序事实经过程序法的评价变成了法律的事实。在刑事程序性证明启动之后，程序裁判者听取诉讼主体关于程序性事实主张的陈述，通过良心与理性对主体关于程序性证据的陈述进行勾画，直至达到法律所要求的证明标准，将之识别为程序性合法还是违法，并作出裁判。对程序性事实主张的认定是法官根据程序性法律与证据形成心证的结果。具体来说，程序性事实主张的内容包括关于诉讼条件的事实主张，即推进诉讼必须具备的条件的证据，如作为个人的当事人的诉讼能力、管辖权争议、是否达到不同阶段的诉讼条件的争议、强制措施与强制性措施争议、非法证据排除方面的争议。此外，对于所有因诉讼期间及其他各种程序性法律问题发生争议的事实，均应当作为程序性证明对象所界定的事实，这些事实也需要变成主体的诉讼主张才能成为裁判的对象。

3. 程序性证据事实主张

关于证据事实及主张是否为证明对象是一个颇有争议的问题，肯定者认为，证据事实需要查证属实才能作为定案的根据、证据事实均有不真实的可能、司法实践将证据事实作为证明对象。[①] 否定者则针锋相对地提出，对具体证据的审查判断不能作为证据证明的依据、证据事实与案件事实的重合使这种分类无

① 徐静村、樊崇义主编：《刑事诉讼法学》，中国政法大学出版社1994年版，第157页；斐苍龄主编：《证据法学新论》，法律出版社1989年版，第161页。

意义、证据事实是证明实体事实与程序事实的手段。[①]笔者认为，程序性证据事实主张应该作为程序性证明的对象，学者没有注意到主张对于事实的意义，因为证据事实主张即是主体对客观事实与法律构成要件加以识别的结果，但在正式的判决作出之前只能作为一种程序性诉求，必须经过主体的证明行为才有可能纳入裁判的结果。可以肯定的是，证据事实只有经过主体的程序性证据事实主张才能成为证明对象。其原因在于，证明对象是一个整体性概念，证明对象界定了证明的范围，是诉讼活动的起点与归宿，法律要件事实包括实体法事实、程序法事实、证据法事实，这三者分别为实体法、诉讼法和证据法调整的对象，三种事实均不存在无须证明的正确性，但事实是一种静态的客观存在，需要主体的主张将这种客观存在物引入证明的过程中；从程序性证据事实的来源看，实体性事实与程序性事实均直接来自于生活事件尚且需要证明，而程序性证据事实主张则经过了收集证据者的感知、转述与固定，中间存在失真的可能，当然也需要进行证明；从可错性程度方面来看，程序性证据事实相较于实体事实与程序事实而言，由于程序性行为特别是程序性违法行为由国家机关实施，其运用公权力干预、毁坏甚至伪造证据的可能性较大，因而有必须将之作为证明的对象，而且国家机关出于规避责任风险的需要，缺乏自我纠错的动机，所以需要相对方提出对于程序性证据事实的程序性主张与动议，但单方的主张与动议需要证明；从程序性证据作为证明对象的价值而言，程序性证据在现代社会中已经超越了作为证明实体性事实与程序性事实的工具意义，对程序性证据的证明过程彰显了程序的价值与对人权的保障，司法制度对诉讼主张尊重本身体现出对公民诉求的积极回应，也反映出一国对国民人权的重视程度；从其对证据法的作用来说，应将程序性证据事实作为证明对象，因为程序性证据的证明主要受制于证据法的调整，有利于推动证据法本身的改革与完善。

（二）免证的程序性事实

1. 特定的程序性事实属于免证事实的基本内容

刑事诉讼法与刑事司法解释虽然没有明确列明免证事实中是否指称程序性事实，但属于免证范围内的程序性事实自然属于免证的范围。通过对事实内涵的理解，以及程序在我国司法中的地位，笔者认为，特定的程序性事实也属于

① 刘金友主编:《证据理论与实务》，法律出版社 1992 年版，第 146 页；陈光中、周国均：“论刑事诉讼中的证明对象”，载《中国政法大学学报》1983 年第 1 期。

免证事实的基本内容。大陆法系国家对于程序性事实大多采取自由证明的方式予以证明也是出于对诉讼效率的考虑。

2.作为免证对象的司法认知应指程序法所指涉的部分程序性事实

关于司法认知，包括对于事实与法律问题的认知，我国法律对于众所周知的范围没有明确规定，学者们的理解有较大的差异，法律应进一步对其范围进行明确。在刑事程序性证明中，对于程序性事实问题的认识应结合法律问题的认识来理解，因为程序性事实不同于因犯罪行为产生的案件事实，案件事实源于生活事件，因而可以为大范围的公众所知悉与理解，但程序性事实源于国家公权运作的结果，发生于特定的空间中，适用于法律要件事实的理解则更为恰当。在程序性证明中，司法认知的事实问题与法律问题应结合起来理解才有意义。简而言之,作为免证对象的司法认知应指程序法所指涉的部分程序性事实。

3.免证中自认的范围会随着程序制度的完善而扩大

关于自认的规定,在有关法律对不存在异议的程序事实无须证明的规定中,涉及其他国家自认制度的相关内容，但严格限制在无异议的程序范围之内，涉及笔者所指称的程序性证明，即程序性请求与程序性争议中后一部分的内容，而对于笔者所认为的程序性请求是否存在免证的情况则语焉不详，如果所有的程序性请求都作为没有争议的免证事实显然不合理，这也与笔者所主张的程序性请求需要进行程序性证明的观点不符。因为国家机关的程序性权力主张会侵犯公民的人身、财产权利，如果不进行合法性证明有违法理。各国在民事诉讼中的自认制度是一种较为普遍的现象,但在刑事诉讼中,则持一种谨慎的态度。大陆法系国家如若被告人自认有罪也不能免除控诉方的证明责任；英美法系则较为宽松，出于对当事人的选择权的尊重，确认自认的效力，辩诉交易制度是一个较为明显的制度实践，在辩诉交易制度中法官只需确定认罪的自愿性即可以直接以认罪的证据作为判决的依据。两大法系在辩诉交易制度的借鉴使自认制度的适用范围存在相应扩大的趋势。我国《关于适用普通程序审理“被告人认罪案件”的若干意见(试行)》是对这一制度的一个有创新的尝试，因为该规定中并没有对被告人自认的事实产生直接的免证的效力，而只是省略了质证的某些过程。出于对刑讯逼供的恐惧，我国现行刑事司法将自认制度的范围限制在部分程序的范围内可以理解，因为我国缺乏保障被追诉人自愿供述的配套措施，可想而知，随着法治进程的加快，程序制度完善的结果会使免证中自认的范围不断扩大。

4. 程序性证明中推定有较大的适空间

关于推定的程序性事实，现代刑事诉讼建立在无罪推定的基础上，推定在刑事司法中被广泛适用，推定包括对事实的推定与对法律的推定，事实推定是指运用已知的基础事实通过经验与逻辑的推演得出推定事实的方法，事实推定无须证明，依据法官的自由裁量权进行；法律推定是指对事实的法律确认。因为推定建立在基础事实与推定事实的常态联系之上，是一种概然性，没有证据存在的基础，推定的事实可以通过相反的事实推翻。

程序性证明中推定有较大的适用空间，因为刑事程序性证明的主体以国家机关与被追诉人为主，与实体性证明不同之处在于国家的公安机关、司法机关在程序性证明中一般作为程序性裁判中的被告，而被追诉人则作为程序性证明中的原告。相较于实体证明中的事实证明而言，由于程序性违法行为直接由国家机关公权力运作引起，国家机关的工作人员是程序违法的直接责任人，因而干扰证明的可能性更大，双方之间的力量失衡问题更为严重。程序性事实推定的主要作用是平衡原被告双方的力量，举证责任应当由作为程序性被告的国家机关承担，如果不能证明其程序行为的合法性则可以推定该行为违法。作为个人的当事人只需对其程序性动议承担提出初步证据的责任，使裁判者对程序行为的合法性产生怀疑即可，这种配置的目的在于协调双方力量的平衡。

三、我国刑事程序性证明的证明标准

由于作为证明对象的程序性事实是发生于过去的事实，回溯性证明的特质与正当程序对证明的基本要求决定证明只能发生于一定的时空范围内，程序性证据信息具有有限性，证明标准是主体证明的基本目标，在特定的时空范围内能否达到证明标准也是决定主体程序性证明成败与否的关键。在证据信息有限的前提下，证明标准的高低程度的设定决定了主体证明难易的程度，程序性证明标准的设定反映了国家司法制度中对程序价值的选择与取舍。

通过前文的论述，可以看出，程序性证明的标准受制于事实观念、程序在司法中的地位、刑事政策等。从事实观念上看，法律真实观是我国现行刑事司法中占主流学者的基本观点，因而对程序性事实的证明也必须坚持法律真实观，法律真实观决定不能为了追求客观的真实不惜代价，程序性证明只需要程序裁判者依据证据、逻辑推理和经验法则，达到法律要件事实内的真实程度即可；程序是阻碍权力与权利滥用的制度阀，程序的地位也与证明标准息息相关，程序价值越高则越有可能有专门的程序性证明制度的存在，证明标准是证明制度的一种构成要素，是一国在特定时期的刑事政策对社会治安的综合考量的结果，如果治安形势不好则可能侧重于实体价值与社会秩序，易放松程序对公权运作的阻碍作用，相应的程序在司法中的地位也下降。具体证明标准的设置上，必须将证明标准与证明责任相结合起来才能实现程序性证明的制度功能。我国学者提出两种方案对证明标准进行配置：其一，完全由国家机关承担。因为程序性违法行为由国家机关承担，其对自己程序性行为的合法性进行证明，对作为合法性的事实基础必须适用相对较高的证明标准，如果设置过低则失去程序设置的意义，也与程序在司法中的地位不符；其二，由国家机关与受程序影响的当事人共同承担证明责任。国家机关承担证明责任的同时，由当事人承担提出初步证据的责任，如果两者的证明标准一样可能形式上平等，但实质上不平等，因为双方取证力量的不平衡性是显而易见的，相较而言国家机关的证明标准应当高于当事人的证明标准。

出于对诉讼经济的考量与程序价值的重视，笔者认为，在我国的刑事程序性证明标准的设置上，应当采用第二种方案设置证明标准，即国家机关承担证明责任的同时，由当事人承担提出初步证据的责任，这种方案可以同时关注程序性证明在阻碍程序性违法与防止当事人滥用程序性诉权与拖延诉讼两个方面的作用。国家机关的证明标准可以设定为“合理的根据”，只要能证明程序行为的合法性即可，相对于实体性事实的证明标准所设定的排除合理怀疑而言，这种标准要低得多。这种设计，一方面是为了国家机关能够推进诉讼；另一方面，则是为了限制滥用公诉权，产生程序性违法行为。对于当事人提出的程序性主张来说，则必须提出初步的证据证明程序性主体的适格与程序性诉权的存在，其标准可以设定为合理的怀疑即可，只要当事人提出初步的证据证明国家机关的侦查、司法行为存在违法的合理怀疑时即可引发法官对程序性事项的裁判，举证责任则可能由实施违法程序的国家机关承担，而不需要被告人提出清楚、令人信服的证据或者优势证据来证实程序性违法行为的存在。

四、我国刑事程序性证明的证明责任

在罗马法时期的证明责任的相关规定中，确立了原告（刑事诉讼中指控方）与肯定者承担证明责任的基本原则，后世的证明责任的分配主要立基于此。现代社会中对证明责任的分配也是多元价值取舍的结果。从分配技术的角度来看，则主要考虑了主体离证据的距离、各主体的利益的平衡、人权保障等内容。刑事程序性证明的证明责任尽管与刑事实体性证明的具体制度有差异，但分配证明责任的基本的诉讼法理有相通之处。

（一）程序性裁判的法官不承担证明责任，程序性违法的法官则承担证明责任

目前解决程序性问题的程序主要有两种，以美国为代表的审前程序解决模式与英国、日本的审判中解决的模式。以非法证据的排除为例，美国对非法证据的排除即在审前的查禁审程序中，通过控辩双方的对抗解决，而英国则通过审判中的审判程序解决非法证据的排除问题。但不论采用何种模式，程序性裁判的法官均是居中裁判，并不承担证明责任，法官对程序性问题的司法审查及司法授权只是一种依职权进行的司法查明行为，对于符合程序条件的行为进行授权，当然也是对审前程序的一种监督。程序性问题的裁判法官应当保持中立，不得偏向任何一方；但在刑事程序性证明的过程中，由于程序违法行为的实施者一般为国家的追诉机关，作为个人的被追诉者较难进行调查取证行为，因而有些国家规定了程序性法官可以对程序性问题的合法性进行同步审查。在我国的刑事程序性证明法律制度中也可以在法律中赋予法官一定的主动性，为了保持原被告双方的力量平衡，法官可以依被追诉者的申请进行对程序性行为的相关证据的调查，程序性裁判的法官与实体性裁判的法官一样，可以基于客观的立场进行司法调查，但不应因此而认为程序性裁判的法官应承担程序性证明责任。但是，对于可能实施违法审判行为的法官则应就其程序的合法性承担程序性证明的责任，因为其是程序性裁判中的被告方，在此种情况下的裁判者则应由上一级别的法官来担任。

我国现行的《刑事诉讼法》第227条和相关的司法解释规定了二审法院对于上诉与抗诉的理由中存在的审判程序违法的情况应当裁定撤销原判，发回原审人民法院重新审判，这一条规定了审判程序不合法的救济途径，但是并没有规定法官程序性违法的证明责任由谁承担，如何确定程序性违法的责任主体。应当明确此种情况下的一审案件的法官应当就其程序性合法性承担证明责任，因为，此时被告人提出了针对程序性问题的抗辩，作为公权力机关的法官应当证明审判程序的合法性。

（二）公安机关、检察机关应当承担程序性证明责任

公安机关、检察机关追诉权的实施可能造成对公民人权的最大侵害，侦查、起诉阶段也是最容易发生程序性争议的阶段。程序性争议发生后，以被追诉人为主的当事人基于程序性诉权就公安机关、检察机关的程序违法事实向程序性裁判者提出请求,则程序性裁判由此产生。在程序性裁判中，被追诉人作为程序性原告，公安机关、检察机关则作为程序性被告，与实体性裁判由控方即检察机关承担证明责任不同，作为程序性原告的被追诉人无须承担证明责任，只需提出初步的证明责任即可，程序性证明责任由公安机关、检察机关承担；在具体的承担证明责任的方式上，应当由公安机关、检察机关就其程序性行为的合法性进行证明，如若不能证明则应推定程序违法行为的存在。这种证明责任的承担方式，从形态上看，与民事法律中推定责任相似，其基本的法理在于国家机关基于客观义务对其行为的合法性进行证明；从表面上看，由程序性被告即公安机关、检察机关承担证明责任，作为被追诉人的被告人不承担证明责任。事实上，这种责任的承担方式与无罪推定的基本精神一致，由国家机关承担证明责任，其最终的目的是维护公民的基本人权。

（三）被追诉人与被害人具有提供初步证据的责任

被追诉人与被害人与程序有着同样的距离，案件的处理结果与其有着直接的利害关系，在我国的刑事司法中，两者均是案件的当事人，因而在程序性权利的配置上不应有太大的差别。

对于被追诉者来说，研究刑事程序性证明的目的主要在于通过对程序合法性的证明防止权力与权利的滥用，平衡原被告双方的力量，尽管刑事程序性证明在证明责任与证明标准的设计上应当作出有利于被追诉人的选择，但被追诉人也有可能滥用程序性权利，阻碍诉讼的进程。为了防止被追诉人滥用权利，在特定的情况下，被追诉人也应当承担一定的程序性证明责任，应当负担提出证据的责任。其原因在于，被追诉人以国家机关的程序性违法作为抗辩的理由时，并不是对国家机关追诉的犯罪事实的简单的否认，而是积极地提出了一种不同于实体方面的程序性主张造成对控方事实的间接否认，这种主张相当于一种新的肯定性的主张，因而由肯定者承担举证责任具有合理性，但是如果完全由被追诉人承担程序性证明的举证责任也不合理，因为程序性违法行为由国家机关实施，被追诉人调查取证行为极度困难，让其承担完全的举证责任将会使被追诉者丧失进行程序性证明与维护程序性权利的积极性，其主体地位也难以得到保障。基于司法证明的需要，从司法公正与效率、人权保障及现行社会政策进行考量，笔者认为，从被追诉者举证责任的性质上看，被追诉人承担的是一种行为意义上的责任而不是结果意义上的责任，是举证责任的转移而不是举证责任的倒置。在程序性证明中，已经由控方承担了基础事实的举证责任，才推动了诉讼的进程。正是因为有了诉讼的进展才出现了程序性违法与程序性辩护与证明，控方对于基础事实的证明已经完结，辩方如果不进行积极的反驳，即将败诉；如果发现其中获得基础事实的手段即程序本身存在违法，则也可作为反驳的证据，这种辩护将使实体与程序重新回到被怀疑的状态。从总体上看，举证责任还是由控方承担，只不过由于被追诉者插入了一个新的程序性辩护而使案件真伪不明，因而被追诉者对其提出的程序性违法的基础事实应提供初步证据，只有在被追诉方的初步证据被程序性法官认可后，控方的举证责任即产生，控方必须证明被追诉方置疑的程序性行为的合法性，否则应推定被追诉者抗辩成立，证据不能被采证。同理，对于被害人来说，被害人对于有损自己合法权益的程序行为也有权利启动程序性裁判程序，被害人在其中也只是承担提出初步证据的义务，即初始意义上的举证责任。具体来说，在自诉案件中，对于法官的程序性违法，作为自诉人的被害人与被告人均可以向程序性法官提出程序性违法的动议；在公诉转自诉案件中，被害人可以要求程序性裁判者对公安、检察机关不予立案的程序合法性进行裁判，而不应设定将此类案件由被害人转成自诉案件，而由自己负担完全的证明责任，这种制度设计极易造成权利的落空。

结　语

刑事司法中的权力对于实施国家的刑罚权、维护合法法益和社会公共秩序不可缺少，但是权力总是存在滥用的危险，程序违法是各国司法实践中不可避免的现象，因而各国才出现了规制程序性违法的相关制度，这是程序法治所蕴含的正当程序的必然要求。对于程序性违法的确认必须依赖于正当程序自身所确立的裁判机制来实现，任何裁判的作出均必须建立在证据的基础上，而程序性裁判的证据基础则建立在程序性证明的基础之上，程序性证明可以证明程序性事实的存在,但是程序性证明所蕴含的程序控权性使其具有更为深远的意义，这一过程使司法制度同时兼具了政治意义，增强了司法的可接受性，这一重意义的具备反向弱化了程序对事实的追求。在此背景下，客观真实观让位于法律真实观，刑事程序性证明所追求之事实也是以法律真实观为背景。

刑事程序性证明的上述价值基础决定刑事程序性证明具有独立存在的意义。事实上，刑事程序性证明与刑事实体性证明有着不同的制度逻辑，刑事程序性证明以程序控权与人权保障为核心，刑事实体性证明则以犯罪构成要件为基础的案件事实为目标。换言之，在刑事程序性证明中，程序性事实是实现控权与人权保障的手段，在刑事实体性证明中，尽管由于人类认识的局限与刑事证明回溯性特质及现代社会的多元价值也弱化了对客观真实的追求，但不管哪个国家的刑事司法均不否定事实在刑事司法中的价值，只不过不同国家的事实观不同而已。本书对刑事程序性证明的分析主要建立在与刑事实体性证明对比的基础之上，刑事程序利益冲突是刑事程序性裁判的基本动因，解决程序利益冲突与纠纷则为程序性裁判的目的，程序性裁判的结果与案件的实体事实具有较强的关联，但两者并不必然是正相关的关系；相反，因程序性违法而通过程序性裁判排除某些证据则不利于案件实体事实的发现，这是事实让位于价值的结果。

刑事程序性裁判以程序性主张包括以法律构成要件事实（刑事程序性事实与程序性证据事实）为基础的程序性请求与程序性争议为起点，程序性裁判与实体性裁判为终点,程序性证明则是程序性主张与程序性裁判之间的联结因素，正是通过程序性证明，主体的程序性主张才可能变为现实，获得程序或者实体方面的胜诉。程序性证明的效力取决于法律规定的正当程序，法律规定的正当程序通过程序性权利与义务、职权与职责的方式划定了程序性主体行为的空间，程序性规则必须具备假定、处理、制裁基本构成要素，其中程序性制裁起着重要的作用。只有遵循了正当程序与程序法律规则本身的制度逻辑，才能实现设立程序性证明制度的初衷，弥合因程序的运作给社会带来的伤害。程序性证明在一国司法中的地位受制于程序在一国法律体系中的地位，受制于一国人权状况的发展程度，程序性证明是人权保障的必然要求，程序性证明的完善会推动一国证据法学的科学发展，提升证据法学的科学品质。刑事程序性证明贯穿于程序运作的始终，但其重点在于国家机关需要公民承担积极义务之时，追诉机关、程序性法官、被追诉人是程序性证明中最为重要的程序性主体，国家机关实施诉讼行为时的诉讼条件、强制措施与强制性措施、非法证据排除规则中的程序性证明是各国具体制度实践中最典型的表现，必须结合诉讼证明的一般规律与程序性证明的控权与人权保障的特质建构和确定程序性证明的主体、程序性证明的证明标准、程序性证明的证明责任、程序性证明的证明对象，程序性证明受制于诉讼模式、主体能力、裁判权的分享机制、裁判方法、诉讼目的等因素。刑事程序性证明是从动态的角度研究正当程序的运作过程，表面上看，程序性违法超越了正当程序，但程序性证明制度通过程序性裁判排除违法方法所获得的证据的效力，而使程序重新回归正当程序的范围之内，体现出了程序的自治性。建构和完善刑事程序性证明制度是解决程序违法的最为重要的方法，我国的刑事程序性证明制度必须立基于此，刑事程序性证明制度建构应当在综合考虑上述的因素后作出理性的选择。

法治进程依赖于程序法治，而程序法治离不开程序性证明制度。随着我国程序价值的提升，程序性证明制度价值日益被人们所认识，程序性证明制度的地位也日益被人们重视。可以预见的是，程序性证明制度一定会在我国的程序法治的进程中留下一个重要的印迹！

参考文献

一、中文著作

[1] 毕玉谦.民事证据法及其程序功能［M］.北京：法律出版社，1997.

[2] 卞建林，刘玫.外国刑事诉讼法［M］.北京：人民法院出版社，中国社会科学出版社，2002.

[3] 卞建林.美国联邦刑事诉讼规则和证据规则［M］.北京：中国政法大学出版社，1996.

[4] 卞建林.刑事证明理论［M］.北京：中国人民公安大学出版社，2004.

[5] 卞建林.证据法学：修订版［M］.北京：中国政法大学出版社，2002.

[6] 蔡敦铭.刑事诉讼法论［M］.台北：五南图书出版有限公司，1996.

[7] 陈光中，徐静村.刑事诉讼法学［M］.北京：中国政法大学出版社，1999.

[8] 陈光中，严端.刑事诉讼法修改建议稿与论证［M］.北京：中国方正出版社，1995.

[9] 陈光中.外国刑事诉讼程序比较研究［M］.北京：法律出版社，1988.

[10] 陈光中.刑事诉讼法［M］.2版.北京：北京大学出版社，高等教育出版社，2005.

[11] 陈朴生.刑事证据法［M］.台北：三民书局，1979.

[12] 陈瑞华.程序性制裁理论［M］.北京：中国法制出版社，2005.

[13] 陈瑞华.问题与主义之间：刑事诉讼基本问题研究［M］.北京：中国人民大学出版社，2003.

[14] 陈瑞华.刑事审判原理论［M］.北京：北京大学出版社，2003.

[15] 陈瑞华.刑事诉讼的前沿问题［M］.北京：中国人民大学出版社，2000.

[16] 陈卫东.刑事诉讼法教学参考书［M］.北京：中国人民大学出版社，2004.

[17] 陈一云.证据学［M］.北京：中国人民大学出版社，1991.

[18] 陈运财.刑事诉讼之举证责任与推定［A］//黄东熊，等.刑事证据法则之新发展.台北：学林文化事业有限公司，2003.

[19] 程荣斌.中国刑事诉讼法教程［M］.北京：中国人民大学出版社，1997.

[20] 段厚省.证明评价影响因素分析 [M] .北京：法律出版社，2009.
[21] 樊崇义.刑事诉讼与人权保障 [A] //陈光中，江伟.诉讼法论丛：第2卷.北京：法律出版社，1998.
[22] 樊崇义.诉讼原理 [M] .北京：法律出版社，2003.
[23] 樊崇义.刑事诉讼法学研究综述与评价 [M] .北京：中国政法大学出版社，1991.
[24] 顾培东.社会冲突与诉讼机制：修订版 [M] .北京：法律出版社，2004.
[25] 郭成伟，宋英辉.当代司法体制研究 [M] .北京：中国政法大学出版社，2002.
[26] 何家弘.外国证据法 [M] .北京：法律出版社，2000.
[27] 黄朝义.严格证明与自由证明 [A] //黄东熊，等.刑事证据法则之新发展.台北：学林文化事业有限公司，2003.
[28] 季卫东.法治秩序的建构 [M] .北京：中国政法大学出版社，1999.
[29] 江伟.证据法学 [M] .北京：法律出版社，1999.
[30] 金岳霖.知识论 [M] .北京：商务印书馆，1996.
[31] 井涛.法律适用的和谐与归一：论法官的自由裁量权 [M] .北京：中国方正出版社，2001.
[32] 李春霖，潘永隆.中国新民事诉讼法通论 [M] .北京：北京出版社，1991.
[33] 李浩.民事证明责任研究 [M] .北京：法律出版社，2003.
[34] 李心鉴.刑事诉讼构造论 [M] .北京：中国政法大学出版社，1992.
[35] 李学灯.证据法比较研究 [M] .台北：五南图书出版公司，1992.
[36] 李学军.美国刑事诉讼规则 [M] .北京：中国检察出版社，2003.
[37] 林钰雄.严格证明与刑事证据 [M] .台北：学林文化事业有限公司，2002.
[38] 刘金友.证据法学 [M] .北京：中国政法大学出版社，2001.
[39] 刘金友.证据理论与实务 [M] .北京：法律出版社，1992.
[40] 刘涛.刑事诉讼主体论 [M] .北京：中国人民公安大学出版社，2005.
[41] 龙宗智，杨建广.刑事诉讼法学 [M] .北京：高等教育出版社，2003.
[42] 龙宗智.刑事庭审制度研究 [M] .北京：中国政法大学出版社，2001.
[43] 马长山.国家、市民社会与法治 [M] .北京：商务印书馆，2002.
[44] 马贵翔.刑事证据规则研究 [M] .上海：复旦大学出版社，2009.
[45] 裴苍龄.新证据学论纲 [M] .北京：中国法制出版社，2002.
[46] 阮新邦.批判诠释与知识重建：哈贝马斯视野下的社会研究 [M] .北京：社会科学文献出版社，1999.

[47] 宋英辉，汤维建.证据法学研究述评［M］.北京：中国人民公安大学出版社，2006.
[48] 宋英辉，吴宏耀.刑事审判前程序研究［M］.北京：中国政法大学出版社，2002.
[49] 宋英辉.刑事诉讼原理［M］.北京：法律出版社，2003.
[50] 孙长永.探索正当程序：比较刑事诉讼法专论［M］.北京：中国法制出版社，2005.
[51] 孙万胜.司法权的法理之维［M］.北京：法律出版社，2002.
[52] 孙维萍.证据法学［M］.上海：上海交通大学出版社，2009.
[53] 锁正杰.刑事程序的法哲学原理［M］.北京：中国人民公安大学出版社，2002.
[54] 汤维建.英美证据法学的历史、传统与证据规则：兼议我国民事证据规则的立法［A］//何家弘.证据法学论坛：第2卷.北京：中国检察出版社，2001.
[55] 王晋，刘生荣.英国刑事审判与检察制度［M］.北京：中国方正出版社，1999.
[56] 王以真.外国刑事诉讼法学［M］.北京：北京大学出版社，2001.
[57] 魏晓娜，吴宏耀.诉讼证明原理［M］. 北京：法律出版社，2002.
[58] 肖胜喜.刑事诉讼证明论：［M］.北京：中国政法大学出版社，1994.
[59] 谢佑平，万毅.刑事侦查制度原理［M］.北京：中国人民公安大学出版社，2003.
[60] 谢佑平，万毅.刑事诉讼原则：程序正义的基石［M］.北京：法律出版社，2002.
[61] 徐静村，樊崇义.刑事诉讼法学［M］.北京：中国政法大学出版社，1994.
[62] 杨诚，单民.中外刑事公诉制度［M］.北京：法律出版社，2000.
[63] 杨荣新.民事诉讼法教程［M］.北京：中国政法大学出版社，1991.
[64] 杨宇冠.非法证据排除规则研究［M］.北京：中国人民公安大学出版社，2002.
[65] 叶自强.从传统自由心证到现代自由心证［A］//陈光中，江伟.诉讼法论丛：第3卷.北京：法律出版社，1999.
[66] 张文显.二十一世纪西方法哲学思潮研究［M］.北京：法律出版社，1996.
[67] 郑戈.韦伯论西方法律的独特性［A］//韦伯.法律与价值.上海：上海人民出版社，2001.
[68] 中国政法大学刑事法律研究中心.英国刑事诉讼制度的新发展：赴英考察报告［A］//陈光中，江伟.诉讼法论丛：第2卷.北京：法律出版社，1998.
[69] 中国政法大学刑事法律研究中心组织编译.英国刑事诉讼法：选编［M］.北京：中国政法大学出版社，2001.
[70] 周枏.罗马法原论：下［M］.北京：商务印书馆，1994.

二、中文译著

[1] 克劳思·罗科信.刑事诉讼法［M］.吴丽琪，译.北京：法律出版社，2003.

[2] 罗森贝克.证明责任论 [M] .庄敬华，译.北京：中国法制出版社，2002.
[3] 马克思·韦伯.论经济与社会中的法律 [M] .张乃根，译.北京：中国大百科全书出版社，1998.
[4] 卡斯东·斯特法尼，等.法国刑事诉讼法精义 [M] .罗结珍，译.北京：中国政法大学出版社，1998.
[5] 孟德斯鸠.论法的精神 [M] .张雁深，译.北京：商务印书馆，2006.
[6] 皮埃尔·尚邦.法国诉讼制度的理论与实践 [M] .陈春龙，等，译.北京：中国检察出版社，1991.
[7] 让·马克·夸克.合法性与政治 [M] .佟心平，等，译.北京：中央编译出版社，2002.
[8] 亚里士多德.政治学 [M] .吴寿彭，译.北京：商务印书馆，1983 .
[9] 爱伦·豪切斯泰勒·斯黛丽，南希·弗兰克.美国刑事法院诉讼程序 [M] .陈卫东，等，译.北京：中国人民大学出版社，2002.
[10] 哈罗德·伯尔曼.法律与宗教 [M] .梁治平，译.北京：三联书店，1991.
[11] 马丁·P.戈尔丁.法律哲学 [M] .齐海滨，译.北京：三联书店，1987.
[12] 本杰明·N.卡多佐.司法过程的性质 [M] .苏力，译.北京：商务印书馆，1998.
[13] 理查德·A.波斯纳.法理学问题 [M] .苏力，译.北京：中国政法大学出版社，1994.
[14] 理查德·A.波斯纳.证据法的经济分析 [M] .徐昕，等，译.北京：中国法制出版社，2004.
[15] 约翰·罗尔斯.正义论 [M] .何怀宏，等，译.北京：中国社会科学出版社，1988.
[16] 迈克尔·D.贝勒斯.法律的原则：一个规范的分析 [M] .张文显，等，译.北京：中国大百科全书出版社，1996.
[17] 米尔吉安·R.达马斯卡.比较法视野中的证据制度 [M] .吴宏耀，等，译.北京：中国人民公安大学出版社，2006.
[18] 诺内特，塞尔兹尼克.转变中的法律与社会 [M] .张志铭，译.北京：中国政法大学出版社，1994.
[19] 罗斯科·庞德.法律史解释 [M] .曹玉堂，等，译.北京：华夏出版社，1989.
[20] 伟恩·R.拉费弗，杰罗德·H.伊斯雷尔，南西·J.金.刑事诉讼法 [M] .卞建林，等，译.北京：中国政法大学出版社，2003.
[21] 谷口安平.程序的正义与诉讼 [M] .王亚新，等，译.北京：中国政法大学出版社，1996.
[22] 杉原泰雄.宪法的历史：比较宪法学新论 [M] .吕昶，等，译.北京：社会科学文献

出版社，2000.
[23] 松尾浩也.日本刑事诉讼法：下［M］.丁相顺，译.北京：中国人民大学出版社，2005.
[24] 田口守一.刑事诉讼法［M］.刘迪，等，译.北京：法律出版社，2000.
[25] 西原春夫.日本刑事法的形成与特色［M］.北京：法律出版社，日本成文堂，1997.
[26] 朱塞佩・格罗素.罗马法［M］.黄风，译.北京：中国政法大学出版社，1994.
[27] P.S.阿蒂亚.法律与现代社会［M］.范悦，等，译.沈阳：辽宁教育出版社，1998.
[28] 戴维・M.沃克.牛津法律词典［M］.李双元，等，译.北京：法律出版社，2003.
[29] 阿尔弗雷德・汤普森・丹宁.法律的正当程序［M］.刘庸安，等，译.北京：群众出版社，1984.
[30] 约翰・洛克.政府论：下篇［M］.叶启芳，等，译.北京：商务印书馆，1984.
[31] 梅因.古代法［M］.沈景一，译.北京：商务印书馆，1959.
[32] 法国刑事诉讼法典［M］.罗结珍，译.北京：中国法制出版社，2006.
[33] 法国刑事诉讼法典［M］.余叔通，等，译.北京：中国政法大学出版社，1997.
[34] 日本法务省刑事局编.日本检察讲义［M］.杨磊，等，译.北京：中国检察出版社，1990.

三、中文论文

[1] 卞建林.铸证据基石，促司法公正［J］.法学杂志，2010（7）.
[2] 卞建林，郭志媛.刑事证明主体新论：基于证明责任的分析［J］.中国刑事法杂志，2003（1）.
[3] 卞建林，姚莉.关于建立和完善我国证据规则的思考［J］.法商研究，1999（5）.
[4] 蔡永彤.幽灵抗辩之对策：刑事诉讼被告人证明责任再研究：兼论证明责任分配规则的本土化展开［J］.法治论坛，2010（1）.
[5] 陈光中，陈学权.中国语境下的刑事证明责任理论［J］.法制与社会发展，2010（2）.
[6] 陈光中，周国均.论刑事诉讼中的证明对象［J］.中国政法大学学报，1983（1）.
[7] 陈光中.坚持惩治犯罪与保障人权相结合、立足国情与借鉴外国相结合［J］.政法论坛，1996（6）.
[8] 陈光中.刑事证据制度与认识论［J］.中国法学，2001（1）.
[9] 陈虎.程序性制裁之局限性：以非法证据排除规则为例的分析［J］.当代法学，2010（2）.

［10］陈建军.刑事诉讼的目的、价值及其关系［J］.法学研究，2003（4）.
［11］陈金钊.司法过程中的法律方法论［J］.法制与社会发展，2002（4）.
［12］陈瑞华.程序性辩护之初步考察［J］.燕山大学学报，2005（1）.
［13］陈瑞华.程序性辩护之初步研究［J］.现代法学，2005（3）.
［14］陈瑞华.程序性制裁制度的法理学分析［J］.中国法学，2005（6）.
［15］陈瑞华.从"证据学"走向"证据法学"：兼论刑事证据法的体系和功能［J］.法商研究，2006（3）.
［16］陈瑞华.二十世纪中国之刑事诉讼法［J］.中外法学，1997（6）.
［17］陈瑞华.刑事诉讼中的司法证明规则［J］.法学论坛，2003（4）.
［18］陈瑞华.增列权利还是加强救济：简论刑事审判前程序中的辩护问题［J］.环球法律评论，2006（5）.
［19］陈卫东，石献智.刑事政策在刑事司法中的地位和作用［J］.江海学刊，2002（5）.
［20］陈卫东.刑事诉讼主体探微［J］.现代法学，1990（2）.
［21］陈永生.大陆法系的刑事诉讼行为理论：兼论对我国的借鉴价值［J］.比较法研究，2001（4）.
［22］陈永生.法律真实与客观真实的契合与背离：对证据制度史另一视觉的解读［J］.国家检察官学院学报，2003（4）.
［23］狄小华.复和正义和刑事调解［J］.政法论坛，2003（3）.
［24］樊崇义，张小玲.现代证据裁判原则若干问题探讨［J］.北京市政法管理干部学院学报，2002（2）.
［25］葛洪义.略论中国法律制度的正当化问题［J］.政法论坛，2006（5）.
［26］顾培东.司法能动的蕴含［J］.法律适用，2010（2-3）.
［27］顾培东.能动司法若干问题研究［J］.中国法学，2010（4）.
［28］郭天武.自由证明法则及其运用［J］.中山大学学报：社会科学版，2010（2）.
［29］郝银钟.刑事诉讼目的双重论之反思与重构［J］.法学，2005（8）.
［30］何家弘，姚永吉.两大法系证据制度比较论［J］.比较法研究，2003（1）.
［31］何家弘.论司法证明的基本范畴［J］.北方法学，2007（1）.
［32］何家弘.论司法证明的目的和标准：兼论司法证明的基本概念和范畴［J］.法学研究，2001（6）.
［33］胡君.裁判方法再认识［J］.福建法学，2009（1）.
［34］黄锐平，朱丽萍，张世杰.刑事立案不实问题［J］.公安研究，2010（7）.

[35] 兰跃军.论言词证据之禁止：以《德国刑事诉讼法》为中心的分析［J］.现代法学，2009（1）.
[36] 李昌林.证明、查明与拍板：真实发现途径与刑事诉讼模式的立法选择［J］.甘肃政法学院学报，2009（9）.
[37] 李长城.刑事诉讼目的新论［J］.中国刑事法杂志，2006（1）.
[38] 李桂林.司法能动主义及其实行条件：基于美国司法能动主义的考察［J］.华东政法大学学报，2010（1）.
[39] 林劲松，毕慧.语义与语境：刑事诉讼中的人权保障［J］.浙江社会科学，2005（5）.
[40] 林喜芬."程序性制裁理论"的理论反思：以非法证据排除规则为分析焦点［J］.南京师范大学学报，2010（3）.
[41] 龙宗智."大证据学"的建构及其学理［J］.法学研究，2006（5）.
[42] 龙宗智.刑事证明责任制度若干问题新探［J］.现代法学，2008（7）.
[43] 马明亮.非法证据排除规则与警察自由裁量权［J］.政法论坛，2010（4）.
[44] 闵春雷.刑事诉讼中的程序性证明［J］.法学研究，2008（5）.
[45] 宋世杰，彭海青.刑事诉讼的双重证明标准［J］.法学研究，2001（1）.
[46] 宋英辉，李哲.证据裁判原则评介［J］.政法论坛，2003（4）.
[47] 宋英辉，王贞会.我国非法证据排除规则及其适用［J］.法学杂志，2010（7）.
[48] 宋英辉.论刑事诉讼中的权衡原则［J］.法学研究，1993（5）.
[49] 宋振武.刑事诉讼主休的法理分析：以刑事法律关系为基础［J］.烟台大学学报，2002（10）.
[50] 孙长永.论侦查程序中的犯罪嫌疑人与被害人人权保障的平衡［J］.现代法学，2010（6）.
[51] 孙长永，高峰.刑事侦查中的司法令状制度探析［J］.广东社会科学，2006（2）.
[52] 孙光宁.司法共识如何形成：基于判决的可接受性［J］.山东大学学报，2010（1）.
[53] 孙海龙，高伟.裁判方法：联结事实、法律与裁判的桥梁［J］.人民司法，2007（1）.
[54] 锁正杰.刑事程序价值论：程序正义与人权保障［J］.中国法学，2000（5）.
[55] 宋志军.刑事证明模式的契约取向［J］.中国刑事法杂志，2010（11）.
[56] 万毅，林喜芬.宪政型与集权型：刑事诉讼模式的导向性分析［J］.政治与法律，2006（1）.

[57] 万毅.刑事诉讼价值评论 [J].法学论坛，2003(5).
[58] 汪海燕，胡常龙.自由心证新理念探：走出对自由心证传统认识的误区 [J].法学研究，2001(5).
[59] 汪建成，祁建建.论诉权理论在刑事诉讼中的导入 [J].中国法学，2002(6).
[60] 汪建成.论刑事诉讼中的利益观 [J].中国法学，2000(2).
[61] 汪建成.论刑事诉讼中人权保护的几个理论问题 [J].中外法学，1999(2).
[62] 汪进元，汪新胜.程序控权论 [J].法学评论，2004(4).
[63] 王新清，赵旭光.略论刑事诉讼的功能 [J].理论界，2005(10).
[64] 夏锦文，许少波.解决冲突与保护人权：论诉讼的目的：基于诉讼法哲学的研究 [J].学海，2006(5).
[65] 夏良田.刑事被告证明责任的必要性和有限性 [J].西南民族大学学报，2009(1).
[66] 肖光辉.中世纪纠问式诉讼论说 [J].求索，2009(9).
[67] 肖建国.论民事举证责任的法律性质 [J].河南省政法管理干部学院学报，2002(1).
[68] 谢小剑.提起公诉证据标准之内在机理 [J].比较法研究，2007(3).
[69] 熊秋红.对刑事证明标准的思考：以刑事证明中的可能性和确定性为视角 [J].法商研究，2003(1).
[70] 熊秋红.审前程序中的律师辩护权 [J].法律科学，2004(5).
[71] 徐美君.刑事诉讼改革的路径选择 [J].中国刑事法杂志，2010(6).
[72] 许斌龙.中国刑事诉讼模式：从传统走向现代 [J].西南民族大学学报：人文社科版，2006(7).
[73] 严存生.作为技术的法律方法 [J].法学论坛，2003(1).
[74] 杨宇冠，孙军.构建中国特色的非法证据排除规则 [J].国家检察官学院学报，2010(4).
[75] 姚莉，李力.刑事审判中的证据引出规则 [J].法学研究，2001(4).
[76] 姚莉，詹建红.刑事程序选择权论要：从犯罪嫌疑人、被告人的角度 [J].法学家，2007(1).
[77] 姚莉.当代中国语境下的“能动司法”界说 [J].法商研究，2011(1).
[78] 姚莉.司法公正要素分析 [J].法学研究，2003(5).
[79] 易延友.证据法学的理论基础：以裁判事实的可接受性为中心 [J].法学研究，2004(1).

[80] 余为青.侦查阶段辩护律师调查取证权的比较法考察[J].中国刑事法杂志，2009（3）.

[81] 袁冰红.刑事程序的魅力[J].中外法学，1990（6）.

[82] 张能全.消解冲突视野中的刑事证据规则新理念[J].上海大学学报：社会科学版，2006（9）.

[83] 左卫民，赵勇.中国刑事证明责任之现状及改进：兼论两大法系相关法理论[J].四川省政法管理干部学院学报，2001（4）.

[84] 左卫民，周洪波.证明标准与刑事政策[J].比较法研究，2006（2）.

[85] 左卫民.权利话语实践的艰难展开：1996年中国刑事诉讼法典修改的反思[J].中外法学，2002（4）.

[86] 左卫民.中国刑事诉讼模式的本土构建[J].法学研究，2009（2）.

[87] 周洪波.比较法视野中的刑事证明方法与程序[J].法学家，2010（5）.

[88] 王超. 论法院难以排除非法证据的深层次困境[J].社会科学，2013（7）.

[89] 闫永黎，张书勤.论非法实物证据排除规则的建构[J].中国刑事法杂志，2013（7）.

[90] 周媛. 关于非法证据排除制度的实践反思[J].河北法学，2013（8）.

四、外文著作、论文

[1] Barbara.J.Shapiro.Beyond Reasonable Doubt"And"Probable Cause-Historical Perspectives on the Anglo-American Law of Evidence[M].University of California Press，1991.

[2] Charles Nesson.The Evidence or the Event? On Judicial Proof and the Acceptability of Verdicts[J].Harv.L.Rev，1992.

[3] Christine Van Den Wangaert.Criminal Procedure System in the European Community[M].Butterworths，1993.

[4] Henry Campbell Black.Black Law Dictionary ，6th ed[M].West Publishing Co，1990.

[5] Henry Campbell Black.Black's Law Dictionary，5th ed[M].St. Paul Minn：West Publishing Co， 1979.

[6] James O'rexlly.Human Right and Constitutional Law[M].Dublin：Round Hall Press，1992.

[7] Kuk Cho.Procedural Weakness of German Criminal Justice and its Unique

Exclusionary Rules Based on the Right of Personality [J].Temple International and Comparative Law Journal, Spring, 2001.

[8] Richard Eggleston, Evidence, Proof and Probability [M].George Weidenfeld and Nicolson Ltd, 1983.

[9] Robert. S.Summers, Evaluating and Improving Legal Processes:A Plea for "Process Values" [J].Cornell Law Review, 1974.

[10] Ronald Dworkin, Taking Right Seriously [M].Cambridge: Harvard University Press, 1977.

后　记

写作的足迹漫长而又艰难，终于在这个炎热的夏天的深夜为本书画上了最后一个句号，希望无数同样致力于这一问题的人的此种艰辛与努力使程序性证明与程序性裁判不再艰难，虽然它所揭示的问题不可能一蹴而就地得到完成，但顺利地完成此题多少减轻自己长期被之困扰而产生的压力。作为一个专门研究刑事诉讼法学的人，总是深受司法中因程序性违法问题（刑讯逼供而产生的冤假错案）而自己又无能为力的无助感的煎熬，这个选题算是对自己的一个交代吧。当然，如果能够在对此问题的研究上哪怕增加只言片语的知识量，我也将倍感欣慰。

法治进程依赖于程序法治，而程序法治离不开程序性证明，程序性证明一定会在我国的程序法治的进程中留下一个印迹！

回过头来，最想感谢的就是导师姚莉教授，正是老师多年的言传身教使我从一个法律的门外汉成为法律人，老师的睿智与耐心使我受益匪浅，本书大到选题、写作思路，小到资料的收集、论证方式等无不倾注老师的心血，这些年老师无微不至的关怀让人感动！本书正是在老师无数次耐心的点拨中得到启迪。

最后，需要说明的是：我所有的成绩均离不开家人的支持！

石浩旭

2013 年 6 月 12 日

后　记

写作的足迹漫长而又艰难，终于在这个炎热的夏天的深夜为本书画上了最后一个句号，希望无数同样致力于这一问题的人的此种艰辛与努力使程序性证明与程序性裁判不再艰难，虽然它所揭示的问题不可能一蹴而就地得到完成，但顺利地完成此题多少减轻自己长期被之困扰而产生的压力。作为一个专门研究刑事诉讼法学的人，总是深受司法中因程序性违法问题（刑讯逼供而产生的冤假错案）而自己又无能为力的无助感的煎熬，这个选题算是对自己的一个交代吧。当然，如果能够在对此问题的研究上哪怕增加只言片语的知识量，我也将倍感欣慰。

法治进程依赖于程序法治，而程序法治离不开程序性证明，程序性证明一定会在我国的程序法治的进程中留下一个印迹！

回过头来，最想感谢的就是导师姚莉教授，正是老师多年的言传身教使我从一个法律的门外汉成为法律人，老师的睿智与耐心使我受益匪浅，本书大到选题、写作思路，小到资料的收集、论证方式等无不倾注老师的心血，这些年老师无微不至的关怀让人感动！本书正是在老师无数次耐心的点拨中得到启迪。

最后，需要说明的是：我所有的成绩均离不开家人的支持！

石浩旭

2013 年 6 月 12 日